中央経済社

はじめに

本書は，大学で学ぶ経営学のテキストを念頭において編集されたものである。一言で「経営学」といっても，経営学には多様な領域がある中で，本書は株式会社論や企業論といわれる領域を主な対象にしている。同時に，（いわば）企業を外から眺めるのにとどまらず，そこで働く場合にどのような問題があるのかということに焦点をあてて，企業の中に立ち入った考察も試みている。

さて，本書の書名『現代の企業と社会―働く前に知っておきたいこと―』には，「企業」，「社会」，そして「働く」というキーワードが含まれている。企業についての考察には主に第Ⅰ部，そして社会と働くことについての考察は主に第Ⅱ部があてられる。「企業と社会」との関係を全面的に考察するには至っておらず，看板倒れの感は否めないことを最初にお断りしておきたい。

以下，各章の執筆意図を簡潔に記したい。

序章（細川孝）では，第Ⅰ部，第Ⅱ部に先立って，大学で学ぶことの意味や経営学を学ぶ意義について考察している。

第Ⅰ部では，株式会社を中心とする現代企業の動向を概説している。資本主義社会において大きな影響力を有するのは，巨大化した株式会社，いわゆる大企業である。株式会社が資本主義企業形態のうちで最も発展した形態であるといわれる所以である。同時に，社会的企業という新しい動向にも注目する必要がある。

第１章（芳澤輝泰）では，株式会社の実態を確認した上で，株式会社の社会的必要性や普及・発展の経緯，および制度的特徴などについて考察している。

第２章（芳澤輝泰）では，巨大化した株式会社におけるコーポレート・ガバナンス（Corporate Governance）をとりあげて考察している。

第３章（西村剛）では，現代社会において関心が高まっている企業倫理について理論的側面，実践的側面から考察している。

第４章（林尚毅）では，今日の巨大化した株式会社の具体的な存在形態である多国籍企業について考察している。

第５章（藤原隆信）では，現代社会が生み出している多様な問題（社会的課題）をビジネスの手法で解決する社会的企業（Social Enterprise）について考察している。

本書の第Ⅱ部では，企業と社会との関係の中でも雇用・労働の問題に焦点をあてて考察している。この点は，株式会社論や企業論に関する類書と大きく異なっており，本書の独自性となっている。

第6章（細川孝）では，今日の企業・経営と社会を理解するうえで欠かせない「新自由主義」という考え方（経済思想）について考察している。

第7章（林尚毅）では，現代のグローバリゼーションの特質と諸問題について考察している。あわせて，フェアトレードやソーシャル・ビジネスの可能性を探っている。

第8章（西村剛）では，日本企業における労働環境について考察している。そこでは，日本的経営や「働き方改革」にも言及される。

第9章（齋藤敦）では，労働者の権利と労働組合について考察している。今日の社会にあって労働組合の役割が重要であることを強調している。

第10章（藤原隆信）では，より良い社会の創造を目的とした，（政府が進める「働き方改革」とは異なる）もう一つの「働き方改革」について考察している。

本書の執筆者は，ここ20年前後にわたって学会や研究会を通じて交流を続けてきている。別の企画で共著を執筆することも何度か経験している。そのようなことから，各章の内容はそれぞれの責任に帰するものであるが，本書を一読いただければ，問題意識を共有する部分が大きいことも理解いただけると思う。

さて，本書の執筆者の多くは，大学院生の頃から管理論研究会において諸先生方から温かいご指導を受けて，研究者としての歩みを進めてきた。研究会は40年を超える歴史を有し，これまでに220回近い例会を開催している。本書は管理論研究会の企画として刊行されるものではないが，感謝の気持ちを込めて記させていただきたい。

もともと本書は，2015年秋の刊行を目ざして準備されていたものである。編者の1人である細川の怠慢により当初の予定より5年以上が経過してしまった。執筆者や出版社には大変なご迷惑をおかけすることとなった。紙面を借りてお詫び申し上げる。

最後に，出版事情が厳しい中本書を出版してくださった株式会社中央経済社の山本継代表取締役社長をはじめ学術書編集部副編集長の酒井隆氏に改めて御礼を申し上げたい。

2021年５月

編者　細川　孝
　　　齋藤　敦

目　　次

第2章　コーポレート・ガバナンスの概念と制度内容

第3章　企業倫理の理論と実践

第4章　現代の多国籍企業

第5章　社会的課題の解決と企業
—社会的利益を生み出す仕組み：社会的企業

［第Ⅱ部］社会の動向を知る

第6章　新自由主義のもとでの企業・経営と社会

第7章　グローバリゼーションがもたらす諸問題

第8章　日本企業における労働環境

第9章　労働者の権利と労働組合の役割

第10章　社会的課題の解決と新しい働き方 —社会貢献を仕事にする仕組み：ソーシャルビジネス

経営学（部で）の学びについて考える

本章では，大学4年間を通じて経営学を学習していくのに際して，大学で学ぶことの意味や経営学を学ぶ意義について考えたい。

ここでは，大学で学ぶことは「権利としての高等教育」として位置づけられることとあわせ，日本では高学費と不十分な奨学金制度によって学ぶ権利が十分に保障されていないことを指摘する。

以上のことを踏まえたうえで，経営学がどのような学問であるかを一緒に考えたい。それは，大学4年間における経営学の学習の見取り図を示すものである。加えて，経営学を学ぶ際に，大学を卒業してからの職業生活を視野に入れて学んでいくことの重要性を指摘する。

1　大学で学ぶ

1.1　権利としての高等教育

学校教育は初等教育（日本では小学校），中等教育（同じく中学校と高等学校），高等教育（同じく大学等）の3階梯（段階）に分けられる。このうち小学校と中学校（前期中等教育）は義務教育である。日本国憲法第26条2では「義務教育は，これを無償とする」とされ，教育基本法第4条では「教育の機会均等」について規定している。同じく第5条4では「国又は地方公共団体の設置する学校における義務教育については，授業料を徴収しない」とされている。

このようなことから日本では一般に義務教育（場合によっては，公立学校における義務教育）のみが権利として捉えられがちであるように思われる。しかも，その場合にも「授業料を徴収しない」ことのみが「無償」の教育であると理解されているだろう。しかし，教育権（学習権）は国際社会の認識の到達点からすれば，そのようなものではない。国際人権Ａ規約（経済的，社会的及び文化的権利に関する国際規約）第13条は次のように述べている[1)]。

1　この規約の締約国は，教育についてのすべての者の権利を認める。締約国は，教育が人格の完成及び人格の尊厳についての意識の十分な発達を指向し並びに人権及び基本的自由の尊重を強化すべきことに同意する。更に，締約国は，教育が，すべての者に対し，自由な社会に効果的に参加すること，諸国民の間及び人種的，種族的又は宗教的集団の間の理解，寛容及び友好を促進すること並びに平和の維持のための国際連合の活動を助長することを可能にすべきことに同意する。

2　この規約の締約国は，１の権利の完全な実現を達成するため，次のことを認める。

（a）　初等教育は，義務的なものとし，すべての者に対して無償のものとすること。

（b）　種々の形態の中等教育（技術的及び職業的中等教育を含む。）は，すべての適当な方法により，特に，無償教育の漸進的な導入により，一般的に利用可能であり，かつ，すべての者に対して機会が与えられるものとすること。

（c）　高等教育は，すべての適当な方法により，特に，無償教育の漸進的な導入により，能力に応じ，すべての者に対して均等に機会が与えられるものとすること。

（d）　基礎教育は，初等教育を受けなかった者又はその全課程を修了しなかった者のため，できる限り奨励され又は強化されること。

（e）　すべての段階にわたる学校制度の発展を積極的に追求し，適当な奨学金制度を設立し及び教育職員の物質的条件を不断に改善すること。

（以下，省略）

ここで「締約国」とは，条約（この場合には，人権規約）を批准[2)]した国のことである。日本も1979年に条約を批准しており，この条約に拘束されることになっている。

注目されるのは，第１項において教育のもつ重要性が確認され，教育が重要な権利として確認されていることである。そして，第２項において，高等教育においてまで「無償教育」に言及されていることである。しかし，次に見るように，日本では「権利としての高等教育」が実現しているとは言い難い状況が存在する。

1.2　日本の高学費

国際人権Ａ規約において謳われている「無償教育の漸進的導入」は授業料以外の教育費を含め，（一気に実現するのが無理でも）徐々に「無償」に近づけていくということである3)。日本政府は1979年の批准の際に，Ａ規約第13条２（ｂ）および（ｃ）の「特に，無償教育の漸進的な導入により」により拘束されない権利を留保することを宣言している。実際に，1970年代以降の日本では国際社会の認識の到達点とは異なる「有償教育の急進的高騰4)」によって，国公私立大学を問わず授業料が急騰してきた。

日本の高学費の背景にあるのは，貧困な公財政支出に他ならない。OECD（Organisation for Economic Co-operation and Development：経済協力開発機構）諸国5)ではGDP（Gross National Product：国内総生産）比で平均１％を高等教育予算として支出しているのに対し，日本ではほぼその半分しか高等教育に支出していない。

OECD［2019］によれば，第３期（tertiary education：中等教育を修了した人を対象にした教育段階）における教育費支出は，次のようである。日本では公費（public）0.4％に対し私費（private）1.0％である。これに対し，OECD諸国の平均はそれぞれ0.9％と0.6％であり，ほぼ逆転している。公費の占める割合が高いのは，ノルウェー（1.8％），フィンランド（1.5％），スウェーデン（1.4％）といった北欧諸国が並んでいる。これらの国は私費負担の割合が低いことでも共通している。

奨学金も国際社会では給付型（返済不要）が一般的であるが，日本の奨学金制度を中心的に担っている日本学生支援機構（以下，機構）の奨学金は返済が必要な「ローン」が中心である。給付型奨学金は2017年度に先行実施され，2018年度から一部を修正のうえで実施された。2020年度からは新制度がスタートしたが，所得制限が設けられており，対象の範囲は住民税非課税世帯およびそれに準ずる世帯の学生に限られている。

機構の「給付実績」（2019年度）によると，給付型奨学金は３万6,577人，138億7,598万円となっている。一方，貸与型のうち第１種奨学金（無利子奨学金）は56万8,171人，3,577億4,265万円，第２種奨学金（有利子奨学金）は70万2,054人，6,142億6,564万円である。人数の構成比でみると，給付型が2.8％，第１種奨学金が43.5％，第２種奨学金は53.7％となっており，貸与型奨学金，しかも有利子奨学金が中心となっている6)。今日では，卒業後に奨学金の返済難に苦しむ事例が続発している（岩重佳治［2017]，奨学金問題対策全国会議［2013]）。

高学費と貧困な奨学金制度とあわせて格差・貧困問題が深刻化するもとで，学生が十分に学べない状況を改善していくことが課題となっている。その際には，学ぶことを権利としてとらえる視点が欠かせないことを強調したい。日本政府は，2012年になって先に述べた国際人権Ａ規約に対する「留保」を撤回している。外務省のウェブサイトには，以下のように記されている7)。

> 日本国政府は，昭和41年12月16日にニューヨークで作成された「経済的，社会的及び文化的権利に関する国際規約」（社会権規約）の批准書を寄託した際に，同規約第13条２（ｂ）及び（ｃ）の規定の適用に当たり，これらの規定にいう「特に，無償教育の漸進的な導入により」に拘束されない権利を留保していたところ，同留保を撤回する旨を平成24年９月11日に国際連合事務総長に通告しました。
>
> この通告により，日本国は，平成24年９月11日から，これらの規定の適用に当たり，これらの規定にいう「特に，無償教育の漸進的な導入により」に拘束されることとなります。

「留保」が撤回されて以降も「有償教育の急進的高騰」が改められる兆しは見られない。2014年４月からの消費税率引き上げにともなって授業料を値上げする私立大学が相次いだことは記憶に新しい。国立大学では2019年度，2020年度に５つの国立大学が授業料を値上げした[8)]。

高学費問題は当事者である学生（や家族）にとっての問題にとどまらない。「受益者負担」や「自己責任」という言葉で正当化されてはならず，日本の社会にとっても深刻な問題である。例えば，高学費は少子化にも影響している。大学で学ぶことを通じて，自らの学びがもつ意味（権利としての高等教育）とあわせ，日本における高学費がもつ問題性についても目を向けてほしいと思う。

2　経営学を学ぶ[9)]

2.1　経営学はどんな学問か

ここでは，日本学術会議 大学教育の分野別質保証推進委員会・経営学分野の参照基準検討分科会が公表した「大学教育の分野別質保証のための教育課程編成上の参照基準　経営学分野」（2012年８月31日）と題する報告[10)]に依拠しながら，経営学がどのような学問であるかを考えてみたい。

この報告は，2010年７月22日に日本学術会議が，文部科学省に手交した「回答　大学教育の分野別質保証の在り方について」において示された「分野別の教育課程編成上の参照基準」を踏まえてのものである。この日本学術会議からの「回答」は，2008年５月22日に文部科学省高等教育局長から日本学術会議に対して「大学教育の分野別質保証の在り方について」の検討を依頼されたことに対するものである。

日本学術会議は「わが国の科学者の内外に対する代表機関」（日本学術会議法，第２条）である。一方で，「教育課程編成上の参照基準」は「……大学の自己点検・評価又は第三者評価等の評価活動の充実を図る観点」（「大学教育の分野別質保証の在り方に関する審議について（依頼）」）という具体的な高等教育行政の課題と相まって検討されたものである。したがって，学問の自由に関わる問題を内包していることに留意しなければならない。

以上の点に留意しつつも，「大学教育の分野別質保証のための教育課程編成

上の参照基準　経営学分野」(以下,「経営学分野の参照基準」。( ) 内は報告書のページ数である) は豊富な内容を有している。以下では，そのエッセンスと考えられる点を紹介したい[11)]。

経営学について「営利・非営利のあらゆる『継続的事業体』における組織活動の企画・運営に関する科学的知識の体系である」(p.3) と定義づけている。ここでは,「営利・非営利のあらゆる『継続的事業体』」とされており，それには「私企業のみならず国・地方自治体，学校，病院，NPO，家庭などが含まれる」(p.3) とされていることに注目したい。

続いて,「経営学固有の特性」として，経営学は「経済学，法学，政治学，社会学，心理学などと並び，社会科学の一分野として位置づけられ，これまでは社会現象としての経営を主たる研究対象とする学問分野とされてきた。しかし近年は，社会科学のみならず自然科学の成果も活用し，総合科学としての性格が強まっている」(p.6) と述べている。

そのうえで，他の社会科学と異なる固有の視点として，以下の３つの視点をあげている。すなわち，まず「経営主体の視点で組織活動を見ること」である。そして,「組織を構成する各職能担当者の視点で組織活動を見ること」である。さらに「営利・非営利のあらゆる継続的事業体の活動を社会全体の発展と関連付けて調整する視点」である (pp.6－7)。

2.2　経営学のアプローチとその役割

「経営学分野の参照基準」では，営利・非営利のあらゆる継続的事業体の経営現象を分析する多様なアプローチとして，学問一般のアプローチの分類からすれば，理論的アプローチ，歴史的アプローチ，政策的アプローチがあるとしている。また,「経営学が総合科学としての性格を持つことから，経済学的アプローチ，社会学的アプローチ，心理学的アプローチ，数学的アプローチ，統計学的アプローチなど，多様なアプローチがある。経営学はこれらのアプローチを活用しながら，経営現象に関する多くの知見を明らかにし，具体的な諸課題を解決してきた」(p.8) と述べている。

経営学が「社会的に大きく三つの役割を果たしている」として,「経営学を学修することにより，たとえグローバル企業のように巨大な組織であっても，組織全体を動かす知識と能力を身に付けることが可能となる」「経営学の知見を多くの人々が身に付けることにより，組織の中で活躍できると同時に，組織として効率的に活動する知識を身に付けることができる」「経営学の知識は，営利・非営利のあらゆる継続的事業体を社会全体の持続可能性との関連のもとで最適化するための知見を提供することができる」の３点を述べている（p.９）。

そして，「経営学は，社会秩序を守りながら営利・非営利のあらゆる継続的事業体が持続的に発展するための知識でもある。その意味において，経営学は営利・非営利のあらゆる継続的事業体を社会全体との関連のもとで発展させるために有意義な学問である」（p.10）としている。

さらに「他の諸科学との協働」について，経営学は経営に関する総合科学として位置づけられること，経営学は「単に他の学問分野の知識を応用するのみならず，固有の視点から経営に関する知見を整理・体系化し，経営学の知識としてきた」こと，「これまでもそうであったように今後も，経営学は，異なる諸科学と協力し，統合・融合しながら，新しい知見を開拓していくことが重要になっている」ことなどが述べられている（p.10）。

2.3　経営学を学ぶ意義

「経営学分野の参照基準」では，「経営学を学ぶすべての学生が身に付けることを目指すべき基本的な素養」として，「経営学の学びを通じて獲得すべき基本的な知識と理解」と「経営学の学びを通じて獲得すべき基本的能力」に分けて論じている。前者については，経営学を学ぶことの基本的意義を述べたうえで，経営学を学ぶ学生が学士課程において獲得すべき基本的な知識と理解は，次の４つのレベルに分けられるとする。ここでの「レベルの違いは『浅い/深い』，『低い/高い』というレベルの違いではなく，経営という事象をどういう観点からとらえるかの違いである」（p.11）とされている。

常識としての経営学の基本的知識と理解
職能担当者としての経営学の基本的知識と理解

専門的職業人としての経営学の基本的知識と理解
社会洞察としての経営学の基本的知識と理解

さて，後者（経営学の学びを通じて獲得すべき基本的能力）では，「経営学に固有な能力」と「ジェネリックスキル」の２つに分けて論じている。「経営学に固有な能力」では，現実的課題への対処と職業上の意義，市民生活上の意義，学問・社会の変化と経営学の学修，という３つの点について述べたうえで，「獲得されるであろう具体的能力」として，次のような整理がなされている（p.15）。

（ア）一般的能力

a　営利・非営利の継続的事業体の経営の現状および今後について，実証的な裏付けのある見解を持つことができる。

b　経営に関する他者の意見を理解し，適切に評価し，位置づけることができる。

c　新たに生起する経営の事象に関して適切な解釈を与え，必要があれば自ら意見を表明したり，実践に関与したりできる。

d　営利・非営利の継続的事業体の環境適応性について充分に理解し，継続的事業体を適切に組織化できる。

e　特定の経営課題について，文献やデータを収集し，吟味し，解決できる。

f　経営学とは何か，経営とは何かについて，それを専門としない者に説明できる。

（イ）専門的能力

a　営利・非営利の継続的事業体を企画し，運営することができる。

b　継続的事業体の資金の流れを把握し，経営活動の結果を貨幣的に測定することができる。

c　顧客のニーズを把握し，顧客に満足な商品を開発することができる。

d　継続的事業体を適切に組織し，その組織を管理することができる。

e　組織における個人や集団を組織目標に向かって動機づけ，組織を活性化することができる。

f　生産工程や流通過程を設計し，問題が発生したときに解決することができる。

g　グローバルに展開している継続的事業体を世界的視野において経営することができる。

そして，「これらの能力の多くは，商学部，経営学部，経営情報学部などの学士課程教育で，経営学を学ぶことにより身に付く一般的能力と専門的能力と考えられる。さらに各種の実践的経験を通じて，より高度の専門的能力を習得することができる」（pp.15-16）とされている。

2.4　経営学を学ぶことを通じて得られる能力

「ジェネリックスキル」では，「経営学の教育には，営利・非営利のあらゆる継続的事業体が持続的に発展する社会の中でその使命を果たす前提として，営利・非営利のあらゆる継続的事業体と自然の摂理，人間の本質，社会正義などの価値観との関係を深く考察する機会が含まれている。／（改行）そこから，経営学を体系的に学んだ者は，通常，次のような汎用的に活用可能な能力を身に付けることができる」として，以下の５点をあげている（p.16）。

a　現実の社会に関する情報を収集し，選択・加工・整理し，適切な情報として発信することができる。

b　現実の社会を歴史的に考察し，社会の望ましい姿を構想することができる。

c　人間についての深い洞察力を持ち，多様な社会についてグローバルな視野で考察し，それぞれの社会に適した事業を企画することができる。

d　自分が意図する事業の社会的意義を社会に対し発言し，多くの人々の支持を得ることができる。

e　多様な組織の中で多くの人々と協働しながら目的を達成することができる。

「市民性の涵養をめぐる専門教育と教養教育の関わり」では，まず「経営学を学ぶことは，それ自体，市民性を涵養し，良き市民としてふるまうことを可能にする側面を持っている」（p.19）と述べている。そのうえで，「経営学を学ぶ者は，経営に関する専門知識のみならず，人間・社会・自然についての幅広い教養を身に付ける必要がある」（p.19）としている。

さらに，「経営学は企業家精神を育成することに貢献することからして，新しい事業の企画において，営利・非営利の継続的事業体を経営する観点から集めた自然の摂理や社会の仕組みについての知見を自己の知識体系に包摂している。自己の事業と社会の持続的発展を調和させる視点で，既存の知識が整理され，他の学問分野とは異なる自然と社会に関する知識体系が提供される。このような意味において経営学は教養科目の一つでもある」（p.20）という興味深い記述も見られる。

経営学部と聞くと「金儲けを学ぶ」「経営者になるために進学する」などといったイメージをもたれるかもしれないが，経営学は決してそのように単純化されるべきものではない。「経営学分野の参照基準」の記述を通じて，経営学は広く市民によって学ばれるものであり，経営学という学問が豊富な内容を有していることが理解されるだろう。本書の読者には，経営学を学ぶ意義について考えてもらえたらと思う。

3　労働（職業生活）への移行を見据えて学ぶ

3.1　大学における学習

学校教育法は，大学について次のように規定している。

第83条　大学は，学術の中心として，広く知識を授けるとともに，深く専門の学芸を教授研究し，知的，道徳的及び応用的能力を展開させることを目的とする。

2　大学は，その目的を実現するための教育研究を行い，その成果を広く社会に提供することにより，社会の発展に寄与するものとする。

では，高等学校までの学校教育は，どうであろうか。まず，小学校は「心身の発達に応じて，義務教育として行われる普通教育のうち基礎的なものを施すことを目的とする」（第29条）とされている。そして，中学校は「小学校における教育の基礎の上に，心身の発達に応じて，義務教育として行われる普通教育を施すことを目的とする」（第45条）とされている。高等学校は「中学校における教育の基礎の上に，心身の発達及び進路に応じて，高度な普通教育及び専門教育を施すことを目的とする」（第50条）とされている。

大学での教育は高等学校までの教育を踏まえたものであるが，「学術の中心として，広く知識を授けるとともに，深く専門の学芸を教授研究し，知的，道徳的及び応用的能力を展開させることを目的とする」ものであり，「社会の発展に寄与するもの」とされている点に注目したい。高等学校までの教育の連続性と同時に質的な飛躍が存在するということである。

では，大学での学びをどのように考えたらいいのだろうか。

ここでは，「疑問を持つこと」の重要性を強調したい。それは，大学での学びの出発点は「問題意識」を持つことが不可欠であるということである。大学では，１人ひとりが自らの関心にしたがって自由に学ぶことができるし，基本的にはそのようなものとして教育課程は編成されている。

大学における学びは，大きく講義科目とゼミナール（演習）とに分けて考えることができよう[12)]。講義科目では，現実の社会の動きと関連付けて学ぶとともに，諸科目を関連付けて学ぶことを推奨したい。講義科目は専門科目と教養教育科目に大別されるが，（「経営学分野の参照基準」での指摘の通り）経営学の学習にとっても教養教育が有する重要性を強調したい。

一方，ゼミナールは特定のテーマに関して，少人数で深く学ぶことができる。学生同士や学生と教員との討論を通じて，経営学に関するより深い知識を身に付けることが可能となる。ゼミナールでは多くの場合に，論文を書くことが求められる。論文の執筆は，ある論題（テーマ）について先行研究を踏まえ調査にもとづいて結論を見出す知的な作業であり，「学ぶことを学ぶ」得難い経験となるだろう。「学ぶ」ことは一生涯にわたって続くのであり，学校を卒業したからといって無縁となるのではない。

大学での学びにとって，正課外の「学習」も有意義である。ボランティアやアルバイトなどにも「学習」の要素（側面）は含まれる。正課（授業）にフィードバックしつつ学ぶことができるのは，経営学ならではのだいご味かもしれない。経営学は，「営利・非営利のあらゆる『継続的事業体』における組織活動の企画・運営に関する科学的知識の体系である」からだ。

3.2 大学生の進路をめぐる状況

これまで日本企業の採用システムは，大企業の男性正社員を中心とした日本的雇用慣行[13]のもとで，新規学卒者一括採用（新卒一括採用）として確立されてきた。バブル崩壊以降，日本的雇用慣行の見直しが進んでいるが，新卒一括採用は基本的に維持されている。しかし，同時に正社員の絞り込みと非正社員への置き換えが進んでいることに留意したい（新・日本的経営システム等研究プロジェクト［1995］を参照）。

文部科学省が行っている「学校基本調査」によると，2020年３月に卒業した学生の進路は以下のようである[14]。すなわち，進学者11.3％，就職者77.7％，有期雇用労働者1.0％，臨時労働者0.5％，臨床研修医1.7％，左記以外の者7.1％，不詳・死亡の者0.7％である。ここで，「左記以外の者」は，進学準備中の者，就職準備中の者，家事の手伝いなどである。

前年（2019年３月卒業）比で就職者は，0.3ポイント低下している。2010年３月卒業者の60.8％を底に，就職者の比率は一貫して上昇してきたが，初の下落となった。

「学校基本調査」の数値とは別に，厚生労働省と文部科学省が共同で行っている「大学等卒業予定者の就職内定状況調査」で示される「就職内定率」の数値がある。これは年４回（10月１日，12月１日，２月１日，４月１日のそれぞれの日現在で）実施し，翌月に発表されるというものである。この数値は対象とする学校が限られていることとあわせ，何よりも就職希望者に占める就職（内定）者を把握したものであることに注意する必要がある。就職活動を断念したりした場合には，分母である就職希望者の数には含まれないということである。前述の「学校基本調査」と同じ年度の学生を対象とした，2020年４月１

日時点の就職率は調査開始以降，過去最高の98.0％となっている[15)]。

さて，「ブラック企業」という言葉がすっかり定着している。ブラック企業の定義は必ずしも明確ではないが，ここではPOSSE代表の今野晴貴の定義を紹介したい。彼は，ブラック企業を「違法な労働条件で若者を働かせる企業」，「若者の側からの企業の労働実態を『告発』する言葉」（今野［2012］p.11）とする。2012年からは「ブラック企業大賞」の取り組みも行われ，社会的な告発運動も進んでいる。

ここで考えてみたいのは，ブラック企業の背景である。それは，労働分野での規制緩和や競争至上主義がブラック企業を生み出しているということである。日本では1980年代以降，労働分野でも規制緩和が相次いでいる。労働時間の弾力化や労働者派遣法の制定・改正などである。ブラック企業の存在は，正規雇用・非正規雇用を問わず，日本における労働条件の悪化が進んでいることを示している。同時に，当事者が声を上げ社会が連帯することによってブラック企業をなくす取り組みが進んでいることにも注目したい。

3.3　ワークルールを学ぶ

正社員（正規雇用）も非正社員（非正規雇用）も労働条件が悪化し，全体的な労働条件の改善が課題となっている。森岡孝二によれば，「正社員」という言葉は，正社員が減少し正社員が当たり前でなくなるもとで，1970年代後半から1980年代初めの時期から用いられるようになった（森岡［2015］pp.124-127）。

このようなもとでワークルールを学ぶことの重要性が高まっている。ここでワークルールとは労働法の基本や労働組合などについて知ることである[16)]。ぜひ学生時代にワークルールの基本を身に付けておきたい。例えば，労働時間や賃金，休日・休暇に関するルールである。

ここでアルバイトについても言及しておく。アルバイトで働く場合にも，それは労働者として働くのであり，法律上ではアルバイトも労働者として扱われるということである。したがって，「アルバイトだから」ということで劣悪な処遇であってもいいということにはならない。

加えていえば，アルバイトの経験は有益だが，学ぶことを生活の中心に位置づけていく必要がある。もちろん高学費が学生にとって大きな負担となっており，アルバイトが不可欠な場合もあろうが，十分な学習時間を確保することが大切である。

ワークルールに関しては，最低賃金制度の重要性を指摘しておきたい。それは，厚生労働省によって，次のように説明されている[17)]。

> 最低賃金制度とは，最低賃金法に基づき国が賃金の最低限度を定め，使用者は，その最低賃金額以上の賃金を支払わなければならないとする制度です。
>
> 仮に最低賃金額より低い賃金を労働者，使用者双方の合意の上で定めても，それは法律によって無効とされ，最低賃金額と同額の定めをしたものとされます。
>
> したがって，最低賃金未満の賃金しか支払わなかった場合には，最低賃金額との差額を支払わなくてはなりません。また，地域別最低賃金額以上の賃金額を支払わない場合には，最低賃金法に罰則（50万円以下の罰金）が定められ，特定（産業別）最低賃金額以上の賃金額を支払わない場合には，労働基準法に罰則（30万円以下の罰金）が定められています。

最低賃金はもちろんアルバイトにも適用される。アルバイトに対する賃金の支払いは通常，時給計算（時間給×労働時間数）である。この点で，最低賃金は身近な制度である。最低賃金の大幅な引き上げを求める運動が取り組まれていることにも注目してほしいと思う[18)]。

4　本書の試み

本書の第Ⅰ部では，株式会社を中心とする現代企業の動向を概説している。とりわけ巨大化した株式会社に焦点をあてており，株式会社論や企業論のテキストとしての内容をもっている。あわせて，社会的企業についての独立した章（第５章）を収録しており，現代的な視角から企業をとらえようとしている点で特徴的である。

続く第Ⅱ部では，現代社会におけるイシュー（問題点）を取り上げて考察を加えている。なかでも雇用・労働をめぐる問題に焦点をあわせている。それは，本書が想定する読者にとって，労働（職業生活）への移行を見据えて学ぶことが大切と考えるからである。

以上のような構成は経営学のテキストとしてみた場合には異例な構成になっている。と同時に，本書の独自性でもある。本書を通じて，現代企業について学ぶとともに，現代社会の課題について考えてほしいと願っている。

コラム

農業経営と農業ビジネス

ここ10年ほど，京都や北海道（オホーツク地域）などの農家や農業法人を訪問し，農業について学ぶ機会を得てきた。そのなかで，農業を対象とする経営学の可能性（や必要性）についての関心を深めてきた。

農業に対する関心をもつきっかけとなったのは，担当科目の一環で学生と一緒に訪れた北海道のオホーツク地域で，大規模農業に接する機会を通じて多くの知見を得たことである。同時に，北海道と京都という異なる地域における農業の違いにも関心をもつようになった。

そのようなことから（北海道だけでなく）京都の農家も訪問するようになった。田舎の兼業農家の出身であり，多少は農業について知っているつもりではあったが，同じ京都市内でも地域によって農業のあり方が異なること，また同じ地域であっても経営主体が異なれば，同様に農業のあり方が異なることに目を見開かされる思いがした。

このような経験を通じて，個別の経営主体によって農業の経営のありようは多様であり，「農業経営」として把握することの重要性，そして経営学が農業をも対象にして，より深化されるべき必要性を感じるようになった。

農家や農業法人への訪問とあわせ，農業に係わる多様なビジネス（農業ビジネス）に触れる機会を得ることができた。それは，剪定枝葉を材料にして堆肥を製造するという環境循環型ビジネスの会社や，日本有数の種苗会社である。

いずれも京都の会社であるが，前者は「土づくり」，後者は「種づくり」として把握している。これら２社に加え，６次産業化で全国的にも注目される会社へも訪問させていただいた。これらの経験を通じて，「農業に係わるビジネス」としての「農業ビジネス」の興味深さを実感している。

身近なところに存在する経営やビジネスを通じて，経営学の面白さをこれからも感じていきたい。

＊　６次産業化とは，１次産業（農林漁業），２次産業（製造業），３次産業（小売業等）の連携によって，農林漁業の活性化や農山漁村の振興を図ることである。

注

1）訳文は，外務省「経済的，社会的及び文化的権利に関する国際規約（Ａ規約）」のサイト（https://www.mofa.go.jp/mofaj/gaiko/kiyaku/2b_004.html）に依った（2020年８月24日アクセス）。

申［2020］では，日本において生じている人権問題の１つとして教育費の問題が取り上げられ，「国際人権」の視角から考察されている。

2）批准は，署名され内容が確定された条約に対して，当該国家において憲法上条約を締結する権限が与えられた機関が国内法の手続きにしたがって最終的に確認し同意することである。

3）「無償教育の漸進的導入」の原語は，the progressive introduction of free educationである。一方，日本で使用されている「無償化」の意味は曖昧であり，国際人権規約の意図するところとは異なる場合が多いので注意が必要である。

4）日本の高学費を「有償教育の急進的高騰」と厳しく批判したのは，田中昌人である。この点を含め，日本の高学費政策については，田中［2005］を参照。また，三輪［2018］は，日本の現状を転換していくために「教育共同戦線の構築」を提起している。

5）OECDは1961年に設立され，日本は1964年に加盟した。現在の加盟国数は36か国である（2018年11月現在）。

6）ここでの数値は，日本学生支援機構「奨学金に関する情報提供」（https://www.jasso.go.jp/sp/shogakukin/chihoshien/sosei/zisseki/index.html）を参照

(2020年８月24日アクセス)。

機構は，日本育英会の奨学金貸与事業（日本人学生向け）や，他の公益法人の事業を整理・統合して，2004年４月に発足した独立行政法人である。機構は，貸与型奨学金の資金に充てるため，財投機関債の発行，民間金融機関からの借入を行っている。

7）外務省「経済的，社会的及び文化的権利に関する国際規約（社会権規約）第13条２（ｂ）及び（ｃ）の規定に係る留保の撤回（国連への通告）について」のサイト（https://www.mofa.go.jp/mofaj/gaiko/kiyaku/tuukoku_120911.html）を参照（2020年８月24日アクセス)。

8）2004年に国立大学が法人化されて以降，入学料28万2,000円，授業料53万5,800円の学費は据え置かれたままであった。授業料については国（文部科学省）が示す標準額であり，20％までは増額することが認められている。2019年度，2020年度に授業料を値上げした国立大学のうち２大学が20％の値上げであった（残り３大学は10％の値上げ)。国立大学に対する国からの支出（基盤的経費に対する「運営費交付金｣）は年々，削減されている。

9）本節の記述は，拙稿「最近における経営学教育の改革をめぐる議論―『分野別質保証』に焦点をあてて」龍谷大学経営学会『経営学論集』第53巻第２号，2014年，64～75頁，の一部と重なる部分がある。

10）全文は，日本学術会議のウェブサイト（http://www.scj.go.jp/ja/info/kohyo/pdf/kohyo-22-h157.pdf）に公開されている（2020年８月24日アクセス)。

11）「経営学分野の参照基準」の目次は，以下のようである。

1　はじめに
2　経営学の定義
3　経営学固有の特性
4　経営学を学ぶすべての学生が身に付けることを目指すべき基本的な素養
5　学修方法および学修成果の評価方法に関する基本的な考え方
6　市民性の涵養をめぐる専門教育と教養教育との関わり
7　経営学と企業家精神の育成

本章の記述では，１～６を中心にしており，７については言及していない。

12）「経営学分野の参照基準」では，「学修成果を上げるために，講義，講読，演習，実習，現場教育など多様な教育方法がとられている。それらの方法は，教育する側のねらいや重点の置き方，学生の状況などに応じて柔軟に組み合わされるべきである。経営学を学ぶ上で，通常，以下のような多様な教育方法が考えられる」として，①講義，②講読，③演習，④実習・現場教育の４つが示されている（pp.17-18）。

13) 日本的雇用慣行は，終身雇用，年功賃金，企業別労働組合に代表される。

14) 文部科学省「令和２年度学校基本調査（確定値）の公表について」（https://www.mext.go.jp/b_menu/toukei/chousa01/kihon/kekka/k_detail/1419591_00003.htm）を参照（2020年12月30日アクセス）。

15) この調査結果は，2020年６月12日に発表された（https://www.mhlw.go.jp/stf/newpage_11810.html）を参照（2020年７月30日アクセス）。

16) ワークルール教育は，「労働者の権利についての学習」と言い換えることができる。それは，「権利としてのキャリア教育」の重要な構成部分である（児美川［2007］pp.156-165を参照）。

17) 厚生労働省「最低賃金制度とは」のサイト（https://www.mhlw.go.jp/www2/topics/seido/kijunkyoku/minimum/minimum-10.htm）を参照（2020年８月24日アクセス）。

18) 2019年10月からの改定で東京都（1,013円），神奈川県（1,011円）が時給1,000円を超えた。全国加重平均で901円となったが，東京都と最低賃金が一番低い15県（790円）とは，223円の開きがあった。コロナ禍のもとで2020年10月の改定では，全国平均で１円の改訂にとどまった（東京都は据え置き，神奈川県は１円引き上げ）。最高額（東京都）と最低額（７県の792円）の差は221円で，依然として大きな開きがある。

　中澤秀一らによる「最低生計費調査」によると，都会も地方も最低生計費を見れば，大きな開きはなく，最低賃金の大幅な引き上げと全国一律最低賃金の導入が求められている（中澤［2016］［2020］を参照）。中澤が監修した「京都生活実態調査」（http://www.labor.or.jp/sohyo/wp/wp-content/uploads/2020/01/f032864ea3db72e59f6f80d0da0799a2.pdf，2020年８月24日アクセス）によれば，20歳代の単身世帯でも男女ともに年間約300万円の最低生計費（税込み）が必要である。これはフルタイムと同様に年間2,000時間働いたとした場合に，時給1,500円に相当する。

《参考文献》

岩重佳治［2017］『「奨学金」地獄』小学館。

児美川孝一郎［2007］『権利としてのキャリア教育』明石書店。

今野晴貴［2012］『ブラック企業 日本を食いつぶす妖怪』文藝春秋。

奨学金問題対策全国会議編［2013］「日本の奨学金はこれでいいのか！ —奨学金という名の貧困ビジネス』あけび書房。

新・日本的経営システム等研究プロジェクト編［1995］『新時代の「日本的経営」— 挑戦すべき方向とその具体策』日本経営者団体連盟。

申惠丰［2020］『国際人権入門　現場から考える』岩波書店。

田中昌人［2005］『日本の高学費をどうするか』新日本出版社。

中澤秀一［2016］「最低生計費調査からみた最賃制度の問題点」『経済』2016年10月号，pp.56-66。

中澤秀一［2020］「生計費調査でみた子育て世代の『普通の暮らし』」『経済』2020年３月号，pp30-34。

三輪定宣［2018］『無償教育と国際人権規約—未来をひらく人類史の潮流』新日本出版社。

森岡孝二［2015］『雇用身分社会』岩波書店。

OECD［2019］*Education at a Glance 2019*, OECD（https://www.oecd-ilibrary.org/education/education-at-a-glance-2019_f8d7880d-en）.

第 I 部

企業の動向を知る

第1章

現代株式会社の現状と特質

営利を目的として継続的に商品（サービスを含む）生産を行う経済単位が企業である。この企業にはいくつかの形態があるが，法人企業に限ってみれば，その多くは株式会社である。また，株式会社が親会社となって設立された一部の合同会社等を除けば，大企業のほとんど全ては株式会社である。本章では，まず始めに株式会社の実態を確認した上で，そうした株式会社の社会的必要性や普及・発展の経緯，および制度的特徴などについて概観・考察していく。

1　日本における株式会社の現状

1.1　株式会社の数

本節では，株式会社の起源や歴史的発展過程を述べる前に，現状把握の観点からわが国における株式会社の実態について簡単に概観しておきたいと思う。

まず始めに，株式会社の数である。実は，この数は調査対象となる会社が大変多いことや調査方法の違いなどから，各調査機関によって幾分異なった結果が公表されている。また，株式会社の総数調査は各機関が毎年必ず実施しているものでもない。そうしたことを前提とした上で総務省統計局が公表している調査結果を見てみると，2016年６月現在における日本の株式会社数（特例有限会社と相互会社を含む）は284万6,498社となっている[1)]。また，法務省の調査によれば，2015年１月末現在の株式会社数（純粋に株式会社のみで特例有限会社等は含まず）は，約170万2,000社とのことである[2)]。このように株式会社の数は極めて膨大であり，近年では毎年約８万から９万社が新たに設立されてき

［図表１－１］日本における株式会社の設立件数

年	2008	2009	2010	2011	2012	2013	2014	2015	2016	2017
設立件数	86,222	79,902	80,535	80,244	80,862	81,889	86,639	88,803	90,405	91,379

出所：e-Stat政府統計の総合窓口　商業・法人登記（年次表）第16表 種類別 株式会社の登記の件数（平成20年～29年）https://www.e-stat.go.jp/stat-search/files?page=1&layout=datalist&toukei=00250002&tstat=000001012460&cycle=7&year=20170&month=0&tclass1=000001012462（2020年10月１日接続）のデータの一部を抜粋し作成。

ている[3)]。

1.2　大規模株式会社

さて，日本における株式会社のほとんどは中小企業である。しかし，株式会社には規模拡大に関する制度的制約がないため，その一部はとてつもなく巨大化し発展してきた。資本金，従業員数，売上高等，何を基準とするのかによって企業規模の順位は異なるので，ここでは各項目で上位にランキングする自動車メーカー２社と電気機器メーカー２社を取り上げ**図表１－２**に示した。

同図表から，大企業の規模がいかに大きいかが分かるであろう。トヨタ自動車を例に見れば，株主数が58万7,947人であり，この数は全国の市町村の人口と比較すると鹿児島県の県庁所在地である鹿児島市の人口59万9,814人（2020年10月１日現在）とほぼ同数である。従業員数35万9,542人に関してみても，奈良県の県庁所在地である奈良市の人口36万310人（同）とほぼ同じである。また，売上高約29兆９千億円は世界GDPランキング（2019年）に当てはめると第44位相当となり[4)]，これはチリ（2,823億ドル），パキスタン（2,761億ドル），フィンランド（2,693億ドル），チェコ（2,507億ドル），ルーマニア（2,501億ドル），およびポルトガル（2,377億ドル）といった国々を上回っている[5)]。つまり，トヨタ自動車という民間企業（連結）の年間売上高が，驚くべきことに百数十におよぶ国や地域それぞれにおける年間生産額を凌駕してしまっているのである。

以上，株式会社はその数や規模，展開する事業の大きさなどから，現代社会

［図表１-２］日本の大企業４社の会社概要

企業名	トヨタ自動車	本田技研工業	日立製作所	パナソニック
事業内容	自動車の生産・販売	自動車・オートバイ，汎用製品，ロボット等の生産・販売	情報・通信，電力，産業用機器，家電等の生産・販売	電化製品，情報・通信，住宅関連機器等の生産・販売
資本金	6,354億円	860億円	4,598億6,200万円	2,590億円
株主数	58万7,947人	21万3,170人	30万8,638人	49万610人
従業員数（連結）	35万9,542人	21万8,674人	29万5,941人	24万6,512人
売上高（連結）	29兆9,299億円	14兆9,310億円	９兆4,806億1,900万円	７兆4,906億円

注：トヨタ自動車と本田技研工業の数値は2020年３月末時点，日立製作所の数値は資本金と株主数については2020年３月末時点，従業員数と売上高は2019年３月末時点，パナソニックの数値は売上高のみ2020年３月期，その他の数値は2020年９月末時点のもの。
出所：トヨタ自動車，本田技研工業，日立製作所，およびパナソニックのホームページや会社案内における会社概要・企業情報等をもとに筆者作成。

における経済活動の中心的役割を担っていることが理解できるであろう。

2　株式会社の起源・歴史普及・発展過程

2.1　株式会社の起源

個人企業はもちろんのこと，合名，合資，合同の各企業形態は，資本の集中・資本金額の増大に関して事実上制度的に限界があった。つまり，これらの企業形態では出資者全員の合意形成が必要であったり，出資者全員または出資者の一部が無限責任社員[6]であったり，さらには持分[7]を第三者に譲渡する際に他の社員の承諾が必要であったりするため，資本金を増額する以前にそもそも社員（＝出資者）を増やしていくこと自体が難しかったわけである。しかし，これでは多くの資本を必要とする大規模事業を展開することはできない。こうした問題を解決するために生み出されたのが株式会社である。株式会社は社会的遊休資金を広範囲から集め，大規模な資本集中を可能とした企業形態であり，現時点における企業発展段階の最高の形態といえる。

株式会社の起源は，1602年に設立されたオランダ東インド会社（1602-1799／資本金：650万ギルダー，本社：アムステルダム[8)]）であるといわれている。15世紀末，ヨーロッパでは大西洋からアフリカ大陸の南端（喜望峰）を経由してインドや東南アジアへ渡る航路が発見され，それ以降，大型船を使った海上貿易が盛んとなった。この海上貿易では香辛料などの運搬・取引が行われ，航海輸送が成功すれば貿易商人は極めて大きな利益を獲得することができた。その一方で船の建造費は高額であり，航海中に船が難破したり海賊などに襲われるといった危険もともなった。そのため，出資者を募ることによってこれらのリスクを大勢で分割負担し，事業が成功して利益が出れば出資に応じた分配を行うという仕組みが生み出された。また，オランダ東インド会社は，出資者の無限責任を免除する条項が盛り込まれた特許状を国民議会から与えられ，出資者全員が有限責任の会社となった（吉田［1994］pp.108-109）。

このように，出資（株式の譲渡は自由）に応じた利益分配の仕組みと出資者全員の有限責任制が確立したことが，オランダ東インド会社が世界初の株式会社とされる所以なのだが，同社が保有していた権利や会社機関のあり方などを考えると，現代の株式会社とはかなりかけ離れた存在だったともいえる。例えば，同社は国から喜望峰以東の貿易独占権，貿易競合国や現地勢力などとの交戦権，条約締結権や植民地支配，および貨幣鋳造の権利までもが認められた国策会社としての側面を持ち合わせていた。また，株主総会がないために一般の出資者が会社の意思決定に加わることはできず，重役会である十七人会（各支社から出資額に応じて大株主を選出。アムステルダムが最多の８人）や取締役団（定員60人）によって専制的な支配が行われてもいた。

2.2　資本主義生産の発展と株式会社の普及

オランダ東インド会社が設立された後，約２世紀もの間，株式会社が世界的な広がりを見せることはなかった。近代的な株式会社制度が広く一般に普及し始めたのは，産業革命以降のことである。

18世紀後半にイギリスで産業革命が起こると，資本主義的工業生産はマニュファクチュア（工場制手工業）の段階から機械制大工業の時代へと移行していく。この移行によって生産効率は飛躍的に高まっていくのだが，各企業は生産手段としての機械を導入するために莫大な資本が必要となった。こうした中，資金調達の最良の手段として注目され始めたのが株式会社である。当時のイギリスでは，特許状のない会社が株式を発行して資金を調達することは，泡沫会社条例[9)]によって禁止されていた。しかし，巨額の資本を必要とする産業部門の要請に応える形で，1825年に同条例は廃止されることとなった。さらに，1856年に有限責任法，1862年には一般会社法が制定され，法の規定に従えば誰もが自由に株式会社を設立できるようになった。信用制度の発達と証券取引制度の普及とともに，その後こうした流れは欧米諸国を中心に世界的な広がりを見せ，20世紀初頭には各国の産業部門において大規模株式会社が成立する運びとなった（林［2003］pp.24-25）。

なお，日本で最初の株式会社は1873年開業の第一国立銀行（現・みずほ銀行）である。この第一国立銀行は，東京株式取引所（現・東京証券取引所）に次いで上場した株式会社でもある。また，事業会社として日本初の株式会社は，1882年設立の大阪紡績会社（現・東洋紡株式会社）であり，商法に基づいて設立された最初の株式会社は1893年設立の日本郵船である。

3　株式会社の制度的特徴

株式会社は広く社会一般から資金を集め，大規模な資本の集中を可能とするため法的に整備された制度である。よって，合名，合資，合同といった持分会社とは制度・機関の制度設計自体が根本的に異なっている。株式会社には上場会社と非上場会社があるが，以下では株式会社本来の姿ともいえる上場会社を念頭におきながら，その制度的特徴を説明していく。

3.1　資本の証券化と株式の譲渡自由性

株式会社は資本を均一の小単位である証券（株式や社債）に分割し，それが証券市場で投資家に売買されることで巨額の資本を調達している。会社は市場で売却された発行株式を買い取る必要はなく，調達した資本は自己資本として長期的に使用することができる。一方，出資者である株主は自身の保有する株式を市場で売却でき，基本的にはいつでも投下資本を回収・換金することが可能となっている。つまり，合名，合資，合同の各持分会社では，株式会社の株式にあたる持分を第三者に譲渡する際に他の社員（＝出資者）の承諾を必要としたが，株式会社では株式の譲渡に他の株主の承諾を得る必要はないのである。そして，いつでも出資金を回収できるこのシステムは，多くの投資家に対して出資を行いやすくし，資本の集中と会社規模の拡大を可能としてきた（林［2003］p.25）。

日本において株式の現物取引が行われているのは，東京，名古屋，札幌，福岡の各証券取引所である[10)]。投資家や株主は証券会社に対して株式の売り注文や買い注文を行い，証券会社がそれらの注文に従い証券取引所で株式の売買を行う。これらの取引所で売買される株式の価格は，景気変動や各企業の経営状態によって変化する。よって，厳密に言えば株式売却によって回収できる資金は出資した額と同じであるとは限らない。株式購入時よりも株価が上がっていれば出資金よりも多くの資金が回収できるし，逆に株価が下がっていれば出資した金額全てを回収することはできない。また，理論上ではあるが，株式の購入・売却ができないケースもある。例えば，ある企業の株式を売却したい株主が存在せず，市場にその株式が全く流通していない場合，投資家はその株式を保有したくても購入することができない。逆に，ある企業の株式を購入したいと考える投資家が全くいない場合には，当然その企業の株式は買い手不在のため売却することができない。加えて，売り注文と買い注文の双方が価格指定のない成行注文のみであった場合にも取引は成立しない。

なお，2009年１月に実施された株券電子化に伴い，上場会社の紙に印刷された株券は廃止（ペーパーレス化）され無効となった。また電子化以降，株主の権利については証券保管振替機構や証券会社等に開設された口座で電子的に管理がなされている。

3.2　出資者全員の有限責任制

株式会社の株主は全員が有限責任である。つまり，全株主が出資額を限度とした責任しか負う必要がない。言い換えれば，合名会社の全社員や合資会社の無限責任社員のような，債権者に対して無限責任を負う出資者は存在しない。そのため，例えば会社が金融機関などから融資を受けていて，その負債を抱えたまま経営破綻してしまった場合，仮に会社資産で全ての負債を返済できなかったとしても株主は出資金だけを諦めればよく，それ以上の責任を問われることはない。逆に，融資を行った金融機関等は債務者の返済不能により債権が焦げつくことになる。こうした債権を一般に不良債権と呼ぶ。

また，株主の有限責任は自らが出資した会社に対してのものであり，債権者に対して直接的に負うものではない。つまり，株主は会社に対して責任を負い，会社は債権者に対して責任を負うという構図になる。このような有限責任のあり方を間接有限責任という。

3.3　所有と経営の分離

合名，合資，合同の各会社では，一部の社員を除き出資者自身が所有者として直接経営も行っていた。資金を拠出した者が経営も行う。当たり前と言えば当たり前の話である。しかし，株式会社では所有者と経営者が必ずしも一致していない。また，企業規模が大きくなればなるほど，ほとんど全ての株主は出資だけを行い経営には携わらないことになる。

株式会社では出資者である株主によって株主総会が構成され，これが株式会社の最高意思決定機関となる。つまり，この株主総会が合名，合資，合同の各持分会社における社員総会（設置は任意）にあたる。しかし，この総会の決議に基づいて日常の経営を行うのは株主ではない。なぜ，株主が直接経営を行わないのか。その理由は以下のとおりである。

まず先に述べたとおり，株式会社における株式の譲渡は自由である。そして，多くの個人株主や機関投資家などは，株価の変動を利用して利ざやを稼ごうと考えている者がほとんどである。そのような，いつ株式を売却するかも分からない株主に会社の機密情報を握らせ，日常の経営を任せるわけにはいかないのである。また，一般個人株主は他に専業の職を持っており，そもそも経営権を握ろうとして株式を取得する者は皆無といってもよい。

２点目の理由は，大規模会社では株主が膨大な数に上ることである。例えば，第１節で取り上げたトヨタ自動車には株主が約60万人存在する。これらの株主全てに対して会社の代表権や業務執行権を与えることは，現実的に不可能である。

さらに３点目だが，一般株主の経営能力には限界があることが挙げられる。つまり，株式会社が巨大化し事業規模が拡大していくと必然的に管理組織が不可欠となり，そうなると細分化された管理機能を統括し，指揮・調整する能力を持つ経営のプロ，すなわち専門経営者が必要となってくるのである。

こうしたことから，株式会社では株主総会とは別に日常の経営を行うための機関として取締役会が設置される。これにより，出資者＝所有者（株主）と経営者（取締役）は別の者となり，所有と経営は分離することとなる。また，取締役会を構成する取締役は株主総会で選出されるが，この取締役は株主であってもなくてもよい。

以上，資本の証券化と株式の譲渡自由性，出資者全員の有限責任制，および所有と経営の分離の３点が，近代株式会社における最大の特徴となっているのである。

4　会社機関

株式会社には，会社機関の設置が義務づけられている。会社機関には前節でふれた株主総会と取締役会に加え，監査役（会）と会計監査人・会計参与がある。ただし，会社法上の大会社においては監査役会設置会社以外，すなわち指名委員会等設置会社や監査等委員会設置会社では，監査役を設置することはできないことになっている。また，大会社以外は会社法上，取締役会と監査役会の設置はともに任意となっている。本節では，株式譲渡制限会社以外については，会社法上の大会社でありかつ監査役会設置会社を選択した企業を前提に説明していくこととする。

4.1　株主総会

株主総会は，すでに述べたように出資者である株主によって構成される会社の最高意思決定機関である。よって，株式会社は他の企業形態と同様に形式上は所有者支配を維持する形となっている。

株主総会は通常年1回開催され，これを定時株主総会という。ただし，何か緊急な重要案件が生じた場合には，株主に対して総会の臨時招集をかけることができる。これを臨時株主総会という。

総会での主な決定事項は，定款の変更，会社の合併・解散や営業権の譲渡，決算や利益配当の承認，および取締役や監査役の任免等である。総会での議案事項は基本として一株一票の原則による多数決で決議されるため，仮に発行株式の過半数を保有する大株主がいる場合，その株主は会社を支配することができる。ただし，重要案件に関しては，普通決議だけでなく特別決議や特殊決議などを要するものもある。例えば，後述する株式譲渡制限の規定を新たに定款に設けようとする場合には特殊決議が必要となり，その際は全株主の半数以上，かつ全株主の議決権の3分の2以上の賛成がなければ可決できない。また，組織変更や全ての発行株式に取得条項を付すための定款変更など，全株主の同意が得られなければ可決されない議案もある。

なお，平成13（2001）年の商法改正（2002年4月1日施行）により株主総会の招集通知，株主の会社への請求（株主提案等），および株主総会における議決権の行使等について，電磁的方法を用いることが可能となった。そのため，例えば多くの企業では，株主が総会での議案に対してインターネット（端末はパソコンや携帯電話など）で議決権を行使することなどが可能となっている（芳澤［2006］pp.76-78）。

株主には株主権が与えられる。株主権には共益権と自益権がある。共益権とは権利行使の結果が株主全体の利益に影響する権利であり，自益権とは権利行使の結果が個々の株主の利益に影響する権利である。共益権には議決権，自益権には利益配当請求権や残余財産分配請求権などがある。議決権とは，上述のとおり株主総会の際に与えられる一株一票の投票権であり，利益配当請求権とは会社が事業活動で獲得した利益の一部を保有株式数に応じて受け取ることができる権利である。また，残余財産請求権とは会社が解散する際に行う債務精算後に会社財産が残っていれば，持株数に応じてその財産を受け取れるという権利である。

4.2　取締役会

所有と経営の分離の項で述べたように，株式会社では株主総会において日常の経営を任せる取締役を選出する。そして，この取締役によって構成される合議制の機関が取締役会である。取締役会は原則３名以上の取締役で構成され，任期は２年である。また，取締役会構成メンバーの過半数の出席により成立し，出席した取締役の過半数の賛成によって議案が可決される。なお，平成26（2014）年改正会社法では，上場会社に対して社外取締役[11)]の設置を推奨することになった。これにより，社外取締役を置かない企業は定時株主総会において，その説明を行わなければならなくなった。

取締役会での主な審議事項は，株主総会の招集，重要財産の処分や譲受，支店の設置や廃止，新株や社債の発行，および代表取締役の選任などである。この内，最後に示した代表取締役の選任に関しては，取締役どうしの互選によって行われる。代表権を与えられた取締役は対外的に会社を代表し，取締役会での決定事項を実施する際に指揮をとる。また，この代表権を持つ取締役は１名である必要はなく，複数名選出することも可能である。その際，選出された複数の取締役は，個々人が独立して代表権を持つことになる。よって，代表取締役は合議体ではなく，あくまで個人であるのだが，会社法上は会社機関の１つとして位置づけられる。

一方，専務取締役や常務取締役などの役付取締役についても，代表取締役と同じく取締役間の互選で決定される。しかしながら，この役付は個々の企業で独自に付すものであり，会社法上は何らの意味も持たない。

4.3 監査役（会）

監査役は取締役の職務遂行に関する監査を行う機関であり，監査には業務監査と会計監査がある。業務監査とは，取締役が法令や会社の定款を遵守し適切に業務を行っているかを監督・調査することであり，会計監査とは決算書類が正しく作成されているかを検査することである。監査役は株主総会で選任され，任期は原則４年である。監査役の人数については，監査役会設置会社やそれ以外の任意で監査役会を設置する会社では３名以上，監査役会を設置しない会社では１名以上が必要となる。また，監査役会は会社法上の大会社（先述のとおり指名委員会等設置会社，監査等委員会設置会社以外）では設置が義務化されており，メンバーの半数以上を社外監査役としなければならないことになっている。なお，監査役会を設置しない会社の監査役は個人であっても，代表取締役と同じく会社機関として扱われる。

4.4 会計監査人と会計参与

会計監査人とは，会社の計算書類を監査する役割を持ち，指名委員会等設置会社，監査等委員会設置会社，および会社法上の大会社においては設置が義務化，それ以外の会社においても定款の定めにより任意で設置することができる外部の機関である。よって，取締役や監査役のように役員という位置づけではない。また，会計監査人に就任できる者は監査法人か公認会計士のみとなっており，株主総会によって選任される。任期は原則１年であるが，株主総会で会計監査人についての決議が特になされなかった場合，再任されたものとされる。

なお，会社は選任された会計監査人の氏名（または名称）を登記しなければならない。また，会計監査人が業務を怠って会社が損害を被った場合，彼らは会社に対する賠償責任を負うこととなる。

会計参与は，2006年の会社法施行に伴って新たに設けられた機関であり，その設置に関しては各社の任意となっている。会計参与は株主総会で選任されるが，会計参与になる資格を持つ者は公認会計士（監査法人を含む）と税理士（税理士法人を含む）のみであり，選任された者はその会社の役員となる。また，会計参与を設置する会社は，その旨を会社の定款に定める必要がある。任期は原則２年であるが，定款の定めにより最大で10年まで延長できる。

会計参与は取締役と共同で計算書類を作成し，株主総会で報告説明の義務を負う。会計監査人と会計参与の違いは，会計監査人が会社の計算書類を第三者的立場で監査するのに対し，会計参与は計算書類の作成に自ら加わるといった点にある。なお，会社法において会計参与が設けられた主な目的は，費用面から会計監査人の設置が困難な中小企業の計算書類の信頼性を高めることにあるといわれている（芳澤［2009］p.29）。

4.5　株式譲渡制限会社の会社機関

株式会社は，大規模事業を展開するのに必要となる資本を集めるために生み出された企業形態である。しかし，出資者全員の有限責任制や税制面でのメリット等から，実際には多くの資本を必要としない小規模な閉鎖的企業であっても，その多くが株式会社形態を採っている。そこで，こうした社会的実情を考慮する形で，06年施行の会社法では株式譲渡制限会社の規定が盛り込まれることとなった。

株式譲渡制限会社とは，会社にとって好ましくない者に株式が譲渡されることを防ぐため，取締役会（取締役会がない場合は株主総会）の承認なくしては全ての株式に関して売却や贈与ができないよう定款にその旨を定めた会社のことである。よって，一部の株式のみに譲渡制限が加えられた会社は，株式譲渡制限会社とはならない。また，株式譲渡制限について定款で定める際には，株主総会での特殊決議が必要となる。加えて，定款への記載によって，①取締役会や監査役の非設置，②取締役の人数を最低１名，③取締役や監査役の任期を最大10年まで延長，④監査役の業務を会計監査のみに限定，といったことも認められることになった。

なお，会社法で株式譲渡制限会社が設けられるまでは，上場会社と公開会社，非上場会社と非公開会社はほぼ同じ意味で用いられていた。しかし，会社法施行以降は，上場と公開は全く別の意味を表す言葉となった。つまり，上場・非上場については証券取引所に上場しているか否かを，公開・非公開については株式譲渡制限会社であるか否かを示すことになったのである。そのため，上場と公開が同じ意味で用いられていた時にはありえなかった，非上場公開会社（証券市場に上場していないが株式の譲渡制限もしていない会社）といった呼び名も生まれることになった。

5　大規模上場会社の実態

5.1　経営者支配と株主総会の形骸化

第３節，第４節において，株式会社の制度的特徴と各機関の役割について述べてきた。しかし，企業規模が拡大していくと，会社機関は制度設計時に期待したような機能をしないようになってくる。

株式会社が成長し発行株式が増大していくと，それにともなって株主の数も増えてくる。株主の数が増えると，当然のことながら創業者一族など支配的立場にある株主の持株比率も低下していく。さらに群小株主が増えていくと，大株主は過半数所有の維持だけでなく，所有者支配の維持さえも困難になってくる。そして，およそ90年前，こうした状況が進んできていることを具体的データをもって証明したのがA.A.バーリ（Adolf A. Berle，Jr.）とG.C.ミーンズ（Gardiner C. Means）である。

彼らは，1920年代後半から30年代初頭にかけて，アメリカ企業の株式所有構造についての調査を行った。その結果，例えばペンシルベニア鉄道では，最大株主と第２位株主の株式保有率が，それぞれ0.34％（３万9,350株）と0.2％（２万3,738株），20大株主の株式保有率合計が2.7％（31万518株），さらに500株以上を有する236人の株式保有率合計でさえ５％に満たないことを確認した。また，例えばアメリカ電信電話会社（AT&T）と合衆国製鋼会社の20大株主の株式保有率合計がそれぞれ4.6％と6.4％であり，両社とも単独で１％以上を保有する株主は存在していないことなどについても明らかにした[12)]。こうした調査結果は会社の意思決定に影響力を及ぼすだけの株主がいなくなったこと，および所有と経営の分離だけでなく所有と支配の分離もが進んでいることを意味しており，彼らはこうした状況を経営者支配と呼んだ。また，経営者支配の下で株主総会は形骸化していき，最終的には取締役を選任する力さえも取締役会に移行していくこととなった（Berle & Means，北島訳［1958］pp.105-118）。

一方日本では，戦前戦中において三井，三菱などの財閥が持株会社として傘下の企業を支配（ひいては国家経済を支配）していたが，終戦後，これらの財閥はGHQの政策により解体（1945年11月）されることになる。それにより，財閥本社が所有していた大量の株式は証券市場へと放出され，その株式を取得する形で個人株主が大幅に増加していった。しかし，1950年代の相場師などによる株式の買い占め（陽和不動産や白木屋の乗っ取り事件等）対策や60年代の外資導入に対する買収防衛策（＝安定株主工作）として，旧財閥系企業などを中心に株式相互持合が行われるようになってくる。その結果，日本においては法人株主が急増することになり，逆に一時期急増した個人株主は減少の一途をたどることとなった（**図表1－3**）。

ところで，株式相互持合ではグループ企業が互いに議決権を委任してしまうのが通常である。また，委任された議決権（投票数）の合計は，それだけで全議決権の過半数を越えてしまうようなケースも存在する。そのため，株主総会の形骸化と経営者支配の確立は急速に進んでいき，一般個人株主は事実上その影響力をほとんど行使することができない状況となってしまった。また，力を増した経営者による不正・暴走行為が頻発するようになり，その結果，多くのステイクホルダーが不利益を被る事態（粉飾決算，データ改ざん，リコール隠し，食品偽装，および大規模リストラや経営破綻等）がしばしば発生することにもなった。

5.2　株主復権の動向

現在，日米双方における大企業の多くは，程度の差こそあれ基本的には経営者支配の状況にあるといってよい。しかしながら，一方で1980年代末以降のアメリカでは，経営者に対する株主の力が徐々に強まってもきている。そして，こうした株主の中心を成しているのが機関投資家であるといえる。

機関投資家とは，株や債権などへの投資によって資産運用を行う非個人で大

［図表1－3］所有者別持株比率の推移（東証上場企業）

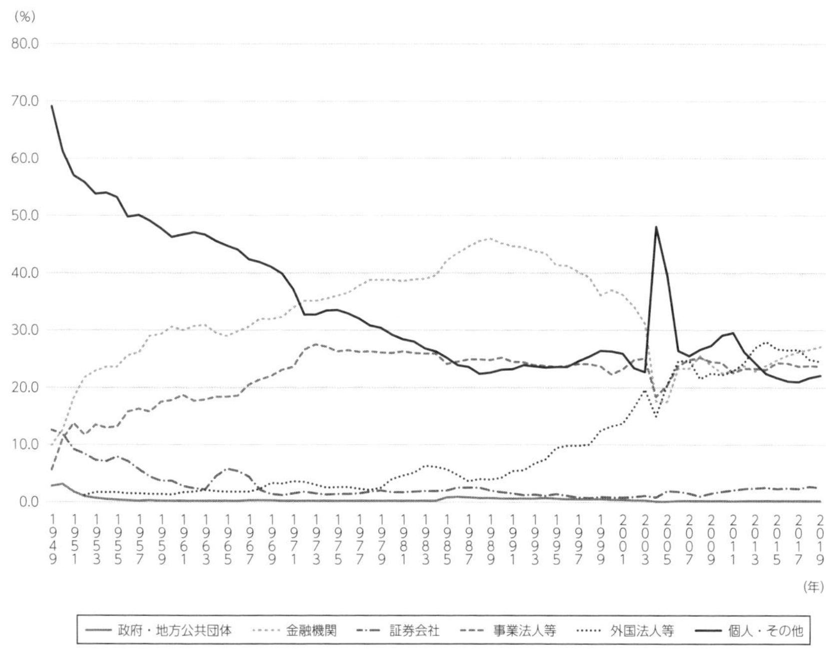

注：1. 1985年度以降は単位数ベース，2001年度から単元数ベース。
2. 金融機関には，都銀・地銀等，信託銀行，生命保険会社，損害保険会社，その他金融機関が含まれる。
3. 2004年度からジャスダック銘柄を含む。
4. 2005年度調査まで調査対象会社となっていた（株）ライブドア（4753）による大幅な株式分割の実施等から，2004年度調査から単元数が大幅に増加し，（株）ライブドア1社の単元数が集計対象会社全体の単元数の相当数を占めることとなったため，2004年度～2006年度の数値は，その影響を受け大きく増減している。

出所：日本取引所グループHP：http://www.jpx.co.jp/markets/statistics-equities/examination/01.html（2020年10月1日接続）の調査レポート・1-22所有者別持株比率及び持株数の推移（長期統計）のデータを基に筆者がグラフ化。

口の投資家である。よって，相互持合や子会社化するために株式を保有する法人株主とは異なる。また，機関投資家には，本業での活動で顧客・加入者から拠出された資金を運用する機関（銀行，証券会社，保険会社，および年金基金等）や，利潤獲得のための投資・運用自体が本業であり，そのために必要な資金の出資を顧客に募る投資ファンドなどがある。こうした機関投資家の中で，

90年代に入り最も台頭してきたのが年金基金である。中でも全米最大[13]の公的年金基金であるカリフォルニア州職員退職年金基金：通称カルパース（California Public Employees Retirement System：CalPERS）は，経営状況が思わしくない企業に対して積極的に株主提案などを行い，改善が見られない場合には最終手段として経営陣の解任を行うなどしてきた。実際，同基金は他の株主や社外取締役などと協同して，ゼネラルモーターズ，ウェスティングハウス，IBM，およびアップルといった大手企業のCEOを次々と更迭し，その際に主導的な役割を果たしてきている。反面，同基金では1990年代半ばから約15年にわたって役員・幹部による不正が行われてきたことが発覚しており，自身に対するガバナンス能力を疑問視する声も挙がっている。

一方，日本では，企業集団構成企業による持合株の売却や海外の投資ファンドの増加といった理由などから，法人株主に集中していた株式に関して分散化の傾向が見られるようになってきた。増加した外国人株主の中には上述のカルパースなども含まれ，彼らは国内の機関投資家とともに物言う株主として会社経営に影響力を及ぼしてきている。

また，商法や会社法の改正などによっても，経営者に対する監視機能が強化されてきている。そのため，社会派株主はもちろんのこと一般個人株主であっても，株主権（議決権，株主提案権，および株主代表訴訟権など）を用いて経営者の不正や無責任体制を指摘・是正するといった機会は増えてきている。

以上，本章では株式会社について，その起源と発展過程，制度的特徴，および会社機関の役割などについて述べてきた。そして，このことから株式会社は展開する事業や企業規模を拡大していくにあたって，極めて優れた制度であることが確認できた。しかし，一方で経営者支配が進み会社機関が形骸化してしまっていることも浮き彫りとなった。こうした状況の改善を目的として，国や各企業では様々な取り組みを行ってきているが，その点については第２章で紹介することとしたい。

コラム

大塚家具の経営抗争
父娘による経営権争いとヤマダ電機による買収

株式会社大塚家具（以下，大塚家具）は，東京証券取引所が運営するジャスダックに上場する中堅企業である。同社では2015年に父娘による激しい経営権争いが行われた。

大塚家具の創業者である大塚勝久氏は会員制を導入し，高級家具を販売する方法で業績を伸ばしてきた。一方，娘の大塚久美子氏は低価格帯の商品も充実させ気軽に入店できる店づくりを推し進めようとした。2009年３月に社長である勝久氏は会長に退き久美子氏が社長に就いたが，経営方針の違う二人の対立や同社の業績不振などから，2014年７月の取締役会で久美子氏は社長を解任され勝久氏が再び社長の座に就く（会長兼任）こととなった。だが，この父娘の経営権争いはこれで終わらず，翌2015年１月の取締役会で久美子氏は再び社長に復帰，勝久氏は会長専任となる。さらに，この闘いは同年３月27日の定時株主総会に持ち越されこととなる。両者とも総会での自身への支持を求めるため，株主に対して電話攻勢をかけるなどし，多数派工作・委任状争奪戦を実施した。その際，株主の支持を取り付けるため，久美子社長は配当を２倍にする提案をし，これに対抗するかのように勝久会長は３倍に増配するとの表明を行った。

同社の株主は5,036名（2015年３月現在）で，主な株主は筆頭株主の大塚勝久（約18%），大塚一族の資産管理会社である・ききょう企画（約10%），その他日本生命保険，日本トラスティ・サービス信託銀行，東京海上火災保険，大塚家具従業員持株会，フランスベッド，ジャックス，米投資ファンドであるブランデス・インベストメント・パートナーズ・エル・ピー，および大塚一族の大塚春雄氏（会長の弟）や千代子氏（会長の妻）などであった。この中で，会長の弟，妻，長男（専務）やフランスベッドなどは会長支持を打ち出し，ききょう企画やブランデス・インベストメント・パートナーズ，および勝久会長の次男，次女，三女などは社長支持を表明した。また，従業員持株会は取締役と監査役の選任に関する議案については，持株数に応じて個々の会員に判断を委ねることとした。

総会前まで両者は拮抗しているとの報道もあったが，結果は久美子社長側が大差で勝利することとなった。保険会社や銀行の多くが久美子社長側に付いたと思われる。この結果，勝久会長らは取締役会から一掃されることとなったが，その後も同社の経営再建は思うように進まず，久美子社長体制での経営は極めて困難な状況に陥ることとなった。そのため，貸会議室運営・管理会社であるティーケーピーに10億５千万円の増資を引き受けてもらうなどしたが業績は回復せず，ついに2019年12月12日，大塚家具は家電量販店大手のヤマダ電機の出資（43億7400万円）を受け入れ同社の傘下（ヤマダは大塚家具株式の51.74%を取得）に入ることが発表された。久美子氏は大塚家具がヤマダ電機の子会社になった後も社長として残ったが，業績の回復を果たせないまま責任を取る形で2020年12月１日に社長を退任，同社を離れることとなった。

注

1）　e-Stat政府統計の総合窓口　平成28年経済センサス－活動調査（表番号４）
https://www.e-stat.go.jp/stat-search/files?page=1&layout=datalist&toukei=00200553&tstat=000001095895&cycle=0&tclass1=000001106235&tclass2=000001106275&tclass3=000001114495（2020年10月１日接続）。

2）　法務省大臣官房司法法制部司法法制課民事統計係の佐々木氏への電話による聞き取り調査（2015年３月30日）。同省HPにおける未公開データ。

3）　なお，株式会社の設立と並行して解散もなされているので，設立数がそのまま株式会社数に上乗せされるわけではない。

4）　各国のGDPは米ドル換算を行い，円に関しては１ドル104円で計算した。

5）　グローバルノート：https://www.globalnote.jp/post-1409.html（2020年10月１日接続）。

6）　社員とは出資者のことである。株式会社以外の会社の出資者は全て社員という。無限責任社員とは自身の出資額を限度としない責任を負う出資者のことであり，会社の債務については私財をもってでも債権者に対して返済する義務を負う。

7）　持分とは，出資をしたことにより発生する権利義務や社員としての地位のことをいう。

8）　オランダ東インド会社は６つの支社により構成される連合会社であったが，その支社の中で最も出資額が多かったアムステルダムが事実上の本社の役割を果たした。

9）　実態のない株式会社の設立や，行き過ぎた投機熱を抑えることを目的としてイギリス政府により制定された。

10）　大阪証券取引所は，日本取引所グループの子会社として大阪取引所へと組織変更した。現在，同取引所では金融派生商品などの先物取引のみが行われており，現物取引は行われていない。

11）　社外の規定については，第２章を参照願いたい。

12）　A.A.バーリー＝G.C.ミーンズは，こうした株式所有の実態調査に基づき，1930年代初頭のアメリカにおける非金融系最大200社（鉄道会社42社，公益企業52社，その他の産業会社106社）の支配体制を次のように区分し，それに該当する企業の割合を示した。すなわち，その区分・割合とは，経営者支配（44％），法律的手段方法による支配（21％），少数持株支配（23％），過半数持株支配（５％），個人所有（６％），および管財人の手中にあるもの（１％）である（A.A.バーリー＝G.C.ミーンズ／北島忠男訳［1958］pp.116-117）。

13）　資産規模世界最大の公的年金基金は，日本の年金積立金管理運用・独立行政法人（GPIF）であり，2020年度第１四半期末運用資産額は162兆926億円となっている（年金積立金管理運用・独立行政法人HP：https://www.gpif.go.jp/operation/the-latest-results.html（2020年10月１日接続））。

《参考文献》

小松章［2008］『企業形態論 第３版』新世社。

塚本英巨［2015］「社外要件の改正と『社外取締役を置くことが相当でない理由』の説明義務」『企業会計』Vol.67 No.3，pp.23-31。

林昭［2003］「株式会社制度」林昭編著『現代の大企業—史的展開と社会的責任』中央経済社，pp.21-33。

芳澤輝泰［2006］「ITの進展とコーポレート・ガバナンスの変容」夏目啓二編著『21世紀の企業経営—IT革命とグローバリゼーションの時代』日本評論社，pp.69-93。

芳澤輝泰［2009］「企業形態の発展と株式会社」細川孝・桜井徹編著『転換期の株式

会社―拡大する影響力と改革課題―』ミネルヴァ書房，pp.17-35。
吉田準三［1994］「出資者多数の企業」増地昭男・佐々木弘編著『現代企業論』八千代出版，pp.101-123。
吉村典久［2012］『会社を支配するのは誰か 日本の企業統治』講談社。
Adolf A. Berle, Jr. and Gardiner C. Means［1932］*The Modern Corporation and Private Property*, *Macmillan*, 1932（A.A.バーリー＝G.C.ミーンズ／北島忠男訳［1958］『近代株式會社と私有財産』文雅堂銀行研究社。

第2章

コーポレート・ガバナンスの概念と制度内容

コーポレート・ガバナンス（Corporate governance）とは，1960年代末にアメリカで登場した用語である。よって，この用語は正式な英語であり，現在では世界中で広く用いられている。また，日本ではコーポレート・ガバナンスという用語がそのまま使用される以外に，企業統治と日本語訳され用いられることも多い。

コーポレート・ガバナンスが対象とするのは，基本として株式会社である。そして，コーポレート・ガバナンスは，巨大化した株式会社をどのようにコントロールしていくのかといったことをテーマとしている。第1章でも確認したように，特に巨大化した株式会社は国家以上の力を持つに至っており，こうした企業の経営を特定の経営者（＝取締役）に自由に担わせてしまうことは極めて危険である。そこで，日常の経営を任された経営者の行動をモニタリングし，時にブレーキをかけることが必要となってくる。この監視・牽制のあり方とそれによる経営の健全化（効率的な意思決定による業績向上と不正防止）こそが，コーポレート・ガバナンスの課題であり目的なのである。

1　コーポレート・ガバナンスの概念と議論

1.1　コーポレート・ガバナンスの概念・定義

バーリ＝ミーンズの時代以前から，アメリカにおいては株式会社の巨大化とともに株主の数は増えるものの，逆に会社全体に影響力を及ぼすだけの力を持った株主の数は減少の一途をたどることとなった。そのため，会社の出資者であり法的所有者でもある株主に経営を任された取締役が，株主からの監視・牽制を受けることなく自由に経営を行える体制（経営者支配）が整ってくる。そして，こうした状況は，やがて取締役自身が取締役を選任する力を持つまでになっていく。

さて，上記状況は２つの大きな問題を顕在化させていくことになる。１つめの問題は，株主によるチェック機能が働かなくなってきたため，効率的な意思決定がなされず業績が低下していき，結果として株主が被害を被るといったケースが見受けられるようになってきたことである。もう１つの問題は，大規模化し大きな社会的影響力を持つに至った株式会社において，経営者の専横等による不正・不祥事が頻発し，それにより株主の権益はもちろんのこと，従業員，消費者，取引企業，および地域住民などの生活や生命までもが脅かされるようになってきたことである。こうしたことから，企業の進むべき道ををどう方向付けていくのかという問題が，極めて重要な緊急課題として議論されるようになっていく。すなわち，「業績向上のために効率的に機能し，かつ不正防止のための自浄能力を備えた経営システムを模索する議論」によって，「企業を方向付けて統制するシステム」の構築を目指す必要性が生じてきたのである。

1.2　ストックホルダー型ガバナンス論

ストックホルダーとは株主のことであり，ストックホルダー型ガバナンス論（別名：狭義のガバナンス論）とは，基本的に株主利益のみを重視した議論のことをいう。つまり，この型の議論は株主利益に直結するような業績向上，株価・配当の上昇をもたらす仕組み，およびその他の所有者権益を確保するための仕組みについて検討する議論といえる。

日本をはじめとした資本主義国においては，私有財産・私的所有権が認められている。そのため，法に反さない限り所有者は所有物を誰からの制約も受けることなく自由に取り扱うことができる。このことは企業においても同じであり，例えば日本における合名，合資，合同の各会社では基本的に所有と経営が一致しており，所有者である社員は彼らの会社を自身が思うように経営し，利益が出れば社員間で出資比率に応じた分配（利益分配に関して定款の変更を行った合同会社を除く）をしている。そして，所有者権益が守られるべきなのは株式会社についても同じであるから，何にもまして株主利益の拡大を目指していこうとするのがストックホルダー型ガバナンス論である。

ところで，株式会社はすでに第１章で確認したように所有と経営が分離している。つまり，所有者である株主が直接経営を行ってはおらず，経営は株主総会で選出された取締役（＝経営者）が担っている。ただし，この経営者はあくまで株主の代理人という立場であり，株主の意向に沿った経営を行う存在にすぎない。よって，株主と経営者は一体の関係であり，本来，彼らの間に利益相反につながるような問題は起こりえない。しかし，経営者の力が増大し，経営者が株主の権益を侵害するケース（例えば，業績と結びつかない経営者の高額報酬など）が徐々に出始めるようになる。そのため，ストックホルダー型ガバナンス論では，株主利益に反するような経営者行動をいかにしてコントロールしていくのかといったことが主要な検討課題として議論されることとなる。

1.3　ステイクホルダー型ガバナンス議

ステイクホルダーとは企業に関わる利害関係者のことであり，ステイクホルダー型ガバナンス論（別名：広義のガバナンス論）とは，株主利益と同時に株主以外のステイクホルダーの権益をも併せて考慮していこうとする議論である。

企業とは，そもそも法律さえ遵守していれば，継続的に生産活動を行い利益を出すことだけを考えていればよい存在である。また，数人で出資し，数人で経営を行い，顧客の数も限られているような場合，利益のみを考えた経営を行っていたとしても，社会的にはこれといって差し支えはない。しかし，すでに確認してきたように大規模株式会社の場合，経済単位としてだけでなく社会的制度としての側面をも多分に持ち合わせている。そのため，利潤獲得のみを考えた経営を行っていたのでは，立場の弱いステイクホルダーの権益が常時脅かされることになってしまう。大規模なリストラによる従業員の大量解雇や下請けいじめなどは，その典型である。

このように，業績向上や株主利益，および株主と経営者の利害調整だけを考えていたのでは，これだけ巨大化し複雑化した企業社会が抱える問題を根本的に解決することはできない。そこで，株主と経営者間の関係だけでなく，企業に関わる諸ステイクホルダー間の利害調整のあり方をも同時に考えていこうとするのが，このステイクホルダー型ガバナンス論といえる。

2　ガバナンス・システム

コーポレート・ガバナンスは，経営者行動に対する規律づけのあり方によって，大きく2つのシステムに分類することができる。

2.1　市場指向的ガバナンス・システム

市場指向的ガバナンス・システムとは，株式市場を通じて企業や経営者の行動を規律づけていくものである。

業績の悪い企業，不祥事が発覚した企業，および弱小ステイクホルダーをないがしろにしている企業の株式は，需要が減少し市場評価としての株式価格が低下する。つまり，株価に対してアダム・スミスの見えざる手が機能するわけである。そうなると経営者は市場の信頼を回復すべく，あらゆる手段を講じて業績回復，株価上昇に努めなければならない。なぜなら，それができない企業は，経営破綻し市場から消え去るか，他企業により買収され元の経営陣が一掃されることになるからである。このように，市場指向的ガバナンス・システムは，株価という指標によって経営能力のない経営者を排除し，非効率な経営を効率的な経営に転換していくものであるといえる。ただし，市場に企業評価を委ねるこのシステムは，常時結果を求められる経営者を近視眼的な経営に陥らせてしまうといったデメリットも指摘されている（芳澤［2003］p.58）。

なお，市場指向的ガバナンス・システムを有効に機能させるためには，株式市場の適切な反応を可能とする正確な情報開示や，株価の変動を鈍らせる法人どうしによる株式相互持合を解消するなどの必要がある。なお，相互持合に関しては，①各企業の資金繰りの悪化（資金を工面するため持合株を売却），②1998年の金融商品に対する時価評価の導入（時価評価の下がった持合株を保有し続けると財務状況が悪化），③６大企業集団等におけるグループの域を越えた企業再編（国際競争力の強化。各集団のメインバンクどうしの合併も進み３大メガバンクが誕生）などにより，市場指向的ガバナンス・システムの改革とは直接的に関係のないところで解消が進んできている。

2.2　機関・制度指向的ガバナンス・システム

機関・制度指向的ガバナンス・システムとは，経営者行動に対する規律づけを市場に任せるのではなく，何らかの機関や制度によって行っていくものである。

なお，このガバナンス・システムの機関とは，基本的に個々の企業における会社機関を指すが，親会社やグループ企業，メインバンクなどによるモニタリング・システムも機関・制度指向的ガバナンス・システムに含まれる（芳澤［2003］pp.58-59）。また，このガバナンス・システムの改革例としては，経営者のインセンティブを高める業績連動型の経営者報酬の導入や，意思決定の迅速化をはかる取締役数の削減，および会社機関の改革等による経営者行動へのモニタリング機能の向上などが挙げられる。

以下では，業績連動型報酬の１つであるストックオプション，および取締役数の削減について簡単に示す。また，会社機関の改革については，次節で述べることとする。

2.2.1　ストックオプション

ストックオプションとは，会社が経営者や従業員に対して与える権利であり，一定期間（２年以上10年以内）を経た後にあらかじめ定められた価格で自社の株式を購入できるというものである。ストックオプションを採用している企業の役員報酬は，通常，固定報酬，ROEや売上高等から算出されたストックオプション以外の業績連動型報酬，およびストックオプション等を組み合わせた構成となっている。

経営者にストックオプションが与えられた場合，会社の業績が上がり株価が会社と約束している自社株購入価格より高くなれば，経営者は市場価格よりも安い価格で自社株を手に入れることができる。さらに，購入した自社株は，その後に市場で売却することもできるので，株価が上昇すればするほど経営者はより大きな売却益を得ることができる。このように，ストックオプションは会社の業績と役員報酬を連動させたものであるため，つまり会社の業績が上がり株価が上昇すれば経営者の個人的利益も増大するため，結果として会社の業績向上に向けた経営者の士気を高められるというわけである。また，株価が上がることは株主利益とも合致することになる。

なお，ストックオプションを導入している企業は，パナソニック，日本ユニシス，小松製作所，資生堂，エーザイ，およびカルビーなど多数に上るが，その多くは長期インセンティブの部分で用いている（パナソニックHP：http://www.panasonic.com/jp/corporate/management/governance.html（2015年７月１日接続）等）。また，ストックオプションは権利であるが義務ではないため，行使するかどうかは経営者の自由である。経済状況の悪化や為替レートの変動などの外部要因によって，業績悪化・株価下落となったような場合，経営者は権利を行使しなければ個人的利益が損なわれることはない（寺崎［2006］pp.127-131）。

2.2.2　取締役数の削減

株式会社において出資者である株主が直接的に日常の経営を行わない理由の１つは，他の企業形態に比べ出資者数が多い点にある。特に大企業では，株主の数は何十万人という数になる。そうした状況で株主が経営を行っていては，とてもでないが迅速でスムーズな意思決定は行えない。そこで，株主に代わり日常の経営を行う取締役が必要となってくるわけである。しかし，その取締役の数が多くなりすぎると結局はスピーディーな経営が行えず，ひいてはビジネスチャンスをも失うことになってしまう。そこで，海外の企業に比べても取締役の数が多いといわれる日本企業では，意思決定の迅速化を目指した思い切った取締役の削減を行う企業が増えてきている。

取締役数を削減した企業の中には，例えばトヨタ自動車がある。同社は2011年に，それまで27名いた取締役の大幅な削減を行っており，2020年10月１日現在の取締役数は９名（ただし，執行役員は別にいる）となっている（トヨタ

HP：https://global.toyota/jp/company/profile/executives/（2020年10月１日接続））。また，三菱重工業は，2004年に28名（内社外取締役１名）いた取締役を05年17名（同２名），13年19名（同３名），および14年12名（同３名）と10年間で16名をも削減してきている（三菱重工Press Information第5541号：http://www.mhi.co.jp/news/story/1406265541.html（2015年６月１日接続））。その他，ソニーやファナックなど，これまでに多くの有力企業において意思決定の迅速化を目的とした取締役数の削減が行われてきている。

3　商法・会社法改正による会社機関の改革

業績低迷や企業不祥事の責任の大半は，取締役会やそれを構成する個々の取締役にある。そのため，商法や会社法改正の際は，会社機関による取締役へのチェック体制のあり方が議論の中心となってきた。そこで本節では，日本における法改正によって株主や監査役などによる取締役へのチェック体制がどう強化されてきたのかを確認していくこととしたい。

3.1　株主（株主総会）によるモニタリング

コーポレート・ガバナンスは言い換えれば会社の意思決定システムであり，その意思決定システムの最上位に位置するのが株主総会といえる。確かに株主総会で決まったことは絶対であり，会社の憲法ともいえる定款の変更ができるのも株主総会だけである。また，日常の経営を行う取締役を選出するのも株主総会である。しかし，法人どうしによる株式相互持合（グループ企業どうしで相互に委任状の提出）や議決権を行使しない数多くの群小株主の存在などにより，株主総会は一部の企業を除き完全に形骸化しており，最高意思決定機関としての役割を果たしているとはとても言い難い状況にある。

株主総会以外で一般株主が取締役に対して牽制機能を発揮するには，現状，単独株主権や少数株主権を行使するしかない。そうした権利の内，比較的使い勝手がよく，取締役に対して極めて大きなプレッシャーをかけることができるのが株主代表訴訟である。株主代表訴訟とは，昭和25（1950）年商法から導入されている制度であり，取締役が法令や定款に反する行為をして会社に損害を与えた時，６か月前から継続してその企業の株式を有している株主が，同社の保有する損害賠償請求権を代行し，責任のある取締役（その他，執行役，監査役，会計参与，会計監査人など）に対して民事訴訟を提起できるという制度である（会社法847条）。また，同制度では会社が損害を被ってから10年間訴訟が可能であり，訴えられた取締役が敗訴した場合，彼ら個人の財産をもって賠償しなくてはならない仕組みとなっている[1)]。なお，上述のとおり，原告株主は会社の持つ損害賠償請求権を代行するだけであるので，仮に株主が裁判に勝訴しても取締役から支払われる金銭はその株主に入ることはなく，損害を被った会社に戻されるということになる。

さて，この株主代表訴訟であるが，実のところ1980年代まではほとんど利用されることがなかった。その最たる理由は，訴訟手数料が賠償請求額に見合うだけの高額なものとなるところにあった[2)]。その他，調査費等の費用は原告側が負担せねばならず，裁判に必要な時間なども考えると，同制度は株主にとって金銭的，時間的に極めて利用しにくいものであった。しかし，1993年にこうした状況が一変することになる。なぜなら，商法が改正されて訴訟手数料が賠償金額の大小に関係なく一律8,200円（2003年からは1,3000円）となり，加えて裁判に勝訴すれば訴訟にともなって発生した費用（弁護士費用や調査費等）を会社に請求できるようになったからである（芳澤［2003］pp.62-65）。この結果，改正前の40年間でたったの10件しかなかった訴訟件数は急増することとなり，1994年以降の継続件数は多少の波はあるものの毎年100件から200件台の間で推移してきている。また，原告株主が勝訴，または原告の主張がほぼ全て認められる形での和解で結審するケース（中には賠償額が数百億円と高額なものもある）も数多く現れ，取締役にとっては非常に大きな脅威となっている。

なお，株主代表訴訟制度では，これまで自身が株主となっている会社に対してのみしか訴訟を起こすことができなかった。しかし，平成26（2014）年改正会社法では多重代表訴訟制度が創設され，これにより完全親会社の株主はその完全子会社の取締役に対しても訴訟を提起できるようになった。ただし，多重代表訴訟を提起できるのは完全親会社に親会社がない場合，すなわち最終完全親会社の場合に限られている。加えて，完全子会社が最終完全親会社の総資産の５分の１以上を占めていることも条件とされる。また，完全子会社の株主がその会社の取締役に対して株主代表訴訟を起こしている場合は，最終完全親会社の株主であっても多重訴訟を起こすことはできない（二重橋法律事務所編［2014］pp.154-158）。

以上，保有株式数に関係なく半年前から株主である者であれば誰でも提起することができる株主代表訴訟は，取締役に対して業績向上・不正防止に向けたプレッシャーを常時加えることができ，ガバナンス・システムにおいてなくてはならない役割を担っているといえる。

3.2　監査役（監査役会）によるモニタリング

監査役は，そもそも取締役の業務執行具合を監査するために設けられた機関であり，取締役と同じく株主総会によって選出される。そして，取締役に対するチェック機能を強化する目的で，監査役の権限についてもこれまで幾度かの見直しが行われてきている。しかしながら，現在の会社法では監査役の設置は任意となり，また指名委員会等設置会社など法律上監査役を設置できない会社も存在することから，以下では監査役会設置会社を選択した大企業[3)]のケースを紹介したい。

まず監査役の人数であるが，平成５（1993）年の商法改正により２人以上から３人以上に増員された後，その規定はそのまま現在に至っている。また，３人のうち半数以上が社外取締役でなければならないとされる。ただし，平成13（2001）年の商法改正ではこの社外監査役の規定を「就任前にその会社またはその会社の子会社の関係者[4)]でなかった者」としていたが，平成26（2014）年改正会社法では就任前についての期限を設け，10年間と限定することにしている。この点に関しては，就任前５年間とされていた期間を平成13年の改正で外したことに逆行するようにも思われる。

社外監査役の要件についてはその他にも見直しが加えられ，就任前10年間に親会社等[5)]，または親会社の関係者であった者や，親会社の子会社等（その会社の兄弟会社等）の業務執行取締役等であった者は社外監査役になれないこととなった。また，その会社の取締役，支配人[6)]，その他重要な使用人または支配株主の近親者（配偶者や２親等以内の親族）である者も社外要件を満たさないこととなった（塚本［2015］pp.23-31）。

なお，監査役の任期は，平成５（1993）年に２年から３年に，平成13（2001）年には３年から４年に延長されたが，それ以降は現在に至るまで原則４年の任期は変わっていない。また，平成13年の商法改正によって，監査役は取締役会に出席せねばならないとされ，法的にも日常における重要事項の決議等に立ち会う機会を得ることになった。

3.3　取締役会の改革

その意思決定が会社の業績や健全性の有り様に直結するがゆえに，他の機関からモニタリングされる立場となってきた取締役会も，法改正等によってそれ自体の改革が進んできている。現在，各社は次の３つの形態の中から，どれか１つを選択することとなっている[7)]。

3.3.1　監査役会設置会社

監査役会設置会社とは，株主総会，取締役会，および監査役会の３つの機関がそろう，いわゆる従来型と呼ばれる会社のことである。日本では，本項において示す他の２つの型に比べて，この型を選択している企業が圧倒的に多くなっている[8)]。また，これら３つの機関に関する会社法上の規定は，第１章第４節に示したとおりである。しかし，経営の健全性をより確保するため，平成26（2014）年改正会社法では，公開会社で株式を上場している大企業に対して社外取締役の設置が推奨されることになった。そのため，もしこれらの会社が社外取締役を置かない場合には，「社外取締役を置くことが相当でない理由」について定時株主総会で説明しなければならないこととなった（会社法377条の２）。

なお，平成14（2002）年の商法改正において，委員会等設置会社（現・指名委員会等設置会社）とともに誕生した重要財産委員会設置会社は，2006年の会社法施行にともない廃止されることになった。従来型の変形版とも言われた重要財産委員会設置会社は，取締役会の内部に３名以上で構成される重要財産委員会を設置し，取締役会は同委員会に対して重要な財産の譲受・処分や，多額の借財に関する決定を委譲することができるものとされた。しかし，取締役が10名以上必要な上に社外取締役も１名以上選任せねばならず，重要財産委員会設置会社を選択したのは京王電鉄などごく一部の企業に限られてしまった。そこで，会社法では使い勝手が悪いとされた同設置会社を廃止し，新たに特別取締役制度を設けることとした。

特別取締役制度では重要財産委員会などを設置することなく，取締役会の決議が必要な重要財産の譲受・処分などに関し，あらかじめ定めた３名以上の取締役（＝特別取締役）の過半数の出席・決議によって決定することができるようになった。また，重要財産委員会設置会社で10名必要であった取締役数も，４名減の６名（内１名は社外取締役）でよいことになった。

3.3.2　指名委員会等設置会社

指名委員会等設置会社は，平成14年改正商法で定められた委員会等設置会社（2006年の会社法施行の段階で委員会設置会社と改称）が，平成26年改正会社法で監査等委員会設置会社が設けられるのにともなって名称変更されたものである。

指名委員会等設置会社に関する規定は次のとおりである。まず，取締役会の内部に３つの委員会，すなわち指名委員会，監査委員会，および報酬委員会を設置する必要がある。指名委員会の役割は，取締役の選任や解任に関する議案内容を決定（最終的な選任は株主総会での決議が必要）することにある。監査委員会は，取締役および執行役（後述）の職務執行に対して監査を行う。また，この監査委員会の設置により監査役は置かれないことになるが，会計監査人の設置は義務となる。報酬委員会は取締役および執行役の報酬の決定を行う。これら３つの委員会は，３名以上の取締役で構成され，過半数を社外取締役にしなければならないとされている。さらに，各委員会の取締役は重複していてもよく[9]，逆にどの委員会にも属さない取締役がいてもよいことになっている。

指名委員会等設置会社では，従来型の監査役会設置会社には設定されていなかった執行役が設置される。これにより，会社の意思決定・経営監視機能と業

［図表２-１］指名委員会等設置会社

株主総会
取締役選任議案
選任・解任
取締役会
社内取締役
社外取締役
指名委員会
報酬委員会
監査委員会
報酬決定
監督
選任・解任
監査
執行役会
代表執行役
執行役

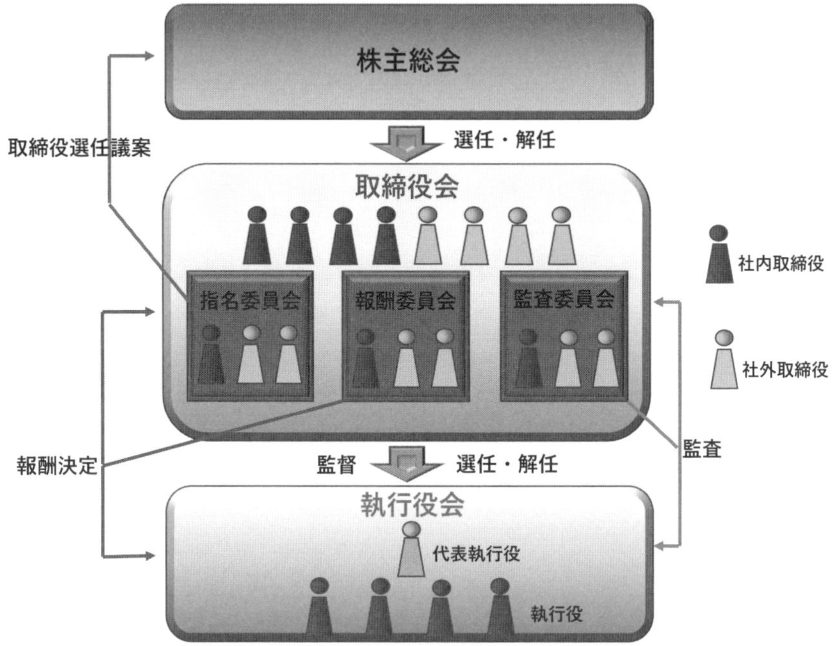

出所：筆者作成。

務執行機能が分離され，前者を取締役会が，後者を執行役が担うこととなった。ただし，取締役はその役職において業務執行はできないものの，執行役を兼務することは認められている[10)]。そのため，業務執行とそれに対する監督業務を同じ者が担うケースが多く，この点が長年の課題とされてきている。

なお，指名委員会等設置会社では取締役は株主総会で選任され，代表取締役は取締役の互選で決定されるのに対して，執行役と代表執行役はともに取締役会の決議により選出される。また，取締役，執行役ともに任期は１年と定められている。

3.3.3　監査等委員会設置会社

監査等委員会設置会社は，平成26（2014）年改正会社法において初めて設け

［図表2-2］監査等委員会設置会社

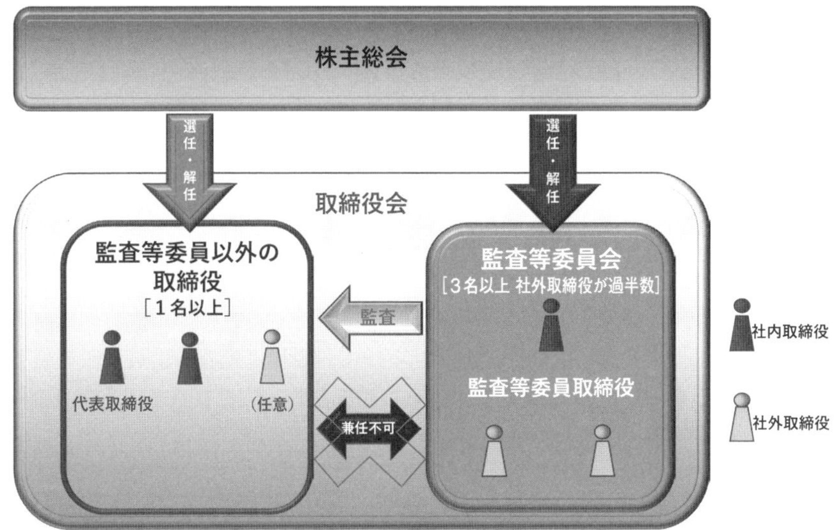

出所：筆者作成。

られたものである。新たな機関設計をしても各企業で導入されなければ意味がない。そこで，迅速で効率的な意思決定と経営の健全性を目指しつつも，一方で設置すべき委員会や義務とする社外役員の数に関して負担を減らしたのが，この監査等委員会設置会社といえる。

監査等委員会設置会社では，まず株主総会によって監査等委員取締役とそれ以外の取締役の2種類の取締役が別々に選任される。後者は業務執行担当の取締役で，前者は後者の業務を監査する役割を持つ。代表取締役は監査等委員以外の取締役から選出される。監査等委員取締役は3名以上（社外取締役が過半数），それ以外の取締役は1名以上（社外取締役の設置は任意）が必要とされる。よって，最低取締役数は4名，社外取締役の最低人数は2名となる。また，任期については監査等委員取締役が2年であるのに対し，それ以外の取締役は1年となっている。取締役会は双方の取締役によって構成され，議決権も双方が有する。監査等委員取締役を置くので監査役は設置しないが，監査等委員取締役の監査機能を確保するために監査等委員取締役とそれ以外の取締役は兼任ができない仕組みとなっている。なお，指名委員会等設置会社と同様，この監査等委員会設置会社においても会計監査人の設置が義務化されている。

以上，本項では取締役を監査主体とする３つの機関設計（監査役設会置会社における監査主体は取締役と監査役）を概観してきたが，今後は今回の会社法で新たに設けられた監査等委員会設置会社に移行する企業の増大が予測されている。なぜなら，先にも述べたように同設置会社は企業負担が少なくて済むからである。つまり，同設置会社を選択すれば，指名委員会等設置会社における３つの委員会を新たに設置する必要はないし，導入すべき社外役員の数についても従来型の監査役会設置会社より少なくて済むのである[11)]。指名委員会等設置会社を選択する企業が停滞・減少する中で，今後は監査等委員会設置会社を選択する企業がどれだけ増えていくのか，また監査等委員会による適法性・妥当性に関する監査能力はいかほどのものなのかについて注目していく必要があるといえる。

4　コーポレートガバナンス・コード

4.1　コーポレートガバナンス・コード制定までの経緯

2013年６月，政府は日本が経済の低迷から脱却し国際競争力を高めるため，「日本再興戦略」を閣議決定した。また，その再興戦略では「機関投資家が対話を通じて企業の中長期的な成長を促すなど，受託者責任を果たすための原則」を検討・策定していくことが明記される。そのため，２か月後の８月には有識者検討会が開始されることになり，2014年２月には金融庁から日本版スチュワードシップ・コードが公表された（2017年改訂，2020年再改訂）（日本版スチュワードシップ・コードに関する有識者検討会［2014］pp.６-13，およびジェイ・ユーラス・アイアール［2014］pp.48-52）。

この日本版スチュワードシップ・コードは７原則から構成されており，上述のとおり資産運用の受託者である機関投資家が顧客の資産増大と投資先企業の持続的成長・価値向上のためにとるべき責任ある行動を示したものとなっている。また，同コードは7つの各原則の下にその詳細を示した指針が設けられている。

[図表2-3] 日本版スチュワードシップ・コードの7原則

1．機関投資家は，スチュワードシップ責任を果たすための明確な方針を策定し，これを公表すべきである。
2．機関投資家は，スチュワードシップ責任を果たす上で管理すべき利益相反について，明確な方針を策定し，これを公表すべきである。
3．機関投資家は，投資先企業の持続的成長に向けてスチュワードシップ責任を適切に果たすため，当該企業の状況を的確に把握すべきである。
4．機関投資家は，投資先企業との建設的な「目的を持った対話」を通じて，投資先企業と認識の共有を図るとともに，問題の改善に努めるべきである。
5．機関投資家は，議決権の行使と行使結果の公表について明確な方針を持つとともに，議決権行使の方針については，単に形式的な判断基準にとどまるのではなく，投資先企業の持続的成長に資するものとなるよう工夫すべきである。
6．機関投資家は，議決権行使を含め，スチュワードシップ責任をどのように果たしているのかについて，原則として，顧客・受益者に対して定期的に報告を行うべきである。
7．機関投資家は，投資先企業の持続的成長に資するよう，投資先企業やその事業環境等に関する深い理解に基づき，当該企業との対話やスチュワードシップ活動に伴う判断を適切に行うための実力を備えるべきである。

出所：日本版スチュワードシップ・コードに関する有識者検討会［2014］p.6。

ところで，中長期的な企業価値向上を考える場合，投資家側の行動指針だけでは不十分であり，当然のことながら企業側に対するガイドラインも必要となってくる。そのため，2014年6月に閣議決定された「『日本再興戦略』改訂2014」では「コーポレートガバナンス・コード」を策定する旨が示され，以降

14年８月から計９回の有識者会議（事務局は金融庁と東京証券取引所）が実施されることになる。そして，このコーポレートガバナンス・コードは東京証券取引所において最終的な制度整備が行われた後，2015年６月１日より国内証券取引所に上場する全ての企業に対して適用が開始されることとなった（2018年６月１日，一部改訂）（コーポレートガバナンス・コードの策定に関する有識者会議［2015］pp.１–５）。

4.2　コーポレートガバナンス・コードの内容

コーポレートガバナンス・コードは５章立てとなっており，各章は基本原則（各章１つ），原則，および補充原則により成り立っている。基本的な構成は**図表２-４**のとおりであり，第１章と第５章では株主に対する取り組み，第２章では株主以外のステイクホルダーに対する取り組み，そして第４章では取締役会自身の責務に関する原則が示されている。

［図表２-４］コーポレートガバナンス・コードの構成

第１章　株主の権利・平等性の確保

基本原則１（※文章の説明のみでタイトルなし）
原則１－１．株主の権利の確保（※補充原則として①～③を設置），原則１－２．株主総会における権利行使（※補充原則①～⑤），原則１－３．資本政策の基本的な方針，原則１－４．いわゆる政策保有株式（※補充原則①，②），原則１－５．いわゆる買収防衛策（※補充原則①），原則１－６．株主の利益を害する可能性のある資本政策，原則１－７．関連当事者間の取引

第２章　株主以外のステークホルダーとの適切な協議

基本原則２（※タイトルなし）
原則２－１．中長期的な企業価値向上の基礎となる経営理念の策定，原則２－２．会社の行動準則の策定・実践（※補充原則①），原則２－３．社会・環境問題をはじめとするサステナビリティーを巡る課題（※補充原則①），原則２－４．女性の活躍促進を含む社内の多様性の確保，原則２－５．内部通報（※補充原則①），原則２－６．企業年金のアセットオーナーとしての機能発揮

第３章　適切な情報開示と透明性の確保

基本原則３（※タイトルなし）

原則３－１．情報開示の充実（※補充原則①，②），原則３－２．外部会計監査人（※補充原則①，②）

第４章　取締役会等の責務

基本原則４（※タイトルなし）

原則４－１．取締役会の役割・責務（１）（※補充原則①～③），原則４－２．取締役会の役割・責務（２）（※補充原則①），原則４－３．取締役会の役割・責務（３）（※補充原則①～④），原則４－４．監査役及び監査役会の役割・責務（※補充原則①），原則４－５．取締役・監査役等の受託者責任，原則４－６．経営の監督と執行，原則４－７．独立社外取締役の役割・責務，原則４－８．独立社外取締役の有効な活用（※補充原則①，②），原則４－９．独立社外取締役の独立性判断基準及び資質，原則４－10．任意の仕組みの活用（※補充原則①），原則４－11．取締役会・監査役会の実効性確保のための前提条件（※補充原則①～③），原則４－12．取締役会における審議の活性化（※補充原則①），原則４－13．情報入手と支援体制（※補充原則①～③），原則４－14．取締役・監査役のトレーニング（※補充原則①～②）

第５章　株主との対話

基本原則５（※タイトルなし）

原則５－１．株主との建設的な対話に関する方針（※補充原則①～③），原則５－２．経営戦略や経営計画の策定・公表

注：コーポレートガバナンス・コードの項目タイトルのみ抜粋し列記。
出所：東京証券取引所［2018］pp.4-23。

同コードで示された原則はどれもが重要なことに変わりはないが，中でも注目すべきなのは，これまで十分な対応が取られてこなかった，①政策保有株式（持合株等）について保有に関する方針の開示と合理性についての説明，②買収防衛策導入の際における必要性・合理性の検討と株主への十分な説明，③独立社外取締役の最低２名以上の選任，④独立社外取締役の独立性判断基準の策定・開示といった点が求められていることである。また，同コードでは，上場企業がこれらに関する原則を含め１つでも実施しない場合，定時株主総会後に

その理由を「コーポレート・ガバナンスに関する報告書」に記載し，東京証券取引所に提出しなければならないことになっている。

なお，コーポレートガバナンス・コードの実施にともない，これまで設置されていた「上場企業コーポレート・ガバナンス原則」は廃止され，同コードに置き換えられることとなった。

以上，本章ではコーポレート・ガバナンスの概念とその具体的制度について述べてきた。そしてそのことにより，持続的な業績向上・利益拡大，および不正防止に向けた改革が，会社法，東証によるコーポレートガバナンス・コード，および個別企業等の各レベルにおいて行われてきていることを確認した。今後も，それらの効果や各企業の動向を継続的に注視していく必要があるといえる。

コラム

株主代表訴訟
取締役５名に583億６千万円の賠償命令

株主代表訴訟において被告である取締役らが敗訴した場合，彼らは個人財産をもって会社の損害を賠償しなければならない。このことについては，本章においてすでに述べたとおりである。そして，裁判で下される原告勝訴の判決では，時に取締役個人では到底返済しきれないような賠償金額が示されることがある。その最たる例が，2008年４月に蛇の目ミシン工業の取締役５名に対して下された最高裁判決である。

1987年，蛇の目ミシンは仕手集団である「光進」の小谷光浩元代表に同社の株を大量に買い占められた。そのため，1989年から90年にかけて蛇の目ミシンの取締役らは，①同社取締役への小谷元代表の就任要求を受け入れる，②買い占めた株式を暴力団関係者に売却したので，買い戻すのに300億円が必要だと脅迫され，迂回融資という形でその全額を提供する，③光進のファイナンス会社に対する多額の債務を肩代わりする，といった行為を立て続けに行っていった。こうした対応に対し，1993年８月，自身も蛇の目ミシンの元取締役であった鈴木晃氏は，会社の被った損害を取り戻すべく同社の取締役５名に対して株主代表訴訟を起こしたのである。

同訴訟の1，2審判決では，「取締役5人の対応は暴力的な脅迫行為に対するやむを得ないものであった」として請求が棄却された。しかし，2006年4月の最高裁では一転して取締役5名の責任が認められた上で，賠償額算定のため審理を高裁に差し戻す判決が出された。その後，2008年4月に差し戻し控訴審判決があり，5名の取締役は「警察に届け出るなど法令に従った対応があったはずであり，取締役らの対応は社会常識とはかけ離れた稚拙なものと言わざるを得ない」として583億6千万円もの賠償が言い渡された。

なお，最高裁判決から半年後，同社HP上には「旧経営陣に対する株主代表訴訟に関するお知らせ（2008年10月3日）」が掲載され，そこには損害賠償金の回収は弁護団と協力して行う予定であるが，回収可能金額や同社収益への影響は不明である旨が記されることとなった。

注

1）平成13（2001）年に商法の特例に関する法律の一部を改正して成立した株主代表訴訟における取締役の責任軽減・最低責任限度額（犯罪行為等は適用対象外）が，平成26（2014）年改正会社法により以下のように変更された。①代表取締役と代表執行役は報酬の6年分。②代表取締役以外の業務執行取締役，および代表執行役以外の執行役は報酬の4年分。③上記①②以外の取締役，監査役，会計監査人は報酬の2年分。

2）例えば，損害賠償請求金額が10億円の場合，訴訟手数料は300万円とされた。

3）資本金5億円以上，または負債総額200億円以上の会社。

4）関係者とは，取締役，監査役，執行役，支配人，その他の使用人等。

5）その会社を支配している法人以外（すなわち自然人）の者を指す。親会社等と言っても，もはや会社ではない点に注意が必要である。

6）一般的には支店長クラスの者を指すと理解される。

7）以前，取締役会は株式会社における必須機関であったが，現在，会社法上では取締役会の設置は任意となっている。ただし，公開会社（＝株式譲渡制限会社以外）は必ず取締役会を設置しなければならないとされているため，大規模株式会社を対象とした本章においては，取締役会非設置会社について特に取り上げないこととした。

8）監査等委員会設置会社の選択企業数は2019年に上場企業において1,000社を超えたが，指名委員会等設置会社（2015年5月まで委員会設置会社）に関しては，2013年10月31日現在，選択企業数はわずか90社程度にとどまっている（二重橋法律事務所編［2014］p.20）。

9）ただし，監査委員会に属さない取締役が最低1名必要となる。よって，指名委員会等設置会社においては，最低4名の取締役が必要となる。

10）ただし，監査委員のみ執行役との兼任が認められていない。

11）監査等委員会設置会社では社外取締役が最低2名（最低3名の取締役からなる監査等委員会の過半数）必要であるのに対し，監査役会設置会社では社外取締役1名と社外監査役2名（最低3名必要な監査役の過半数）の計3名の社外役員が必要となる。ただし，定時株主総会において「社外取締役を置くことが相当でない理由」を開示する場合には，監査役会設置会社における社外役員の必要最低人数は2名（両者とも監査役）となり，監査等委員会設置会社で必要な社外役員数と同じになる。

《参考文献》

今井祐［2014］『経営者支配とは何か 日本版コーポレート・ガバナンス・コードとは』文眞堂。

郡谷大輔［2015］「監査等委員会設置会社制度の創設」『企業会計』Vol.67 No.3, pp.49-54。

コーポレートガバナンス・コードの策定に関する有識者会議［2015］「コーポレートガバナンス・コード原案 ～会社の持続的な成長と中長期的な企業価値の向上のために～」。

ジェイ・ユーラス・アイアール［2014］『スチュワードシップとコーポレートガバナンス・コード―日本企業への影響とIR活動―』同友館。

塚本英巨［2015］「社外要件の改正と『社外取締役を置くことが相当でない理由』の説明義務」『企業会計』Vol.67 No.3, pp.23-31。

寺崎文勝［2006］『役員報酬マネジメント 業績連動報酬・株式報酬・退職慰労金の導入と見直し』中央経済社。

東京証券取引所［2018］「コーポレートガバナンス・コード ～会社の持続的な成長と中長期的な企業価値の向上のために～」。

二重橋法律事務所編［2014］『Q&A 平成26年改正会社法』金融財政事情研究会。

日本版スチュワードシップ・コードに関する有識者検討会［2014］「『責任ある機関投資家』の諸原則《日本版スチュワードシップ・コード》～投資と対話を通じて企業の持続的成長を促すために～」

芳澤輝泰［2005］「コーポレート・ガバナンスにおける社会的関係性」社会経営学研究会編『関係性と経営―経営概念の拡張と豊富化―』晃洋書房，pp.91-109。

芳澤輝泰［2003］「現代日本企業とコーポレート・ガバナンス」林昭編著『現代の大企業―史的展開と社会的責任』中央経済社，pp.55-74。

第3章

企業倫理の理論と実践

本章では，企業倫理について理論的側面，実践的側面から考察していく。

現代社会において企業倫理に対する関心が高まっているが，それにもかかわらず企業倫理を逸脱するような不正，不祥事，反社会的行為が後を絶たない。経営学ではこうした問題に対応すべく企業倫理を対象とした研究が進められ，そこでは企業倫理の構造が検討され，また企業に求められる利潤追求といった営利性と倫理性の関係性が議論されてきた。営利性と倫理性は相反するような性格を持つため，両立することが難しいように思われる。そこで両者はどのような関係にあるのかを理論的に究明する。

また実践面では，企業を取り巻く環境（ステイクホルダー）に対する企業の責任と具体的に倫理性を欠く行為などにも触れ，企業の社会的役割の重要性を確認する。

そして最後に，企業の倫理性を欠いた行為を企業内部者が告発する，いわゆる内部告発について，なぜそうした行為が生じるのかを日本的経営との関連から解明していく。

1　企業倫理の性格と内容

1.1　企業倫理と企業倫理学

資本主義企業は営利追求を目的とし継続的に主として生産活動や販売活動を行う経済主体である。その企業により提供された商品やサービスを人々は入手，購入することによって生活を営んでいる。人々の生活にとって企業の存在は不可欠なものとなった現代社会において，この経済主体である企業から様々な影響を受けている。企業はそのような社会的存在であるにもかかわらず，時として不正，不祥事，反社会的行為を引き起こし，またそれらの行為が繰り返されることもある。企業を研究対象とする経営学の分野でこうした行為について検討がなされている。それは企業倫理学という学問においてであるが，そこでは企業倫理（企業の倫理的側面）が究明されている。まずこの企業倫理学の研究対象である「企業倫理」とは一体どのようなものなのかを明らかにしていこう。

企業倫理とは，「企業の経営活動における倫理性」つまり「企業活動の倫理性」のことである。この企業活動の倫理性のなかには，（１）企業活動に関する倫理と（２）その活動の内部に潜んでいる倫理性という２つの論点が含まれている。（１）企業活動に関する倫理でキーワードとなるのが「活動」である。企業における非倫理的な事例としてあげられるものにセクハラ問題，横領問題などがある。しかしこれらの事例はわれわれがここで取り上げる企業倫理とは質を異にする。それは企業という「場」において生じる倫理に関する問題ではあるが，それはセクハラを行った個人，横領した個人に帰する問題である。企業におけるセクハラ，横領などの行為は企業活動とは直接的に関係はなく，その行為自体を引き起こした個人の問題であるため，企業倫理学の研究対象としての企業倫理からは外れる。企業活動に関する倫理が対象となるのであり，企業という場における個人の非倫理的行為は除外され，企業の経営活動に関わる倫理に焦点が当てられる。

次に（２）企業活動の内部に潜んでいる倫理性についてであるが，既述したように企業は経済主体である。企業は生産活動や販売活動などを通して商品やサービスを提供し，人々の生活を支えている。そういった生産活動・販売活動から利益，利潤を獲得して資本価値を増大させ再生産し企業は維持・存続し発展につなげていくのである。その企業が展開している生産や販売という活動の内部には倫理的性格，すなわち倫理的に価値判断が可能な性格も含まれている。そこで企業の経営活動自身の内部に潜んでいる倫理性に従って活動がなされているかどうかが問題とされるのである（田中・劉・西村［2010］pp.３－５）。このような「企業倫理」，「企業活動の倫理性」，「企業活動のもつ倫理的性格」を研究対象としているのが企業倫理学という学問である。

1.2　倫理基準による価値判断

1.2.1　「正義の実現」とは

企業活動の倫理性を問う場合には，その倫理性に対して価値判断を行う必要がある。だがその価値判断は人によって異なっていたり，時代によって変わったり，状況によって違ったりするのでは判断を誤ることもあり信憑性に欠ける。価値判断するものの恣意や主観が入ると正しい適切な倫理性が判断できなくなる。そこで判断基準を定めることにより，適正な倫理基準による価値判断が可能となり企業活動の倫理性を問うことができるようになる。

田中照純はこの倫理基準を二段構造によって捉えている（田中・劉・西村［2010］pp.13-17）。それは上位に「正義の実現」が掲げられ，その「正義の実現」を可能ならしめるために下位に「権利の擁護」，「公正の確保」，「自由の確立」を位置づける。では上位に位置づけられる「正義の実現」という基準はどういったものか。まずこの正義であるが，それは極めて抽象的で曖昧な概念であり，一般的には「人として守るべき正しい道」，「人の道に適っていて正しいこと」などと規定される。ある行為が倫理的に「善い」と判断されるのは「人の道に適っていて正しい」場合であり，反対に「人の道から外れる」場合には「悪い」と判断される。つまり「善い」や「正しい」といった正義を保障するためには，前段階としてそれを判断するための具体的な基準が必要となる。それが「権利の擁護」，「公正の確保」，「自由の確立」であり，まずそれらの基準により判断していく。そのため，この３つの基準を下位に位置づけ補助基準とした。そうした下位基準の判断を基にして「正義の実現」という倫理上最も重要で根本的な倫理基準の構築に向けて体系化が図られた。その体系化された倫理基準に基づいて価値判断がなされる。本来はそうした倫理基準により価値判断され，企業は自らの経営において「善い・正しい」活動を行うことになる。だが現実の企業活動においては「善い・正しい」活動と逆なる非倫理的な行為がなされることがあり，またそれが繰り返される場合もある。その正義を実現する（実現を目指す）ためにまず適えられなければならない補助基準について見てみよう。

1.2.2　補助基準としての「権利の擁護」，「公正の確保」，「自由の確立」

田中は正義の実現の補助基準として（1）「権利の擁護」，（2）「公正の確保」，（3）「自由の確立」を位置づける。まず（1）「権利の擁護」とは，企業と関わるものの権利を守ることが正義の実現の第一歩となる。企業は企業と関わるものの権利を尊重し，その権利を守らなければならない。その事例として消費者を尊重し，守るべき権利をあげてみよう。アメリカにおいて1962年にケネディ（Kennedy, J. F.）が『消費者の権利保護に関する大統領特別教書』(Kennedy, J. F. [1962]）で提唱した消費者の権利は有名である。それに伴い日本では1968年に「消費者保護基本法」が制定され，その後2004年に「消費者基本法」と名称が改められ，「消費者の権利」が明記された。消費者基本法は，「消費者の権利の尊重」と「消費者の自立支援」を基本理念とし消費者政策の基本となる事項を定めた法律である。そこでは①消費生活における基本的な需要が満たされる権利，②健全な生活環境が確保される権利，③安全が確保される権利，④選択の機会が確保される権利，⑤必要な情報が提供される権利，⑥必要な教育の機会が提供される権利，⑦意見が政策に反映される権利，⑧被害から適切・迅速に救済される権利，などが掲げられている。この消費者の権利を尊重し擁護するために企業自身が消費者に対して提供する商品やサービスについて細心の注意と配慮をはらわなければならず，もし企業が提供した商品やサービスに欠陥や問題があった場合には，個人は企業に対し消費者の権利を主張し，その確保や改善を求め，企業はそれに応えなければならない。そうして消費者の（1）「権利を擁護」することによって正義の実現を目指すことになる。

次に（2）「公正の確保」と（3）「自由の確立」についてであるが，企業は特定のものの利益を優先して守るのではなく，公平を期した行動を取らなければならない。例えば企業に対し，市場での公正な競争を確保しかつ自由な競争を維持するために独占禁止法（「私的独占の禁止及び公正取引の確保に関する法律」）が制定されている。市場メカニズムが正しく機能していれば，企業は創意工夫により消費者，取引先企業などに対して優れた商品を廉価で提供しながら企業自身も売上を伸ばし，また消費者，取引先企業などはニーズに合った商品を選択することができ，市場競争によってそれぞれの目的が確保されるこ

［図表３－１］倫理基準の体系

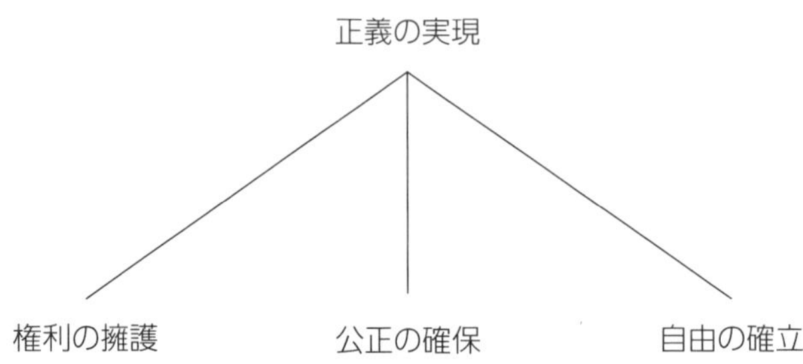

出所：田中・劉・西村［2010］p.14。

とになる。例えば，この独占禁止法に違反する不正な取引行為としてカルテルや入札談合などがある。周知のようにカルテルは企業連合のことであり同種の産業部門に属する複数の企業が市場を支配する行為である。カルテルは，各企業が自主的に決めるべき商品の価格や生産・販売数量などを共同で取り決め，それ以外の企業の参入を拒む行為であり，市場競争を妨げる原因となる。また入札談合は，国や地方公共団体などの公共工事や物品の公共調達に関する入札に関して事前に受注企業や受注金額などを決めてしまい他企業の市場介入を妨げてしまう。こういった違法行為により（2）「公正の確保」，（3）「自由の確立」は実現されにくくなる。それを防止するため独占禁止法などの法律が施行され公正性が確保され，市場競争に関しても自由が守られるようになる。

またその独占禁止法の特別法として下請企業に対する親会社の不当な取扱いを規制する下請法（下請代金支払遅延等防止法）がある。この法律は親会社と下請会社との取引を公正にし，下請会社の利益を保護することを内容として親会社による受領拒否，下請代金の支払遅延・減額，返品，買いたたきなどの不当行為を規制するものである。親会社の不当かつ不平等な扱いから弱い立場にある下請会社，子会社，関連会社などの取引先企業を守るべく施行された法律である。こういった不当で不公平な非倫理的な行為はそれに該当する法律により罰せられなければならない。独占禁止法や下請法において違法となるような行為を防止し（2）「公正の確保」が約束され，（3）「自由の確立」が維持され正義の実現に近づく。つまりこれらの補助基準が擁護，確保，維持されることで上位基準である「正義の実現」へとつながり倫理基準が構築されることになる。

2　企業活動における倫理

2.1　倫理的行為の主体と客体

企業活動の倫理性が企業倫理であると前述したが，この企業倫理には当然のことながらその現象を発生させる側（働きかける側）とそれを受ける側（働きかけられる側）が存在する。前者は企業倫理の主体，後者は企業倫理の客体となる。企業倫理の主体は当然ながら企業である。その倫理主体には２種類の可能性が含まれている。例えば，企業による不正，不祥事，反社会的行為が発生したとしよう。その場合，責任は「誰に・何処に」あるのかを考えてみる。

まず１つの可能性は，その不正，不祥事，反社会的行為を引き起こした企業自らが責任を負うというもの，もう１つは，その企業を構成している個人が責任を負うという場合である。前者は企業それ自身の組織責任，それに対し後者は企業活動を担う個人，そのなかでも最高意思決定者である資本家・経営者などの個人責任と考えられる。前者であれば，企業自身にその不正，不祥事，反社会的行為に対して業務停止などの罰則，被害者がいるような場合には損害賠償というような責任を負わせることになる。しかし企業において不正，不祥事，反社会的行為が生じたとしても実際にそういった行為を実行するのはそこに従事している企業構成員であり，その行為について決定権を有するのは多くの場合には資本家・経営者ということになる。そこで資本家・経営者がその行為について責任を負う。企業不祥事などが生じた場合にテレビなどで見られる最高幹部による謝罪会見での退任発表などはまさに最高意思決定者個人が責任を負った結果である。この企業不祥事に対する責任負担から明らかなように，企業倫理の主体は「企業自体」と「企業構成員個人」があり，二重構造となっている。

次に倫理の客体であるが，つまり倫理主体から影響を受ける側（働きかけられる側）については企業と関わりのあるものが倫理客体となる。その倫理客体の企業外部者としては株主，消費者，取引先企業，金融機関，地域住民が，企業内部者には労働者が位置づけられる。それらの倫理客体は倫理主体からの働きかけによって不正，不祥事，反社会的行為といった被害や損失などの影響を受ける側となる[1)]。

2.2　企業を取り巻く環境

既述した倫理的行為の主体と客体でも明らかなように企業倫理には倫理的行為を働きかける側とそれを受ける側の二側面が存在する。この両者の関係に倫理性が求められるのである。企業がステイクホルダー（利害関係者）に対し果たさなければならない役割について，日米欧の経営者から構成される民間グループによって検討がなされてきた。それは「コー円卓会議」と呼ばれ，1986年に発足した。そこでは競争のルール作りや企業の社会的責任などが議論され，共生の理念と人間の尊厳の精神に基づき1994年には「コー円卓会議・企業の行動指針」が策定された[2)]。企業とステイクホルダーの関係について企業の行動指針の第２章「一般原則」では，７つの原則が策定されている。それは，①「企業の責任　―すべてのステイクホルダーに対して」，②「企業の経済的，社会的影響　―革新，正義ならびにグローバル社会を目指して」，③「企業の行動　―法律の文言以上に信頼の精神を」，④「ルールの尊重」，⑤「貿易自由化の推進」，⑥「環境への配慮」，⑦「不正行為の防止」というものである。そして第３章の「ステイクホルダーに関する原則」では，ステイクホルダーとして（１）顧客，（２）オーナー，投資家（株主），（３）サプライヤー，（４）競争相手，（５）地域社会，（６）従業員，があげられている[3)]。それらに対して理念の具体的な適用のあり方が示され，さらに企業が（１）～（６）のステイクホルダーに対して果たすべき責任が詳細に明記されている。このような企業の行動規範を日米欧の民間経営者が共同で策定したのは初めてとされている。

2.3　利害関係者に対する責任

コー円卓会議「企業の行動指針」のステイクホルダーに関する原則に基づい

てそれぞれの責任を考察し，さらにそれらの責任を無視ないしは軽視され生じた不祥事の事例を紹介する。

2.3.1　企業外部者に対する責任

企業外部者に対する責任について，対象となるのは（1）顧客，（2）オーナー・投資家（株主），（3）サプライヤー，（4）競争相手，（5）地域社会などである。

（1）顧客への責任：顧客の要請に合致した高品質の商品やサービスを提供すること，商取引における公正な対応をすること，顧客の不満に対して補償措置を行うこと，安全と健康ならびに環境の質を維持・向上させること，人間の尊厳を侵さないこと，文化や生活様式の保全を尊重すること，など。

顧客に対する不祥事：悪徳商法，虚偽・誇大広告，産地偽装，有害商品，欠陥商品，個人情報の漏えい，リコールなど。

（2）オーナー・投資家（株主）への責任：投資に対する公正で魅力ある利益を還元すること，情報を開示すること，資産価値の保持・保護・拡大を図ること，オーナー・投資家（株主）の要請・提案・苦情を尊重すること，など。

オーナー・投資家（株主）に対する不祥事：粉飾決算，保有不動産の減価状況の未報告，インサイダー取引，損失保証・補填，相場操縦，利益供与など。

（3）サプライヤーへの責任：企業活動への公正で正直な対応をすること，企業活動に支障を来さないようにすること，長期にわたり安定的な信頼関係の維持を図ること，情報を共有すること，支払期日などの取引条件を厳守すること，人間の尊厳を重んじる雇用政策を実践している仕入先や協力会社を開拓・奨励・選択すること，など。

サプライヤーに対する不祥事：代金支払いの延期，取引先制限，部品などの単価切り下げによる下請けいじめ，差別価格，再販売価格維持など。

（4）競争相手への責任：市場開放を促進すること，有益な競争を促進すると共に競争者同士の信頼関係を構築すること，競争を有利にするための不当な金銭の支払いや便宜を求めないこと，有形財産に関する権利や知的所有権を尊重すること，不公正あるいは非倫理的手段で取引情報を入手しないこと，など。

競争相手に対する不祥事：特定企業への不当な賄賂，カルテル，談合，産業スパイ，不当廉売，商標・特許権・知的財産権の侵害など。

（5）地域社会への責任：人権ならびに民主的活動を行う団体を尊重し支援を行うこと，人間形成を推進しようとしている公的な政策や活動を支援すること，保健・教育・職場の安全ならびに経済的福利の水準の向上を目指す地域社会の諸団体へ協力すること，持続可能な発展を促進・奨励し自然環境と地球環境の保全に主導的役割を果たすこと，地域の平和・安全・多様性・社会的融和を支援すること，地域の文化・生活様式の保全を尊重すること，慈善寄付・教育・文化へ貢献し従業員による地域活動や市民運動への参加を通して「良き企業市民」となること，など。

地域社会に対する不祥事：公害問題，騒音問題，業務事故・災害，産業廃棄物不法処理，閉鎖による地域雇用者・従業員の解雇，計画倒産など。

2.3.2　企業内部者に対する責任

企業内部者に対する責任の対象としては（6）従業員がいる。

（6）従業員への責任：仕事と報酬を提供し働く人々の生活条件の改善に資すること，健康と品格を保つことのできる職場環境を提供すること，コミュニケーションをとり誠実に対応しかつ情報を公開・共有すること，提案・アイディアを採用し要請・不満に対し可能な限り対応すること，対立には誠実に交渉を行うこと，性別・年齢・人種・宗教などに関して差別的な行為を防止すること，処遇と機会の均等を保障すること，障がい者を雇用すること，傷害や病気から守ること，技術や知識の習得を奨励し支援すること，深刻な失業問題に配慮し関連機関や他企業と協力して混乱を回避するように対応すること，など。

従業員に対する不祥事：長時間労働，正規－非正規労働者への格差（賃金，処遇，解雇），過労死・過労自殺，労働から生じる肉体疾患・精神疾患，作業事故，職場災害，職業病，雇用差別（国籍・人種・性別・障がい者など），プライバシーの侵害，ハラスメントなど。

現代社会においては，ステイクホルダーとの適切な関係を築けるよう企業は様々な状況を配慮し，以上のような原則（条件）などを厳守しながら活動を続けていかなければならない。この「コー円卓会議」の企業行動指針や原則を基にして多くの企業では「倫理綱領」などが策定されている。そうした「倫理綱領」に沿った企業活動が社会から求められている。

3　企業活動に要求される原理

3.1　企業活動における営利性と倫理性

周知のように資本主義企業とは個別資本の運動によって価値増殖を遂げることを目的とした営利組織体である。企業は経営活動より利益，利潤を追求し，それを最大限に獲得することを目的としている。その利益，利潤の獲得，それも最大限利潤を追求しなければならないために，企業は倫理性を欠くような不正，不祥事，反社会的行為などを行ってしまうことがある。そこで本項では根本的な問題に立ち返り企業の営利性と倫理性はどのような関係にあるのか，両者の関係性について考えてみよう。

田中によれば資本主義企業の基本的性格は私的性格と社会的性格という二重性から成立するとし，私的性格には企業活動の基盤となる「営利性」を，社会的性格に「倫理性」を位置づける。営利性は利益，利潤を求める性格，そして倫理性は他者のために生産活動や販売活動を展開する際に現れる性格とする（田中・劉・西村［2010］pp.10-11）。企業経営での営利性と倫理性の関係は，一般的には企業の営利性が前面に位置づけられ，倫理性が後景に追いやられてしまう。企業は利益や利潤を求め営利性を追求してこそ営利組織体としての存在意義がある。企業が倫理性を追求して利益や利潤が獲得できなければ存続できなくなる。だが社会的性格を企業が有する限り倫理性も現代社会においては求められる。企業活動によって営利性を追求しながら倫理性を確保できれば両者は企業活動のなかで併存でき相互に関係を保つことができるのではないだろうか。この営利性と倫理性に関してはすでに多くの議論がなされてきた。そうした議論で特筆すべき２つの説を紹介しておこう。

まず企業活動での営利性が強調され「経営者の唯一の社会的責任は株主利益の最大化にある」とし，株主利益を優先し利潤を拡大することこそが企業の目的であるとする考え方がある。企業が倫理性を確保するために営利性を追求できないことは株主利益を阻害することになるとフリードマン（Friedman, M.）は主張する（Friedman, M.［2002］pp.133-136，村井訳［2008］pp.248-253）。いわゆるストックホルダーを重視する説である。経営者は株主の代理人であり，企業の利潤を追求し株主利益を最優先課題と位置づける。そのため従業員を簡単に解雇したり，製品や食品の安全性を考慮せず消費者などの犠牲のうえに利益をあげるような行為が生じることになる（中谷［2007］pp.53-55）。また倫理性に関連するような企業による慈善事業は利益，利潤が見込めないので行うべきではないという見解に立つ。これは企業が有する私的性格のみを強調し社会的性格を排除した考え方である。

こうした考え方に対して企業活動において営利性と倫理性は対立するものではなくそれらは両立する可能性があることを提唱する説もある。その考え方では倫理性を追求することにより企業価値は上がり，それが営利性にプラスの影響を及ぼすことさえあるとするものである。企業の倫理性，例えば企業のCSR（企業の社会的責任）活動の一環として社会貢献活動によって倫理的行為を目指して活動していると社会に認識されることによって倫理性が営利性を促進させることはありうる。倫理性は利益に即効的に反映されるものではなくても間接的に営利性に作用し促進させる。このような説を唱え，倫理性を追求することは企業の利益につながると位置づけたのがペイン（Paine, L. S.）である。つまり営利性と倫理性は両立し，しばしば倫理と経済的利点が手をたずさえて進むことがあり両者は相互作用関係にあると認識している（Paine, L. S.［2003］pp.53-54，鈴木・塩原訳［2004］pp.96-97）。

ペインが主張するように営利性と倫理性は両立するとしてもそのあり方が重要となる。フリードマンのいうように株主の利益獲得だけを強調するのでは企業活動を狭義に捉え過ぎているようであるが，資本主義企業である限り利益や利潤を追求することは第一優先課題であり，それを実現できなければ企業は存在意義を失ってしまうのも事実である。そのため企業はまず営利性に導かれながら倫理性が決定され，また企業活動とともに営利性が倫理性を規定するだけでなく，逆に倫理性が営利性を刺戟し，反作用する場合もある。とはいうものの倫理性がいかに企業活動において重要性を増していこうとも，あくまで企業目的は営利性にあるのであり，倫理性の地位が高められても営利性に取って代わるものではない。しかし企業において倫理性が無視，看過されてはならず，むしろそれに基礎づけられながら活動を展開していかなければならない。

3.2　企業活動における４つの原理

前項では企業活動における営利性と倫理性の関係についてフリードマンとペインの見解を明らかにした。この営利性と倫理性の関係に類似する考え方が水谷雅一によって提唱されている。例えば，営利性に該当するものを水谷は「効率性原理」と「競争性原理」，倫理性については「人間性原理」と「社会性原理」と表現している。従来の企業活動に求められたものは「効率性原理」と「競争性原理」であったが，現在ではその２原理に加え「人間性原理」と「社会性原理」が要求され企業経営にこれらの原理を導入していく必要性を氏は提起している。では氏の説を考察していこう。

効率性原理とは，最小費用の最大効果を追求する原理であり，いわゆる経済性（経済原則）を意味する。競争性原理は，他者と比較し優位性の確保を追求する原理である。この２つの原理は経営活動において有機的関係，補完的関係にあると位置づける。従来の利益第一主義を掲げた企業のもとでは効率向上と競争勝利のために手段を選ばず，危険をもたらす可能性も孕みながら，換言すれば反人間的な手段，反社会的な活動も辞さない行動をとっていた。つまり倫理性を考慮しない活動がこの２原理の下になされていた。しかし利益第一主義を掲げて企業はそれに邁進していた時代は過去のものとなり，現在ではその２原理に「人間性原理」と「社会性原理」を加え４原理による企業活動が求められる。人間性原理とは，主として労働者の雇用と処遇における「人間らしさ」の実現を追求する原理である。そして社会性原理は，企業と社会の関わりにおける配慮と貢献を促進し追求する考え方に基づき社会的存在としての企業のあり方に関する原理である。「人間性原理」と「社会性原理」も有機的に関連していると認識する。氏は企業経営システムをこれらの４原理で構築・運営することは倫理的な観点からの必須の改変であり「パラダイム転換」と称している（水谷［1995］pp.38-44）。

［図表３-２］効率性原理・競争性原理と人間性原理・社会性原理の相関関係

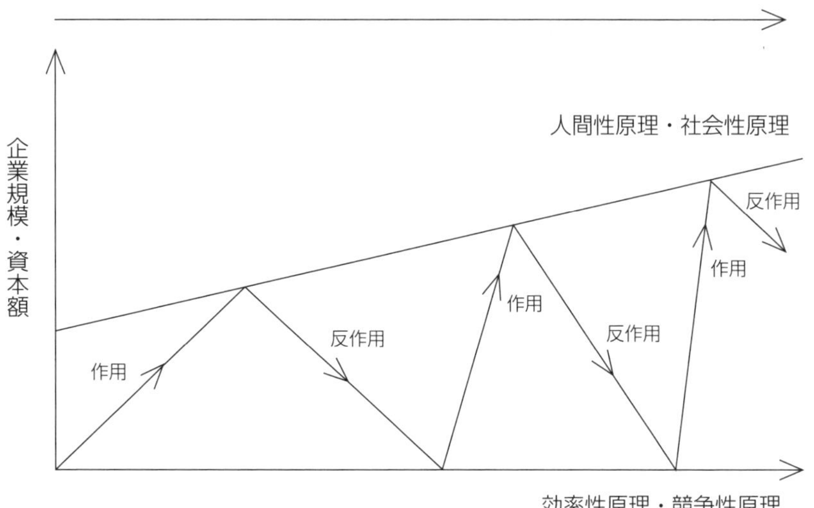

3.3　4原理システムの位置づけ

この「効率性原理」,「競争性原理」と「人間性原理」,「社会性原理」とを対等に位置づけ，経営活動のなかに定着させなければならないと水谷は考えている。こうした「人間性原理」と「社会性原理」を「効率性原理」と「競争性原理」に対等に位置づけるという考え方は理想的であるが，それぞれの原理を実現するためには優先順位がある。資本主義企業ではやはり「効率性原理」と「競争性原理」に先導されながら「人間性原理」と「社会性原理」が規定され，反対に後二者が前二者を刺戟しあいながら活動が行われる。これは（1）企業が経営活動を開始した段階と（2）経営活動が維持・継続されている段階，（3）企業が成長し発展した段階，とではそれぞれの原理の位置づけは異なる。（1）の段階では企業の存続を左右する利益，利潤を追求する「効率性原理」と「競争性原理」が主として要求される。（2）の段階では「効率性原理」と「競争性原理」の実現によって企業活動が安定してくると「人間性原理」,「社会性原理」を配慮する余地が出てくる。そこで後二者を検討するようになり，それらを企業活動に導入する。企業活動が安定し（3）成長，発展した段階では，企業規模も徐々に大きくなってくると今度は企業規模に比例して社会への影響も増大するので「人間性原理」や「社会性原理」がより考慮されなければならなくなってくる。この4原理は一足飛びに対等に位置づけられるのではなく，企業の維持・継続，成長・発展といった段階によってそれらの位置づけは異なってくる。

3.4　4原理間の関係性

水谷は4原理に関し「効率性原理」と「人間性原理」ないし「競争性原理」と「社会性原理」は相反的関係になる場合が多いと指摘する。既述したように「効率性原理」と「競争性原理」によって企業が市場において利益，利潤を追求して拡大再生産が実現している場合，そうした状況を続けるために「人間性原理」,「社会性原理」の配慮が求められる。例えば,「効率性原理」を追求するあまり長時間労働や過重労働による過労死を発生させ労働者の生存権を侵害し「人間性原理」が無視されたり,「競争性原理」の激化に伴いカルテルや談合によって商品価格や生産・販売数量などを決め他企業の参入を拒む行為があれば「社会性原理」が軽視されることになる。こういった行動を取る企業は問題視され，企業に対して社会は労働環境の改善命令を要求したり不買運動を起こしたりする場合も生じる。そうした状況に対し氏は「効率性も十分に追求するが，人間性を疎外しないばかりか，人間性の積極的な尊重も進めるという状況をつくり出すことにより，両原理の両立を図るわけである。同じように，競争性も十分に追求するが，社会性を阻害しない……ばかりか，社会性の積極的な実現……を図ることが両原理の両立となろう」（水谷［1995］p.45）と相反的関係から脱却し両立への転換を目指している。そこには効率性と人間性，競争性と社会性といった原理の均衡的両立が必要となる。つまり「効率性原理」と「人間性原理」ないし「競争性原理」と「社会性原理」の相反的関係を克服して対等的関係に，そしてさらに均衡的両立関係にすることが重要と考えている。従来の「効率性原理」と「競争性原理」のみを追求していた2原理に，

「人間性原理」と「社会性原理」を加えた４原理システムに移行すること，さらには４原理のバランスをも考慮し活動することで倫理的行動を実現できるようになることを氏は主張している。

4　非倫理行為に対して行われる内部告発

年末になるとその年の世相を反映した流行語が選考される。その流行語の候補として「内部告発」が選ばれた年があった。つまりその年に「内部告発」が集中して生じた結果を現しているのであるが，なぜ内部告発といった事象が多発することになったのだろうか。そこには企業を取りまく経済社会の変化が大きく影響していると推察される。そこでこの節では，企業における非倫理的行為である不正，不祥事，反社会的行為などに対して行われる内部告発がなぜ生じるようになったのかを日本的経営との関係から探ってみたい。

内部告発に関連する法律として公益通報者保護法が2006年４月に施行された。同法が施行される背景には企業などの民間，国や地方公共団体などの官公庁による不祥事が今世紀に入ってから続発し，それらが明らかになったのは組織の関係者によってなされた内部告発によるものであったからである。例えば，自動車のクレーム隠し，牛肉偽装事件，型枠偽装，耐火材偽装，県警による公金不正流用など枚挙に暇がない。そのような内部告発を行った内部関係者を解雇，左遷，降格などの処分から保護する目的で公益通報者保護法が施行された。だが，なぜ内部告発者保護法ではなく公益通報者保護法という名称になったのか，「内部告発」と「公益通報」とは何が違うのか，まず明確にしておこう。

4.1　内部告発と公益通報とは

4.1.1　内部告発の概要

「内部告発」とは，『広辞苑』によれば「企業や団体の隠された不正などを，組織内部の人間が外部に明らかにし訴えること」（新村［2008］p.2065）とされている。また櫻井稔は内部告発を要素に分解して説明している。氏によれば「内部告発」の概要は，①「組織の了解を得ないで行われる」ことであり，不正行為の主体・被告発者，告発される側は，②「組織ぐるみ，組織の一部，あるいは組織のトップ」であり，この①と②は内部告発の本質的な属性とする。告発される内容，不正行為の態様は，③「違法行為を中心とした不正行為」である。告発者，告発する側は，④「社員などの内部関係者」であり，社員，派遣社員，役員はもちろん取引先業者とその社員なども内部関係者と位置づけられる。告発の動機については，⑤「公共利益の擁護などの何らかの動機」とされるが，その範囲は広く競合する企業をおとしめるためのもの，組織内派閥抗争の手段，労働組合の闘争手段，また腹いせ，意趣返し，強請（ゆす）り，単なる攻撃本能の現れなども含まれる。告発の手段は，⑥「情報提供あるいは資料提供等」によって外部に通報する。最後に告発先機関は，⑦「行政機関あるいはマスコミ等の外部」へ自らが所属している組織の不正を通報して暴露するというものである。内部告発の要素を簡単にまとめると「自ら所属する組織の不正を，組織の承諾を得ずに，外部へ通報すること」が内部告発ということになる（櫻井［2006］pp.9-15）。

4.1.2　公益通報の概要

公益通報者保護法という法律が定めた「公益通報」とは何を指しているのか。まず「公益通報」の概要を見ていく。「公益通報」とは，労働者（派遣労働者を含む）が，「不正の目的でなく」，労務提供先の「通報対象事実」を，その「労務提供先」もしくは処分・勧告などの「権限を有する行政機関」または「被害の拡大を防止するために必要であると認められる者」に通報することである。つまり通報先としては内部通報，行政機関通報，マスコミなどへの外部通報があげられる。それぞれ法の保護を受けるための条件が厳しく設定されている。内部通報では「通報対象事実が生じ，又はまさに生じようとしていると思料する場合」とあり，「思料（本人がそう思う）」が伴うため間違った判断でも保護されるが，それが行政機関通報であれば真実相当性が求められる。マスコミなどの外部通報に関しては真実相当性に加えさらに条件が厳しくなる。通報者である労働者は「解雇」の「無効」，「派遣契約解除」の「無効」，「降格，減給その他不利益な取扱い」の禁止，「派遣労働者の交代を求めることその他不利益な取扱い」の禁止などの保護が受けられる（櫻井［2006］pp.19-22）。

実質的には公益通報者保護法は施行されたものの公益通報と内部告発の両者にはわずかな違いがあるが，ほとんど似通った内容となっている。

●内部告発と公益通報の違いのまとめ（櫻井［2006］pp.22-25）

通報先	（内部告発，以下（内）と略する）行政機関やマスコミなどの外部への通報が中心となる （公益通報，以下（公）と略する）内部通報，行政機関通報，外部通報など３種類ある
通報対象事実	（内）告発者が不正・違法・悪行と思うものであればすべて対象となり得る （公）413の法律で刑罰の対象とされている法違反行為について
通報者	（内）労働者が一般的，だが経営陣（経営者），取引先企業などの場合もある （公）労働者に限られている（派遣労働者，取引先企業に雇用される労働者を含む）
通報の保護	（内）報告者が解雇などの処分がなされた場合，一般法理でその内容が判断される （公）公益通報者保護法が定める要件に合致した通報を行ったことを理由とする解雇の無効，派遣契約解除の無効，降格・減給などの不利益な取扱いの禁止が定められている

4.2　イエ共同体としての企業から営利組織としての企業へ

そもそも「企業」とは，いったいどのような存在なのだろうか。ドイツの社会学者のテンニース（Tönnies, von F.）が提唱した社会類型によれば「企業」とは，ゲゼルシャフト（Gesellschaft）であり，人間がある目的達成のために人為的に形成した観念的・機械的組織体としての社会と理解される（Tönnies, von F.［1912］，杉之原訳［1957］）。本来「企業」とは，テンニースがいうように目的を持った集団，人為的な集団・社会と理解され，とりわけ資本主義企業は利益，利潤を追求することを目的として結合した組織体（営利組織）である。だが日本ではそのようなゲゼルシャフトとして企業を認識してこなかった。では日本企業はどのように認識されてきたのだろうか。一般的に日本企業は社会類型ではゲマインシャフト（Gemeinschaft），すなわち共同体として性格づけられてきた。ゲマインシャフトとは地縁や血縁などの自然発生的な共同体的存在を意味しており，そのような性格を持った存在として企業を性格づけた。

なぜ企業がそのように共同体として認識されたのか。それを日本的経営との関連から考察する。企業が共同体と認識されるようになったのは，労働者の意識に意図的にそのような考え方を植え付けていったからである。つまり日本企業に特有の経営の方法や考え方を有する日本的経営では「イエ意識」・「家族意識」を企業という組織に持ち込み擬似的共同体として企業を「イエ」，すなわち「イエ共同体（共同態）としての企業」[4)]という認識を労働者に持たせた。そこでは資本家・経営者と労働者との関係は擬似的家族のように捉えられた。この考え方は経営家族主義と呼ばれる。経営家族主義とは間宏によれば「家」の観念を拡張解釈し，家の擬制として企業における資本家・経営者と労働者とは親子関係とみなされ，両者は対立するものではなく一致するものだとしている。こういった考え方により家における長幼序列のように，企業でも経営社会秩序として年功が重視されている（年功制）。雇用関係も親子と同様に「一生の縁」と考えられている（終身雇用）。大企業においても賃金は非常に低く，企業は労働者に対し必要に応じて公傷病救済制度，結婚祝金，出産祝金，退職手当というかたちで支給し，日常生活でも社宅，物資購買施設で援助が与えられている（福利厚生制度）という。氏は，そのような施策を労働者に対する温情的生活保障政策と呼んでいる。この終身雇用，年功制，福利厚生制度などの施策は経済的に不安定な立場に置かれていた労働者の経営帰属意識を高めるのに役立った。これは明治や大正時代の財閥の家族経営において用いられた経営理念・イデオロギーであった。これらの経営家族主義は日本的経営の特徴としてあげられる（間［1989］pp.122-125）。

この経営家族主義を企業に持ち込もうとした理由について（終身雇用制と関連して）高田馨は，「（経営家族主義に基づいて－引用者）経営者が従業員に恩恵を与えるのは，それと引換えに従業員からの忠誠心を期待するからであるという解釈が成り立つ。終身雇用制は雇用安定性→所得安定性という恩恵を従業員に与えるのであり，それと引換えに経営者は従業員から企業に対する忠誠心を期待する」（高田［1973］p.59）としている。労働者の生活の保障や安定をはかることにより労働者の企業への帰属意識を高めると共に同時に忠誠心を確保し，企業に対するモチベーションやモラールなどの勤労意欲の向上を目的とした。経営家族主義は資本家・経営者によって意図的に導入され，「イエ意識」，「家族意識」が企業社会に浸透した。そのような「擬似的家族共同体（共同態）としての企業」，「イエ共同体（共同態）としての企業」という意識が労働者のなかに根付いていった。

しかし1970年代のオイルショックによる不況や1990年代にバブル経済が崩壊して経済成長が低迷するなかで日本企業を取り巻く経済環境はめまぐるしく変化し，日本的経営も変わり始めた。そのような経済環境の変化に対応すべく経営家族主義というような経営理念を基礎にして具現化された終身雇用制や年功制，そして福利厚生制度すなわち日本的経営の代表的な特徴とされるものにも影響が生じた。終身雇用制は崩壊しつつあり，年功制の基となる年功主義は能力主義ないし成果主義に移行し，福利厚生制度の法定外福利厚生は削減されたり廃止される傾向にある。それらの日本的経営の変化は労働者の企業への帰属意識を薄れさせ，さらには勤労意欲の減少・退化，忠誠心の欠如につながる原因・要因となった5)。

それまで企業は経営家族主義というイデオロギーに基づき「ゲマインシャフトとしての企業」，「イエ共同体（共同態）としての企業」と認識されていたが，次第に営利追求という目的を持った集団，人為的な集団・社会，「ゲゼルシャフトとしての企業」，すなわち本来の意味での「営利組織としての企業」という認識に変化していった。

4.3　内部告発がなぜ生じるのか

日本企業の労働環境が大きく変容し，労働者個人の生活保障が不安定になるなかで企業に対してこれまでとは異なった行動が生じ始めた。その１つが内部告発である。内部告発のような企業の不祥事を外部者に通告，暴露するようになっていったきっかけ・原因・要因は何だろうか。

既述したように，終身雇用制，年功制，福利厚生制度などを中核とした日本的経営の諸特徴によって企業という共同体（共同態）の構成員として労働者は生活の安定が保障された。しかし日本的経営の変化により労働者にとって企業は生活を安定的に保障してくれる存在ではなくなってきた。そうしたビジネスライクな企業との関係のなかで，労働者は自己の生活の保障を求めて職務を遂行し企業に貢献する。その貢献は能力主義的処遇，成果主義的処遇などにより評価され，職務遂行能力や仕事の成果（業績）によって賃金が決定する。そのような雇用状況・労働環境へと日本企業は変化してきた。つまり終身雇用制の崩壊，年功主義的処遇から能力主義的処遇，そして成果主義的処遇へという変遷，福利厚生制度の削減や廃止など労働環境の変化によって労働者の企業に対するイエ共同体（共同態）意識，企業への帰属意識，忠誠心が失われていった。

そうしたなかで労働者は企業との信頼関係を喪失したように感じ始めた。それまでの生活が保障されていた時のように，イエ共同体（共同態）として企業を労働者が認識している限り企業への帰属意識は高まり，忠誠心は確保されることによりイエで生じた不正，不祥事，反社会的行為は外部に漏してはならないという見解に至り，内部告発は発生しにくい状況にあった。企業内で生じた不正，不祥事，反社会的行為などの企業にとって「マイナスとなる事象」，あえて表現するならばイエ（企業）で生じた「内なる傷」，「恥」を他人（外部者）に話す（告発する）というような行為は暗黙のうちに隠され伏せられてきた。それまでは企業と労働者は運命共同体のようなものであり，労働者の立場から考えれば「イエである企業」が安泰であれば労働者自身の生活も保障される。それをあえてイエで生じた不祥事などを外部に漏らすことで労働者自身の生活を脅かすことを避ける意味でも内部告発は抑制されていた。しかし現在ではそうした考えが変化し，次第に「企業にとりマイナスとなる事象」が告発される仕組みや地盤が形成されてきたと考えられる。高田が指摘したように企業から受けられていた恩恵が減少し，またいつ解雇されても不思議ではないという不安定で希薄な雇用関係のなかに置かれた労働者は，それ以前の企業との関係とは異なり，企業の様々な制度の変化に対する「反発」として内部告発が増加したのではないだろうか。それ以外にも企業に対する個人的な恨みなども考えられるが，いずれにしても労働者の企業への帰属意識が薄れ，忠誠心は欠如し，それまでの雇用関係を変化させたことにより内部告発が増加することになったと理解できるだろう。こういった一連の変化をきっかけ・原因・要因として内部告発が生じるようになった。

一方で，もちろん生活が保障されていた時代においても内部告発が生じていたのは事実であるが，その時代の内部告発が生じるきっかけ・原因・要因と現在のそれとは異なっているようである。日本的経営の変化に伴い労働者の経済的不安，精神的不安という二重苦の状況が重なったとき，それまで「資本家・経営者と労働者は親子関係にある」という意識,「企業はイエ共同体（共同態）」という認識のもとで帰属意識や忠誠心を誓っていた労働者のなかにあった，すなわち潜在的に存在していた・隠されていた・抑制されていた感情や正義感が表面化し,「公益のためにならない不正，不祥事，反社会的行為は社会・世間に明らかにしなければならない」という感情が行動に移り内部告発につながっていったのではないだろうか。

さらに最近では，Facebook，Twitter，LINEなどをはじめとするSNS（Social Networking Service）などの普及により誰でも簡単に情報を拡散させることが可能な社会となってきた。既述したように，イエ共同体（共同態）意識や企業への帰属意識の変化，忠誠心の減少などといった労働者意識の変化と共に，情報拡散の機会や手段が増えたことで以前とは異なり様々な情報が容易に発信できる社会となったことも内部告発を発生させる状況を作り出すことになったと考えられる。

コラム

取引先を切る権利

「嫌な取引先を切る権利」（以下，「切る権利」と略す）を社員に与えている会社がある。それは群馬県でバネ，スプリングを作っている従業員20名ほどの町工場「中里スプリング」，社長は中里良一。全国に1600以上（2013年時点）の取引先を持つ中小企業である。過去に取引先から「ウチの仕事がなかったらやっていけないでしょう」という発言が平気でなされた。実際，そのような発言をする会社との取引が売上の半分以上を占めていた。氏は入社当時の社長に「嫌な会社との取引を断りたい」と相談したが，「嫌なことを言われても我慢するのが仕事だ」と教えられた。だが納得できず「嫌な取引先を切るには先ず新しい取引先を作れば良い」という発想に転換し，取引先を開拓した。そして嫌な取引先を切った。それまでの取引先リストは一掃され，そこから社員は気持ちよく働けるようになった。

「切る権利」を行使した会社には共通する問題点があるという。それは（１）「品質管理・品質保証の面での要求」，（２）「資材・購買面での要求」，（３）「会社のカラー」，（４）「担当者の人間性」である。（１）はケタ違いの品質レベルの要求，連絡なしに設計を変更し納品後に文句を言う，（２）は他社の見積もりをネタに値下げのごり押し，（３）は「下請けなのだから，取引先の言うことを聞くのは当然だ」という価値観をもつ会社，（４）はまさに担当者の人間性が悪い場合など。例えば，納品後にたびたび値引きを要求するような会社がある。品質確保のため丹精込めて製作した商品に対し「もっと安くして欲しい」という取引先の発言に社員の意欲は低下する。もの作りの現場ではモチベーションやモラールの低下は会社にとり痛手となる。そこで社員に対して１つの制度を設けた。その制度とは，その１年間頑張った社員にご褒美として「切る権利」を与えるというものである。自分たちが尊敬すべきお客様の仕事はやり甲斐も出て社員の勤労意欲の向上につながる。氏は「本来下請けが取引先の仕事を断るなんてありえない。商道徳に反することをされなければ，どんな会社とも良いお付き合いができる」と言う。しかし「商道徳＝企業倫理」に反する会社に対して「切る権利」が行使される。下請けを見下し元気をなくすような言動は仕事に良い結果をもたらさない。倫理性を欠くような嫌な取引先を一掃することで社員の勤労意欲を向上させ，それが売上に連動すれば，「倫理性は得になる」といった事例となる。「中里スプリング」ではそういった社員への配慮がなされている。すべては「日本一楽しい町工場」を目指すために（中里［2013］）。

注

1）本章では，株主を企業外部者とみなす。伝統的な考え方による株主は，企業の財産を所有し会社をコントロールする権利を所有している「特殊な存在」であったが，「所有と経営の分離」が進み，現代においては株主総会や取締役会も形骸化し経営者の役割が大きくなり経営者支配の構造が確立してきた。すでに株主は企業に対し「特殊な存在」ではなくなり企業外部者化している。株価変動のみに関心を示し企業の所有者としての意識を希薄にしその代わりに経営者の力が大きくなってきた。このような理由から株主を客体と位置づける（宮坂［2003］p.25参照）。

2）「コー円卓会議・企業の行動指針」を参照。http://www.cauxroundtable.org/，http://crt-japan.jp/files2014/1-0-about/pdf/principles_of_business.pdf（いずれもアクセス日は，2020年８月11日）。

3）第３章の「ステイクホルダーに関する原則」では，ステイクホルダーとして（1）顧客，（2）従業員，（3）オーナー，投資家，（4）サプライヤー，（5）競争相手，（6）地域社会の順番で説明されているが，ここでは便宜上（2）の従業員を（6）に位置づける。

また企業から受ける影響度によってステイクホルダーを主要なものと副次的なものに分類する場合もあり，前者には株主，従業員，債務者，供給業者，小売業者，顧客，競争相手の企業，後者には地域共同体，政府および地方自治体，外国政府，消費者団体・教会・環境保護団体などの社会活動グループ，メディア，一般大衆，商工会議所・シンクタンクなどのビジネス支持団体などがあげられている（宮坂［1999］p.189）。

4）日本企業を共同態と解釈することに関しては第８章4.1を参照のこと。

5）日本的経営とその変化の詳細については第８章を参照のこと。

《参考文献》

櫻井稔［2006］『内部告発と公益通報』中央公論新社。

新村出［2008］『広辞苑（第六版）』岩波書店。

高田馨「終身雇用制」大阪大学経済学会［1973］『大阪大学経済学』第22巻第４号。

田中照純・劉容菁・西村剛編著［2010］『企業倫理を歩む道』晃洋書房。

中里良一［2013］『嫌な取引先は切ってよい』角川書店。

中谷常二編著［2007］『ビジネス倫理学』晃洋書房。

間宏［1989］『日本的経営の系譜』文眞堂。

水谷雅一［1995］『経営倫理学の実践と課題　―経営価値四原理システムの導入と展開―』白桃書房。

宮坂純一［1999］『ビジネス倫理学の展開』晃洋書房。

宮坂純一［2003］『企業は倫理的になれるのか』晃洋書房。

Friedman, M.［2002］*CAPITALISM AND FREEDOM,* 40th anniversary ed., With a new Preface by the Author, The University of Chicago Press.（村井章子訳［2008］『資本主義と自由』日経BP社）.

Kennedy, J. F.［1962］*Special Message to the Congress on Protecting the Consumer Interest,* March 15, 1962.

Paine, L. S.［2003］*VALUE SHIFT,* McGraw-Hill.（鈴木主税・塩原通緒訳［2004］『バリューシフト ―企業倫理の新時代―』毎日新聞社）.

Tönnies, von F.［1912］*Gemeinschaft und Gesellschaft : Grundbegriffe der reinen Soziologie.* 2. erheb. veränd. und vermehrte Aufl. Berlin（杉之原寿一訳［1957］『ゲマインシャフトとゲゼルシャフト: 純粋社会学の基本概念』（上下 2 巻）岩波文庫）.

第 **4** 章

現代の多国籍企業

本章では，まず多国籍企業の定義，その必要条件である海外直接投資（グリーンフィールド投資，クロスボーダーM&Aなど），そして関連する国際提携を整理し，そのうえで，企業の多国籍化を説明する理論のいくつかを紹介する。

ついで，日本企業の多国籍化の展開を段階区分して，その経営戦略と組織構造の変化をみていく。

最後に，現代の多国籍企業の特徴をオフショア・アウトソーシングとタックスヘイブンの利用ととらえてそれらを説明する。そのうえで，多国籍企業の活動によるグローバルな影響とその問題点について指摘する。

1　多国籍企業の定義とその理論

1.1　多国籍企業と海外直接投資

1.1.1　多国籍企業とは

多国籍企業の定義については，多くの研究者が規定している。ここではルート（Root, F. R.）の定義を紹介しよう。彼によれば，多国籍企業とは以下のような本部あるいは親会社を指すという（Root［1990］p.583）。

1　多様な国において，その外国に所有する子会社を通じて外国での生産やその他の活動に従事する。

2　それらの子会社の政策に対して直接コントロールを行使する。
3　国境を越えた生産，マーケティング，金融，その他の職能における経営戦略を計画，実行するよう努力する。それによって見通しとしては次第に世界志向になっていく。

つまり，多国籍企業とは，単に複数の国にまたがって活動しているだけでなく研究開発（R&D），生産，販売，または財務などの拠点をコントロール下に置き，グローバルな経営戦略を実践し利益を追求する組織体であり，経済主体であるといえよう。

企業が財・サービスを輸出するのではなく，外国で直接的に生産し販売するためには，単なる資本利得（キャピタルゲイン）を目的とした外国株への投資（間接投資）ではなく，永続的な経営権の取得を目的に行われる海外直接投資（Forgin Direct Investment：FDI）が条件となる。**図表４－１**は，2015年の主な国のFDIを示している。例えば，アメリカは対外FDIより対内FDIが大きく，外国の企業をより多く受け入れているといえる。

［図表４－１］世界の直接投資上位10か国・地域（2015年）

（単位：100万ドル）

対内FDI

1	アメリカ	379,894
2	香港	174,892
3	中国	135,610
4	アイルランド	100,542
5	オランダ	72,649
6	スイス	68,838
7	シンガポール	65,262
8	ブラジル	64,648
9	英領バージン諸島	51,606
10	カナダ	48,643

対外FDI

1	アメリカ	299,969
2	日本	128,654
3	中国	127,560
4	オランダ	113,429
5	アイルランド	101,616
6	ドイツ	94,313
7	英領バージン諸島	76,169
8	スイス	70,277
9	カナダ	67,182
10	香港	55,143

出所：ジェトロ［2016］p.27。

1.1.2　グリーンフィールド投資とクロスボーダーM&A

FDIのなかで，グリーンフィールド投資は，多国籍企業が単独で外国に資本を投下し，土地を取得または賃貸し，そこに工場を建て機械などの設備を整え，従業員を雇用することである。そのうえで，現地で生産を行い，製品をその販売拠点を通して現地市場で販売する，またはそこから海外へ輸出する。例えば，日本企業が中国に進出し，そこで生産された製品が日本に輸出された場合，日本では逆輸入となる。

また，海外進出には外国企業を買収，または外国企業と合併する方法がある。この場合は国境をまたぐため，クロスボーダーM&A（合併・買収）となる。20世紀終盤以降のグローバル競争のなかでは，企業は進出先において速やかな現地化と製品の開発から販売までの期間短縮が重要となり，そのために現地の工場や技術者などの経営資源をまとめて，素早く取得する方法として採用される。

図表４-２は，2015年のいくつかの国のクロスボーダーM&Aの額を示している。アメリカ企業がクロスボーダーM&Aのターゲットになっていることが見て取れる。近年では，中国企業がアメリカ，ヨーロッパや日本の企業に対してその技術やブランドを取得するためにクロスボーダーM&Aを行う場合がある。例えば，世界最大の白物家電企業である中国のハイアール（海尔集団）は，

［図表４-２］世界のクロスボーダーM&A（2015年）

（単位：100万ドル，％）

被買収国・地域

順位	国・地域	金額	構成比
1	アメリカ	276,432	25.1
2	イギリス	118,921	10.8
3	フランス	79,323	7.2
4	アイルランド	59,261	5.4
5	中国	35,789	3.3
6	オーストラリア	33,825	3.1
7	スイス	31,302	2.8

買収国・地域

順位	国・地域	金額	構成比
1	アメリカ	218,607	19.9
2	イギリス	93,476	8.5
3	中国	72,982	6.6
4	ドイツ	65,252	5.9
5	日本	64,644	5.9
6	スイス	63,181	5.7
7	フランス	51,051	4.6

出所：ジェトロ『[2016] p.28。

日本の三洋電機の冷蔵庫と洗濯機部門を買収し，AQUAブランドを打ち立て日本で展開している。

さらに，2015年に世界最大の売上高（482,1330百万ドル）を計上するアメリカの小売業企業ウォルマートは，2005年に西友の株式の過半数を取得し，西友を完全子会社化して日本市場に進出している。

1.1.3　合弁会社と国際提携

また，企業の海外進出には外国企業と共同出資し，合弁会社を設立する方法がある。例えば，トヨタが初めてアメリカへ進出した際には，ゼネラル・モータース（GM）と50％ずつ出資し，合弁会社（New United Motor Manufacturing, Inc.：NUMMI）を設立した。

NUMMIにおいて，トヨタはアメリカにおけるプレゼンスと全米自動車労働組合（UAW）の対策を，GMはトヨタ生産方式の知識をというようにお互いに利益となると判断し，合弁会社の設立に至った（宍戸・草野［1988］p.14）。

最後に，外国の企業との提携，すなわち国際提携によって海外進出する場合もある。提携は範囲が広く，特許などのライセンシングによるものもあれば，お互いにアーキテクチュア（設計思想），またはプラットフォームを共通化する場合などもあり，多様である。厳密にいえば，資本関係のない国際提携の場合，企業同士が独立した事業体のまま行われるため多国籍化したとはいえない。

しかし，1980年代終盤以降のグローバリゼーションの進展，とくに1989年のベルリンの壁の崩壊以降の社会主義諸国の市場経済体制への移行とそれに伴う企業のグローバル競争の激化のなかで，またICT（情報通信技術）革命，すなわちICTの進歩に伴って企業と企業，企業と消費者の関係が変化するなかで，いくつかの企業が得意分野に特化し共通のアーキテクチュアの下でネットワークとして結びつき，グローバルな企業連合を構築する事例が出現してきた。

例えば，パーソナル・コンピュータ（PC）のPC/AT互換機，通称DOS/V機では，マイクロプロフェッサ・ユニット（MPU），ハードディスク・ドライブ（HDD），オペレーティング・システム（OS），モニター，プリンター，アプリケーションソフトなどの各モジュール（接合部が規格化，標準化されているひとまとまりの機能をもったもの）に企業が特化し，それらが共通のインターファイスで連結される。

つまり，インテル，マイクロソフト，ヒューレット・パッカード（HP）などの各企業は，お互いに利益を享受し合いながら，また同時に，競争しているのである（夏目［1999］p.149）。

1.1.4　代表的な多国籍企業

現代の多くの多国籍企業は，グリーンフィールド投資，クロスボーダーM&A，さらに国際提携などを使い分けながら，グローバルな経営戦略を実践している。

こうした多国籍企業の代表が，たとえば，自動車産業では，上述のGM，トヨタのほかに，フォード，フォルクス・ワーゲン（VW），ルノー＝日産，ヒュンダイ（Hyundai），ホンダなどであり，石油などのエネルギー産業では，エクソン・モービル，ロイヤル・ダッチ・シェル，ペトロチャイナ（中国石油天然気集団）などである。

また，ICT産業（家電分野を含む）では，上述のハイアール，インテル，マイクロソフト，HPのほかに，第５世代移動通信システム（５G）をリードするファーウェイ（華為技術），iPhoneを世界展開するアップル，さらにスマートフォンを製造するサムスンやスマートフォンの部品を製造するホンハイ（鴻海），そしてIBM，シーメンス，ソニー，パナソニック，日立などであり，さらに，インターネット上で検索エンジンを提供するアルファベット（グーグル・グループ），そこで書籍などを通販するアマゾンも多国籍企業である。

私たちが普段，日本の街中で見かけるGAPやZARA，ファーストリテイリング（ユニクロの持ち株会社）などのファーストファッション企業やナイキやアディダスといったスポーツ用品企業，さらに，マクドナルドやスターバックスなどのファーストフード企業も世界中で活動する多国籍企業である。食品産業では，インスタントコーヒーで有名なネスレや清涼飲料のペプシコやコカ・コーラも多国籍企業である。小売業では，前述のウォルマートのほかに日本のコンビニエンスストアの大手三社もアジアなどで展開している。

また，医薬品ではファイザーやノバルディス，保険ではテレビCMで有名なアフラック，メットライフアリコ，そしてアクサなども多国籍企業である。さらに，先進国の多くの金融機関も製造業企業の海外展開に伴って海外に進出している。すなわち，今日，先進国や新興国における大規模な企業の多くは多国籍化しているのである。それゆえ，私たちの社会生活は，直接的，間接的を含めて多国籍企業とのかかわりなしには成立し得ないのである。

1.2　企業多国籍化の理論

1.2.1　企業多国籍化の要因

古くは17世紀のオランダの東インド会社が多国籍企業であるという説もあるが，近代的な株式会社制度が整備された19世紀に，最初に産業革命が成立したイギリスにおいて海外進出する企業が現れた（亀井［1997］p.11）。その後，第2次世界大戦後には，多くのアメリカ企業がヨーロッパ市場を目指して多国籍化していった。

なぜ企業はFDIを行い，海外進出するのか。一般的には，企業が多国籍化するにはいくつかの要因が考えられる。ある企業は，天然資源や農作物を独占的に確保しようとして海外進出する。また，別の企業は為替などの変化によって輸出市場を失うのを避けるため，または消費市場を求めて海外進出する。

また，ある企業は安価で大量の労働力を活用し，生産コストを削減し，より価格競争力のある製品を製造するために多国籍化していく。さらに，別の企業は高度な技術やブランドの獲得を求めて，または，法人税率や関税などの各国の経済・社会制度の違いを利用するために海外進出する。

つまり，企業が海外進出するには，企業を取り巻く経済環境の違いとそれらの変化に対応する企業の多様な動機があり，その行動を一般化しようとする理論がいくつかある。それらを概略的に紹介しよう。

1.2.2　独占優位論とプロダクト・ライフ・サイクル理論

まず，ハイマー（Hymer, S.H.）らの独占優位論である。それは規模の経済性や知的財産などの独占優位を保有している企業が現地企業よりも有利にその子会社を経営できるというものである（Hymer，宮崎訳［1979］p.28）。

また，バーノン（Vernon, R.）のプロダクト・ライフ・サイクル（PLC）理論は，独占優位論に時間の次元を加えたモデルといえる。それは，主にアメリカの製造業企業が輸出からFDIへ移行したことを説明するのに適用された。

製品の導入期では，たとえ生産コストが外国の方が小さかったとしても国内で生産が行われるが，生産が成長期に入り規格化されてくると生産コストの削減と輸出市場の喪失を防ぐために海外進出する。というのも，時間の経過とともに現地企業による模倣が起こってくるからである（Vernon，霍見訳［1973］p.79）。当時のアメリカ企業の海外進出の動機は，輸出によって創出された市場を保持しようという理由が大きかったといえる。

PLC理論は，1970年代からの日本企業の輸出とアジアへのFDIをも説明する。例えば，ハカリで有名な京都企業のイシダは，1970年代に輸出を本格化し，1980年代に海外生産を本格化し，2000年に中国に生産拠点を設立した。イシダは中国の工場において主に現地市場向けの旧型のコンピュータスケールを生産している（林［2015］p.124）。つまり，新興国においては新モデルほど高性能ではないが安価な製品を投入するのである。

このようにPLC理論は，企業の多国籍化を製品寿命の点から説明するが，先進国同士の相互投資を説明できないのが欠点である。

1.2.3　寡占反応行動論と内部化理論

次に，寡占反応行動論を紹介しよう。1980年代までは，FDIを行い海外進出する企業の大部分が寡占産業の大企業であった。少数の大企業によって支配される寡占市場においては，競合企業の行動によってその市場内のポジションが変化するリスクがある。それゆえ，競合企業の行動に非常に敏感に反応する。つまり，ある企業がFDIを行うと，同じ寡占産業の企業が次々とFDIを行うのである（バンドワゴン効果＝乗り遅れまいとする傾向）。

ニッカーボッカー（Knickerbocker, F.T.）は，アメリカ企業を実態調査し，海外子会社がある時期に集中的に設立される事実から寡占反応行動論を導き出した（Knickerbocker，藤田訳［1988］p.163）。日本の自動車産業の企業が1970年代に横並びで輸出を増やし，その後，1980年代に横並びで海外進出していった現象もこの理論によって説明される。しかし，FDIの寡占反応行動論は最初にFDIを選択する企業の理由を説明できないという欠点がある。

最後に，内部化理論を紹介しよう。市場は企業によってコントロールできない外部性である。外部性には政府による政策などの人工的なものも加わる。この外部性は取引コストとして市場取引の際に企業に降りかかってくる。さらに，外部調達（アウトソーシング）すると取引コストに加えて技術などの知的財産（無形資産）の流出等のリスクもコストとして被ることになる（Edwards & Samimi［1997］pp.492-493)。こうしたコストを削減するために企業は海外進出するのである。

また，反対に企業が部品などを内製化し内部流通することを選択し，企業規模が拡大していくと，機会コスト，または別の言葉では官僚制の弊害といわれるような管理調整コストを被るようになる。

しかし，大企業はとくに外国企業との取引の際の高い取引コストをできるだけ避け，企業内貿易という内部流通を選択する傾向にあった。別の言い方をすれば，不確実性の高い市場取引ではなく，企業内取引とすることで企業の実質的な管理価格を利用するために海外進出するのである。

バックレーとカッソン（Buckley, P.J. & Casson, M.C.）やラグマン（Rugman, A.M.）らは，こうした企業の多国籍化を内部化理論として提唱した。この内部化理論に上述の独占優位論とさらに立地論（現地化）などの視点を加えて発展させたものがダニング（Dunning, J.H.）らの唱える折衷理論であるが，そのダニングとラグマンは「多国籍企業の巨大な優位性は諸国家にまたがって内部市場を利用できる能力である（Dunning & Rugman［1980］p.230)」と述べ，企業の多国籍化と内部化の重要なかかわりを主張している。

1.2.4　企業多国籍化の新展開

しかしながら，20世紀終盤以降の経済・社会のグローバル化とICT革命が多国籍企業に変革をもたらした。つまり，企業の内部化戦略を転換させるアウトソーシングやリストラクチャリングが登場してきたのである。また，取引の際に所有権の移転を伴わないで使用料として課金する新しいビジネスモデルが大きく成長してきた。

そうした新しい企業動向について，ラングロア（Langlois, R.N.）は，企業の内部化が終焉を迎え，外部の企業を利用しそれをコントロールする能力，すなわちケーパビリティ（組織能力）という視点で，企業ネットワークの時代を説明した（Langlois，谷口訳［2011］pp.148-155）。

また，先進国の多国籍企業の子会社が途上国の現地のニーズから習得し，途上国発の技術が先進国へ還流するリバース・イノベーションという現象も起こってきた（Govindarajan & Trimble，渡部訳［2012］p.8）。さらに，1990年代以降にアジアNIEs（韓国，シンガポール，台湾，香港）やBRICS（ブラジル，ロシア，インド，中国など）の新興国の企業の発展，さらに，それらの企業の海外進出，すなわち新興国から先進国へ進出する企業が出現してきた。

2　日本企業の国際展開

2.1　輸出戦略から現地生産へ

2.1.1　日本企業の輸出戦略

次に，日本企業の海外展開を追いながら，その経営戦略の転換と組織構造の再編成を概観してみよう。

1950年代後半になると，ヨーロッパや日本は，第２次世界大戦の国土荒廃から次第に経済的にも復興し，世界各国の国内総生産高（GDP）も増加していった。また，関税及び貿易に関する一般協定（General Agreement on Tariffs and Trade：GATT）の下の自由競争のなかで，世界の貿易取引も増加していった。

1960年代に入ると日本経済は高度成長期に突入し，日本企業はその下で国内市場を中心に活動していた。そのなかで，日本企業も次第に大規模化し，製造業企業は主な経営戦略として製品の多角化戦略を策定し，それに対応する組織構造として事業部制が採用されるようになった（南［1990］pp.131-133）。

ところが，1970年代に入るとドル・金の兌換停止（ニクソンショック）と石油価格の高騰（オイルショック）に伴う世界的な不況に陥り，日本の国内市場も縮小した。そのなかで，とくに日本の家電産業や自動車産業の企業は，輸出戦略を前面に押し出していくようになり，競い合って輸出を本格化した。

各企業が競って輸出したために，それは集中豪雨的輸出と呼ばれるような大量の輸出になり，これらの日本企業とその製品は，総評して「MADE IN JAPAN」と呼ばれ，その輸入国の現地企業は苦境に陥った。例えば，日本の対アメリカ輸出が増大した結果，1970年代終盤になると，二国間の貿易収支の不均衡が大きくなり，それが貿易摩擦と呼ばれるような政治的な問題に発展した。

それゆえ，アメリカは日本に対して1977年にカラーテレビ輸出の自主規制の締結に始まり，1980年には自動車輸出の自主規制を要求し，1981年に日本はそれに合意した。また，1980年代前半にアメリカ議会ではローカル・コンテンツ（現地調達率）法の制定をめぐって活発に議論された。さらに，1986年には日米半導体協定が締結された（霍見［1988］pp.82，83，260-263）。

そのようななかで，日本企業は輸出に重点を置きつつも，海外進出を開始させた。その時点で存在した日本企業の海外子会社は，試行錯誤的で現地市場等の情報収集などを目的としたものであることが多く，そのためトップ直轄の自律的な子会社の段階であった。すなわち，この段階の日本企業は多国籍化の萌芽段階であったといえる。

2.1.2　円高と海外進出

日本の家電企業の多くは，アメリカにおいて1970年代に生産子会社を設立した。また，自動車企業では，アメリカにおいてホンダがいち早く1982年に四輪生産を開始し，トヨタは1984年にGMと合弁会社を設立した。

ところで，グローバルな市場において日本企業の輸出製品の価格競争力の強さが抜きん出ているなかで，1985年の先進国首脳会議（Ｇ５）のプラザ合意において円高が容認された。そのため，先進各国の政策協調のなかで為替相場が急激に変化し円がドルに対して高騰した。その結果，日本の輸出製品は急速に価格競争力を失うことになった。そこで，多くの日本の製造業企業は輸出から現地生産へという戦略転換に踏み切った。

日本企業は北アメリカや西ヨーロッパに生産子会社を設置し，その消費市場に隣接したところで組み立てて販売する，または，日本企業は労働コストが日本より安価なアジアの韓国，台湾などへ進出し，日本から中間財を輸出し，そこで組み立てた製品をアメリカなどの消費市場へ輸出するという迂回輸出の仕組みを成立させた（涂［1988］pp.26–28）。

そうした日本企業の海外進出戦略が展開されるに伴って，その組織構造は再編成され，国内の事業部に各事業部と並列的に国際事業部が設立されるようになった。つまり，増加する海外子会社はこの国際事業部の下に集権的に統轄されるようになった（林［1998］p.79）。これが企業多国籍化の第一段階である。

例えば，京都企業の島津製作所は，1960年代終盤から1970年代に西ドイツ（現ドイツ），アメリカのメリーランドとロサンゼルスに販売拠点を設立し，それらを通じて輸出を増大していった。その結果，売上高に対する輸出比率は，1979年の11％から1982年には20％へ，さらに1985年には25％へ増加した。

その後，1985年以降の円高と1990年代の日本国内の経済不況のなかで，島津製作所は，現地調達，現地生産，そして現地販売の強化へと経営戦略の舵を切り，1989年にシンガポール，1992年に中国の北京，1994年にオーストラリアに次々と生産拠点を設立していった。それに伴って，1989年に海外事業統括部が新設され，その後，日本，北アメリカ，ヨーロッパ，アジア・オセアニアという四極体制ができあがった（林［2013］pp.66–68）。

2.2　経営の現地化からグローバル企業化へ

2.2.1　経済環境の変化と企業内部の変化

円高などのグローバルな経済環境の変化とともに，1990年代には，日本のバブル経済が終焉し，日本の国内市場は停滞した。さらに，1997年にはアジア通貨危機が起こり，2001年にはエンロンやワールドコムが破たんするなどアメリカのICTバブル経済が終焉した。その一方で，1990年代からの社会主義諸国の市場経済体制への移行と新興国市場の拡大によってグローバルな市場は拡大していった。

そこで，日本企業は，国内において生産コストの削減や人的資源のリストラクチャリングを実践し，安価で優秀な人的資源の確保のために，またグローバルな市場に対応するために，さらに海外拠点を増加させた。すなわち，世界規模で最適な生産と販売を追求する企業内の国際分業体制を整えていった。

また，経済環境の変化が日本企業の海外戦略を本格化させ，その多国籍化が進むにつれて，増加する海外子会社の管理と多様化した従業員の動機づけなどの問題が経営戦略の転換に影響を及ぼすようになってきた（林［1998］p.85）。

例えば，海外生産が増加するにつれて，企業内部の国内事業部と国際事業部の軋轢が起こってくる。その結果，経済環境の変化だけではなく，大企業ゆえの企業内部の複雑化した問題などを調整するために国際事業部が廃止され，よりグローバルな組織へと再編成されるようになってきた。

2.2.2　企業多国籍化の第二段階と地域統括本社に基づく組織

日本の多国籍企業の親会社と海外子会社の関係は，一方で多国籍化の第一段階の国際事業部による集権化から次第に増加する子会社へ権限を委譲する分権化が進み，自律的な子会社へと展開されるが，他方で，各子会社は地域統括本社に統轄されるようになってきた。21世紀に入ると，日本企業はさらに海外展開し，中国における生産を本格化した。こうしたなかで，日本製品の特長は，「MADE IN JAPAN」から「MADE IN CHINA, MADE BY JAPAN」へと変わった。

また，ヨーロッパ，北アメリカにおいては域内で現地化，またはリージョナル化が進み，多国籍企業は，ヨーロッパや北アメリカ地域に研究所を設置するなどR&Dから部品調達，生産，販売，そしてアフターサービスまでの垂直的な供給連鎖が当該地域で完結される方向に向かった（藤本［1999］pp.7－9）。つまり，基礎研究は従来どおり日本の本国で行われるが，現地のニーズに合わせた応用についてのR&Dが各地域に設置されるのである。

その結果，ヨーロッパ，北アメリカ，アジアの三極体制，またはアジアを日本以外のアジアと日本を区分する四極体制ができあがった。これが日本企業の多国籍化の第二段階である。

その背景には，一方で，世界経済のグローバル化への対応と世界経済の多極化やEU，NAFTAといった地域統合への対応，他方で，企業内部の動機づけなどの問題からグローバルな人事制度の必要性と各子会社から分権化要求への対応が求められたためである。それゆえ，多国籍企業は現地化戦略，すなわち，現地人従業員の動機づけ，現地企業との取引，そして現地市場の重視，およびグローバル化対応として国際提携戦略などを実践し，それらに適応する組織として地域統括本社に基づく組織，または地域別と事業別を交差させるマトリックス組織を採用するようになった。

ところで，マトリックス組織は，その二次元命令系統に基づく組織運用の困難さが指摘される（Davis & Lawrence，津田・梅津訳［1980］pp.208-209）けれども，いくつかの日本の多国籍企業において採用されている。例えば，ホンダは，1996年よりマトリックス組織を採用し，縦軸に事業本部として二輪，四輪，汎用，部品，管理，事業管理部門を置き，横軸に北アメリカ，ヨーロッパ，アジア太平洋，日本の四地域本部を置き，その縦横の交差するところで目標値が設定されている（名嘉地［1995］p.227）。

2.2.3　企業多国籍化の第三段階と組織再構築

しかし，2008年のリーマンショック以降に経済・社会のグローバル化がさらに進むなかで，企業の三極，四極体制の欠点があらわれてきた。まず，成長する新興国市場への対応の遅れである。さらに，日本の多国籍企業の場合，日本の本社のコントロールがまだ強く，現地化への対応の遅れ，例えば現地人の幹部登用の少なさなどが以前から指摘されている（亀井［1997］pp.127-130）。それゆえ，外国人従業員が増加することによって企業内部の昇進・昇格も含めた人事制度の見直しが求められるようになった。反対に，多国籍企業への投資家や顧客もグローバル化しつつあり，現地化対応だけではなくグローバル化への対応も求められている。

また，ICT革命が進展するなかで，知的財産の管理も含めた情報管理がますます重要になってきた。というのも，R&D本部も含めた各職能本部の海外分散も含めた最適な配置が求められるようになってきたからである。さらに，製品とともにサービスも含めたソリューション・ビジネスへの対応が要求され，つまり，外部企業との知的財産などの連携も含めた企業のネットワーク化への対応がさらに重要となってきた。そのため，日本の多国籍企業は次の段階へと進むために組織再編へと向かい始めた。

3　グローバル企業化する多国籍企業

3.1　新国際分業と新興国の多国籍企業の誕生

3.1.1　オフショア・アウトソーシング

1970年代の世界的な不況，および1980年代前半の日本企業の躍進のなかで，アメリカの大企業は，巨大企業に付随的に発生するその内部の官僚制の弊害問題などによって，取引コストを上回る管理調整コストを発生させていることに気がついた（Dyer & Ouchi［1993］p.62）。

また，ICT革命以前には，アメリカやヨーロッパの多国籍企業は，FDIによる垂直統合を推し進め，その結果として企業内貿易も拡大していったが，1990年代以降のICT革命とグローバリゼーションの展開がとくにアメリカのICT多国籍企業の経営戦略の転換を後押しした。

例えば，ICT企業のIBMはPC事業のオープン・アーキテクチュア戦略を実践し，マイクロソフトはOSの使用料から利益を得るビジネスモデルを実現させた。実際の所有と使用が分離された管理手法，すなわち知的財産権を軸とした管理モデルの出現が大きな転換期となった。

その結果，アメリカのICT産業の多国籍企業は，垂直的な供給連鎖，すなわち生産ネットワークにアジアNIEsの企業，またはインド企業を組み込むようにオフショア・アウトソーシングを開始した。これによって資本規模が小さかったアジアの企業はモジュール部品の製造に特化してさらに成長していった（United Nations［2006］p.128）。しかし，その結果，先進国においては産業の空洞化という問題が起こってきたのである。

さらに，アジアNIEsの企業は生産コストの削減のために中国に進出し，その子会社が現地企業から部品を調達するようになった。その結果，中国企業にもネットワーク分業の担い手が誕生した。

それらの企業の代表として，アジアNIEsの韓国からサムスンがICT企業として成長し，台湾からホンハイが世界最大のEMS（Electronics Manufacturing Service）企業となり，また，世界最大の半導体専業ICファンドリーメーカーのTSMCが台頭した。

さらに，中国からファーウェイ，シャオミ（Xiaomi），そしてオッポー（Oppo）が通信機器メーカーとして成長し，インドからタタ（Tata）やウィプロ（Wipro）などがICTサービスの分野で大きく成長してきたのである。

3.1.2　新興国の発展と多国籍企業

上述のような中核部品の生産，製品の組立（製造），そして消費の場所を異とする多国間の産業内分業，すなわち生産ネットワークが成立した背景には，アジアにおいてICT産業の下地が整備されたことが重要である。それらについてもう少し詳しくみていこう。

2011年に中国のGDPは日本を抜きアメリカに次いで世界第２位となった。このような近年の中国経済の発展の背景には，2009年にその輸出高が世界第１位となった輸出の増加がある。中国の輸出の特徴として，製造業のなかでもICT製品の占める比率が高いこと（経済産業省［2008］p.154），と同時に，対アメリカ貿易黒字が2500億ドル超（2007年）にものぼること（ジェトロ［2008］p.109）などがあげられる。

その中国の輸出においては，外国資本がその過半数を占めている（日中経済協会［2010］p.115）。なかでも，中国のICT製品の輸出の担い手として，先進国の多国籍企業の子会社の占める比率は高く（しかし2005年以降は低下してきている），アジアNIEsの，とくにホンハイをはじめとする台湾企業の子会社の占める比率が高いのが特徴である。

これらはアメリカのICT多国籍企業のオフショア・アウトソーシング戦略の実践とその製造を請け負うアジアNIEsの，とくに台湾系企業の発展と中国への進出を説明する。つまり，これらのグローバルな生産構造の形成を可能にしたのは，アジアNIEsの企業の中国へのFDIに伴って，高度な専門職の人材の国際移動がおこり，とくに華人による技術の移転が浸透し，現地の技術力が向上してきた（夏目［2010］p.14）ことによる。

また，それは中国政府の外資導入政策と中国国内の内陸部の農民が沿岸部の工場労働者へ転化されたこと，すなわち，経済特区に誘致された外国資本の決して良いとはいえない労働条件の下での中国の農民工（農村出身の出稼ぎ労働者）の労働によって成り立っている（Woodman，松本訳［2013］pp.98-104)。

3.2　多国籍企業とタックスヘイブンの関係

3.2.1　多国籍企業の企業内貿易

上述の多国籍企業のアジアへのオフショア・アウトソーシング戦略は，主に生産部門の効率的な管理を追求した経営戦略に従ったものといえるが，さらに多国籍企業では財務や販売の機能の一部を企業の本社から切り離す戦略も展開されている。つまり，現代の多国籍企業は財務戦略としてタックスヘイブン(租税がゼロまたは極めて低税率の地域）を大いに利用している。

また，アジアNIEsの香港やシンガポールは，狭隘な国土と高い単位労働コストという条件のなかで，グローバルな資本を引き付けるためにタックスヘイブンとして多国籍企業とかかわっている。そこで多国籍企業とタックスヘイブンがどのように関連していて，それがグローバルとローカルな経済にどのような影響を及ぼしているかをみてみよう。

多国籍企業は，世界の生産の主要な担い手であるが，世界貿易の主要な担い手でもある。というのも，世界貿易に占める多国籍企業の輸出入とその企業内取引の割合と額が大きいからである。

例えば，2009年のアメリカは世界第1位の貿易額を計上したが，そのアメリカの多国籍企業の輸出は，アメリカの全輸出の55%を占め，親会社から子会社への企業内輸出は，全輸出の20%を占めている。また，アメリカの多国籍企業の輸入は，アメリカの全輸入の45%を占め，その海外子会社から親会社への企業内輸入は，全輸入の14%を占めている（*Survey of Current Business*, 2011 Nov., p.43)。

それゆえ，この多国籍企業の企業内取引の際に移転価格操作（トランスファー・プライシング）が行われると，貿易に関わる二国だけではなく，グローバルな経済に多大な影響が及ぶ。移転価格とは，企業内の部門間で国境を越えて財やサービスが売買される場合に企業が設定する価格であり，市場価格と対置されるものである。ただし，およそ先進諸国は多国籍企業の移転価格の利用を規制する移転価格税制度を有している。

また，ICT革命のなかで，とくにアジアにおいてICT関連製品の産業内分業が進行した。それは多国籍企業のオフショア・アウトソーシング戦略とも呼応する。その結果，多国籍企業の本社と子会社，または子会社同士における企業内貿易の比率は1995年以降わずかに低下している（*Survey of Current Business*, 各年版参照）。しかし，多国籍企業のグローバルな税務戦略において，多国籍企業のタックスヘイブンを介した特許やブランド使用料などの知的財産の企業内貿易は，むしろ重要な位置を占めるようになってきている。

3.2.2　多国籍企業とタックスヘイブン

多国籍企業はタックスヘイブンをどのように利用しているのだろうか。多国籍企業は，低税率と情報非開示などを利用するためにタックスヘイブンにIBC（インターナショナル・ビジネス・コーポレーション）を設立する。そのうえで，そこに知的財産（特許，著作権など）の所有権を置く。そして，帳簿上の取引，すなわち知的財産の使用を企業内貿易する際に実質的な移転価格操作を行う。

IBCはペーパーカンパニーである場合もあり，所有者の隠匿，決算書の提出不要，債権者から保護，安い法人設立費用などのタックスヘイブンの制度によって守られている。つまりIBCの所在地は，財の所有権の交換が行われる法的な場所ではあるが，財，サービス，金融商品の交換が行われる物理的な場所ではない（Palan, Murphy & Chevagneux, 青柳訳［2013］p.45）。

多国籍企業の優位性は，その子会社が位置する各国の制度の違いを利用できることである。例えば，課税対象がその所得を稼いだ場所（源泉地国）と，受益者が通常本拠を置く場所（居住地国）との違いを利用できることにある（Palan, Murphy & Chevagneux, 青柳訳［2013］p.145）。また，移転価格のなかで，とくに知的財産の市場価格（特許料，ブランド料など）の把握が困難な場合に移転価格操作の濫用が目立つのである（林［2017］p.237）。

例えば，アップル社が開発した「ダブル・アイリッシュ&ダッチ・サンドイッチ」という節税スキームがある（藤井［2013］p.45）。アップル社においては，世界中のアップル社の子会社を統括するアイルランドのアップルの子会社（AOI）が2009年から2012年に300億ドルの利益を計上したが，どこにも税金を納めていないという。

というのも，米国では法人化されている場所が会社の所在地と見なされるが，アイルランドでは実質的な経営ないし管理している場所が会社の所在地と見なされるためである。つまりAOIの実質的な経営は米国で行われているため，どこにも納税しないで済むのである（*The Economist*, 2013 May 25, pp.59-60）。

3.3　多国籍企業の新しい管理モデルと社会との乖離

3.3.1　多国籍企業の管理モデル

多国籍企業は，自らの明確な目的をもったグローバルな経営戦略に基づいて，R&D，生産，財務などの職能別に，または事業別や地域別に，その最適な配置に向けて組織構造を再編成していく。現在はその製造部門を切り離し，知的財産部門を形式的に海外に移転する段階になってきている。

つまり，現代の多国籍企業は，一方で資本統合のないまま生産ネットワークを効率的に管理する手法を生み出し，他方で知的財産の所有権とその管理，同時に，たとえばライセンス契約などから利益を抽出する方法を精緻化してきている（関下［2012］pp.128-130）。知的財産の所有権と管理が確立しているため，その漏洩対策ができ，資本統合のないまま管理対象を拡大することが可能になったともいえる。それゆえ，このような管理モデルに適応した組織構造を構築しつつある。

アメリカでは，国境をまたいだクロスボーダーM&Aを用いて，法人税率の低い国に親会社を設立し，その傘下に企業組織を再編する「コーポレート・インバージョン」という手法が用いられているという。つまり，経営の実質的な本社機能を米国に残しつつ，形式上の本社を法人税率の低い国に移転するのである。これらは「本社」の住民票を海外に移転しているに過ぎない。

こうした形式上の本社の海外移転は，多国籍企業にとっては税負担の軽減につながるが，その投資母国，およびグローバルな経済にとっては経済的な効果が期待できない。アメリカのオバマ大統領時代には，こうした多国籍企業の税回避行動を阻止するため，行政措置を検討したという（『朝日新聞』2014年８月６日）。

3.3.2　多国籍企業の活動がグローバルな経済に及ぼす影響

企業の多国籍化が展開され，その海外収益率が高まれば高まるほど，多国籍企業の収益は税率の低い諸国や地域に留保され，そこから資本として再投資または配当などで分配されるようになる。

このような資本の動きは資本の増殖のみを自己目的化してきている。それゆえ，多国籍企業の発展が社会発展と結びつかなくなってきている。言い換えれば，多国籍企業の活動によって，その投資母国の産業の空洞化だけではなく，各国の財政におけるその税収入の減少から富の再分配の機能に影響を及ぼしている可能性がある。その結果，貧富の格差が拡大しているのである。

タックスヘイブン経由の資金流動による負の影響は，多国籍化している大企業よりも地域の中小企業に，富裕層よりも一般の市民に，そして先進国よりも途上国に，つまり経済的弱者に及ぼされる。それゆえ，少なくとも国境を越えたグローバルな資金の流れだけでも透明化されるようなグローバルな租税政策が議論されるべきと思われる。

この新しい管理モデルを操作する多国籍企業については，国際連合のグローバル・コンパクト（GC）が示すように，現代の企業中心社会においても企業の社会的責任（CSR）の問題が指摘されうる（重本［2011］p.66）。今回は触れることができなかったが，多国籍企業はグローバルな所得格差の問題だけではなく，途上国の環境問題や労働問題に大きくかかわっている。それゆえ，グローバルに活動する多国籍企業には世界市民の視点からのCSRが求められているのである。

コラム

多国籍企業の税逃れ　―節税か？　脱税か？―

インターネット書店で有名なアマゾン（Amazon.com）が日本での売り上げに対して申告していないとして，2009年に日本の国税局がアマゾンの日本の関連会社に対して140億円前後の追徴課税の処分を行った。

しかし，アマゾン側は，日本の関連会社はアメリカに位置する本部（アマゾン・ドット・コム・インターナショナル・セールス）の物流と販売業務を委託されているに過ぎず，日本の顧客はアメリカのアマゾン本部と商品契約しているため，アマゾン本部はアメリカに納税しているといい，日本の課税を不服とし，日米相互協議を要求した（『産経新聞』2009年７月６日）。結局，日本の国税局が引き下がった。

また，世界的なコーヒーチェーンのスターバックスのイギリス法人は，そのイギリスでの累計30億ポンド（約4200億円）の売上高に対して法人税の支払いがわずか860万ポンド（約12億円）であったという。

その理由は，コーヒー豆をスイス法人経由で仕入れ，コーヒー製法やブランドの使用料をオランダにある欧州本社に納めるから，つまりスイスとオランダという法人税率が極めて低い諸国を企業内貿易に巻き込むことによってイギリス法人の利益を圧縮するのである。これらはグローバル・タックス・プラニングと呼ばれる多国籍企業の国際税務戦略によるものである（『日本経済新聞』2013年１月10日）。

しかしながら，イギリスでそのような実態が報道されると，市民団体が店舗前で抗議活動を繰り広げて，消費者の間にボイコットの動きも出たそうである（『朝日新聞』2012年12月13日）。

《参考文献》

亀井正義［1997］『多国籍企業の研究』中央経済社。

経済産業省［2008］『通商白書2008』日経印刷。

ジェトロ［2008］『ジェトロ貿易投資白書2008年版』ジェトロ。
ジェトロ［2016］『ジェトロ世界貿易投資報告2016年版』ジェトロ。
宍戸善一・草野厚［1988］『国際合弁』有斐閣。
重本直利［2011］「企業の経済的責任」重本直利編『社会経営学研究』晃洋書房。
関下稔［2012］『21世紀の多国籍企業』文眞堂。
霍見芳浩［1988］『日米摩擦』講談社文庫。
涂照彦［1988］『NICS』講談社現代新書。
名嘉地六郎［1995］「本田技研工業：世界の構造変化の新たな動向とその対応策」社団法人企業研究会『海外現法経営と本社支援体制の実際』社団法人企業研究会。
夏目啓二［1999］『アメリカIT多国籍企業の経営戦略』ミネルヴァ書房。
夏目啓二［2010］『アジアICT企業の競争力』ミネルヴァ書房。
日中経済協会［2010］『中国経済データハンドブック2010年版』日中経済協会。
林尚毅［1998］「多国籍企業組織戦略」井上宏編著『21世紀の経営戦略』日本評論社。
林尚毅［2013］「島津製作所の国際展開」京都産業学研究シリーズ編集委員会『島津製作所』晃洋書房。
林尚毅［2015］「イシダの国際展開」京都産業学研究シリーズ編集委員会『イシダ』晃洋書房。
林尚毅［2017］「タックスヘイブンと変貌する世界の大企業体制」夏目啓二編著『21世紀ICT企業の経営戦略』文眞堂。
藤井巌喜［2013］『アングラマネー』幻冬舎新書。
藤本光夫［1999］「企業の国際的展開とグローバル企業」藤本光夫・大西勝明編著『グローバル企業の経営戦略』ミネルヴァ書房。
南龍久［1990］『現代企業の経営組織』白桃書房。
Davis, S. M. & Lawrence, P. R.［1977］*Matrix*, Addison-Wesley Publishing Company（津田達男，梅津裕良訳［1980］『マトリックス経営』ダイヤモンド社）.
Dunning, J. H. & Rugman A. M.［1980］"The Influence of Hymer's Dissertation on the Theory of Foreign Direct Investment," *American Economic Review*, 75（2）.
Dyer, J. H. & Ouchi, W. G.［1993］"Japanese-Style Partnerships: Giving Companies a Competitive Edge," *Sloan Management Review*, Fall 1993.
Edwards, C. T. & Samimi, R.［1997］"Japanese Interfirm Networks: their Success," *Journal of Management Studies*, 34: 4.

Govindarajan, V. & Trimble C. [2012] *Reverse Innovation: Create Far from Home, Win Everywhere,* Harvard Business School Press（渡部典子訳［2012］『リバース・イノベーション』ダイヤモンド社）.

Hymer, S. H. [1979] *The Multinational Corporation-A Radical Approach,* Cambridge Univ. Press（宮崎義一訳［1979］『多国籍企業論』岩波書店）.

Knickerbocker, F. T. [1973] *Oligopolistic Reaction and Multinational Enterprises,* the President and Fellows of Harvard College（藤田忠訳［1988］『多国籍企業の経済理論』東洋経済新報社）.

Langlois, R. N. [2007] *The Dynamics of Industrial Capitalism: Schumpeter, Chandler, and the New Economy,* Routledge（谷口和弘訳［2011］『消えゆく手』慶應義塾大学出版）.

Palan, R., Murphy, R. & C. Chevagneux [2010] *Tax Haven -How Globalization Really Works,* Cornell Univ.（青柳伸子訳［2013］『徹底解明タックスヘイブン』作品社）.

Root, F. R. [1990] *International Trade and Investment, 6th edition,* South-Western Publishing Co.

Vernon, R. [1971] *Sovereignty at Bay -The Multinational Spread of U.S. Enterprises,* Basic Books.（霍見芳浩訳［1973］『多国籍企業の新展開』ダイヤモンド社）.

United Nations [2006] "United Nations Conference on Trade and Development Division on Transnational Corporation and Investment," *World Investment Report 2006,* United Nations.

Woodman, C. [2012] *Unfair Trade,* Random House Business Books.（松本裕訳［2013］『フェアトレードのおかしな真実』英知出版）.

《新聞・雑誌》

The Economist

Survey of Current Business

『朝日新聞』

『産経新聞』

『日本経済新聞』

第 **5** 章

社会的課題の解決と企業
—社会的利益を生み出す仕組み：社会的企業

本章では，現代社会が生み出している多様な問題（社会的課題）をビジネスの手法で解決する事業体である「社会的企業（Social Enterprise）」に注目し，その発展の可能性や今後の社会のあり方について考える。

本章ではまず，現代社会の多様な「問題」と行政機関，企業，非営利組織，社会的企業との関係を概観する。次に，社会的企業の組織的特徴を概観すると共に，それが他の事業体（企業，行政機関，非営利組織）とどのように異なるのかを考える。その後，社会的企業が成長・発展していく際に直面する制度上の課題を明らかにし，その課題を克服するものとして「ベネフィット・コーポレーション（Benefit Corporation）」という制度（法人形態）を紹介することにする。最後に，「経済的利益（Profit）」と「社会的利益（Benefit）」という視点から「企業経営」を捉え直すことで，より良い社会の実現に向けた「経営学」のあり方を検討する。

1　はじめに—現代社会の多様な「問題」とその解決主体

1.1　現代社会の多様な「問題」と行政機関

今，私たちが暮らす社会には様々な「問題」が存在している。日々大量に出される生活ゴミや生活排水・工業排水，排気ガス等による環境破壊問題。急増する異常気象や生態系の破壊。非正規雇用の拡大やワーキングプア，ホームレスといった雇用を取り巻く問題。急激な高齢化に伴う独居老人の問題や都市部への人口集中に伴う限界集落の問題。教育現場に目を向ければいじめや学級崩壊等々。私たちの身の回りには多種多様な「問題」がある。海外に目を向ければ，地球温暖化や海洋汚染，先進国と途上国の経済格差や途上国の貧困問題，テロ組織による地域紛争など，その範囲や規模はさらに拡大する。これらの問題は何の対処もせずに放置すればますます深刻化していくものばかりである。では，このような社会の問題は「誰が」，「どのようにして」解決すべきなのだろうか。

これらの「問題」は，社会全体で解決すべき課題（＝社会的課題）であり，一般的には国や自治体といった行政機関がその解決に取り組むべきものである。実際，私たちが暮らす日本社会にも多くの行政機関が存在し，日々多様な問題の解決に取り組んでいる。当然，そこには膨大な費用が掛かるが，その費用は社会全体から「税金」という形で徴収されている。つまり，社会の問題を解決する費用は，この社会で暮らす私たち１人ひとりが負担しているのである。

1.2　現代社会の多様な「問題」と企業

では，このような「社会的課題」は一体，誰が生み出しているのだろうか？

例えば工場から排出される工業排水や排気ガス。環境破壊の大きな原因になっているが，誰が何のために排出しているのだろうか？　答えは簡単。企業が利益追求のために行う生産活動の過程で排出されているのである。企業は生産した商品を販売して利益を得るが，その過程で排出された汚染物質を浄化するのは行政機関の役割であり，その費用は私たちが「税金」として負担しているのである。

日々大量に排出される生活ゴミ。私たち消費者は企業が生産・販売する商品を購入し，使用後はゴミとして捨てる。企業は商品を売って利益を得るが，最終的に出るゴミは私たちが支払う「税金」を原資にして「行政サービス」という形で回収され，処分されている。

現代の企業は利益アップを目指して様々なコスト削減に取り組んでいる。コストの掛かる正社員を減らして非正規労働を増やし，売上げが落ちれば簡単に解雇。「人減らし」でコスト削減できた企業は利益が増えるだろう。しかし，解雇され働く場を失った人々はどうなるのだろう。すぐに次の仕事が見つかれば良いが中高年世代ではなかなかそうもいかない。収入が途絶えれば，最悪の場合ホームレスになる可能性もある。ホームレスを保護するのは行政機関の役割であるが，その費用は１人につき月額８万円以上必要であると言われている。企業が利益アップのために解雇した人々を，私たちの「税金」で保護しているようなものである。

現代社会では，多くの企業がその経営活動を通じて膨大な利益を生み出している。しかし，その裏側では多種多様な「問題」（＝社会的課題）を生み出している。そして，その「ツケ」は私たちが「税金」という形で埋め合わせているのである。本当にこれで良いのだろうか？

1.3　現代社会の多様な「問題」と非営利組織

先述のように社会の「問題」を解決するのは第一義的には行政機関の役割である。しかし，その財源は「税金」であるため際限なく活動の範囲を拡げることはできない。また，現代社会には多種多様かつ膨大な数の「問題」があり，その全てを行政機関が扱うことにも限界がある。そのような中，近年ではNPOやNGOといった非営利組織が社会の問題解決に取り組むケースが増えている。地域のゴミ拾いやお年寄り・障がい者の方々のサポート，さらには地球温暖化防止に向けた活動や途上国の支援活動など，その活動範囲は広範に及んでいる。

一般的にNPOやNGOといった非営利組織は，そのような「社会的課題の解決」を目的にして活動している組織体である。個人がボランティア活動をしても「報酬」は得られないし，非営利組織が社会的課題を解決したとしても「利益」が得られる訳ではない。しかし，そのような活動は確実に社会の問題を減らし，より良い社会づくりに貢献している。

非営利組織の活動は，企業のように「利益（Profit）」を生み出すことはない。しかし，社会的な「費用（Cost）」を減らすことはできる。例えば，地域の清掃活動をしてゴミを減らせば，行政機関がゴミ処理に掛ける「費用（＝税金）」を削減できる。社会全体の収支を考えれば，「費用（マイナス）」を削減したことで「プラス」を生み出したのと同じである。このような「プラス」の価値は

「利益（Profit）」とは呼ばないが，その社会に「社会的利益（Benefit）」を生み出したと捉えることができるだろう。

1.4　現代社会の多様な「問題」と社会的企業

そのような中，新たな手法で社会の「問題」を解決する主体が登場してきた。本章で焦点を当てる「社会的企業（Social Enterprise）」である。社会的企業とは，現代社会に存在する多様な「社会的課題」をビジネスの手法を用いて，すなわち「利益（Profit）」を上げながら解決する組織である。

NPOやNGOといった非営利組織は，賛同者からの会費や寄付金，各種助成団体からの助成金，行政からの補助金などを財源にして活動を展開している。そのため，これらの資金が十分に集まらなければ事業活動（＝社会的課題の解決）が続けられない。つまり，「社会的課題の解決」を継続するには，「活動資金の獲得」に向けた活動を別途行わなければならないのである。それに対して社会的企業は，社会的課題を解決する活動を通じて「利益」を生み出す組織である。つまり，「活動資金の獲得（＝利益）」と「社会的課題の解決」が直結しており，その事業活動の中で両者が統合されているのである。

1.5　現代社会の多様な「問題」とその解決主体

ここで，これまで見てきた各組織の特徴を整理することにする。まず，企業（営利企業）であるが，これは「利益追求」を目的とした組織であり，その代表的な形態は株式会社である。次に，NPOやNGOといった非営利組織であるが，これは現代社会に存在する「社会的課題の解決」を目的とした組織である。そして，最後の社会的企業は，営利企業の目的である「利益追求」と非営利組織の目的である「社会的課題の解決」の両立を目指す組織である。

従来，「利益追求」と「社会的課題の解決」は相反する性格をもった活動であり，その両立は困難であると考えられていた。しかし，社会的企業は，斬新な発想でその両者を統合するビジネスモデルを構築し，事業活動を展開しているのである。現在，社会的企業は世界各国で活躍しており，多種多様な社会的課題の解決に取り組んでいる。

2　社会的企業（Social Enterprise）とは何か

「利益追求」と「社会的課題の解決」の両立を目指す社会的企業。私たちの暮らす日本社会でも，その認知度は少しずつ拡大している。この社会的企業という組織は，現代社会が生み出した多様な社会的課題をビジネスの手法で（＝利益を上げながら）解決していく事業体であるが，特定の「法人形態」を指し示すものではなく，実態としてはNPO法人や株式会社，協同組合など多様な形態で活動している。この社会的企業が一般的な企業やNPOと異なっている点は，その「存在形態（法人形態）」ではなく，「収益の獲得（利益の追求）」と「社会的課題の解決（ミッションの追求）」を両立させるビジネスモデルを構築している点にある。いわば，「お金儲け」をしながら「社会を良くする活動」を展開している事業体であり，従来的な企業のあり方や社会のあり方を大きく変革する主体としても注目されている。

では，このような社会的企業について詳しく見ていくことにする。

2.1　「社会的企業」の組織的な特徴

先述の通り，社会的企業とは現代社会が抱える様々な課題領域（福祉，環境，貧困，健康，地域活性化，等）の問題解決を目的に，収益事業に取り組む事業体のことである。元来，このような課題領域は行政機関が「行政サービス」として扱うものであり，その主たる財源は「税金」である。しかし，少子高齢化や人口減少が進み，国や自治体の財政が逼迫する中，多くの行政サービスが次々に切り捨てられていった。そのような中，民間の事業者が「社会ビジネス」として，このような領域に進出してきたのである。

当初，このような課題領域にはNPO（事業型NPO）が進出する事例が多かったが，企業の社会的責任（Corporate Social Responsibility：CSR）や企業倫理に人々の注目が集まる中，営利企業が単独，もしくはNPOとコラボしながら進出するケースも増えてきた。このような事業体の一部が「社会的企業」と呼ばれるようになっていくのであるが，先述のようにこの言葉は特定の法人形態を指し示すものではなく，「社会的課題の解決」を目指して「収益事業」を展開する「組織体」を総称した言葉である。具体的には，事業型NPOや地域密着型の事業を展開するコミュニティ・ビジネス，さらには株式会社の形態をとる場合もある。社会的企業とは，これらの事業体を包含する総合的な概念なのである[1)]。

2.2　谷本寛治による「社会的企業」の基本的特徴

「組織形態」としての境界線が曖昧な社会的企業。では，どのような点で，一般的な企業やNPOと区別すれば良いのであろうか。谷本寛治は，社会的企業を特徴づける「性質」について次のような３つの要件を提示している（谷本［2006］pp.４－５）。

①「社会性」：社会的ミッション（Social Mission）

ローカル／グローバル・コミュニティにおいて，今解決が求められる社会的課題に取り組むことを事業活動のミッションとすること。そのベースにはそれぞれの領域においてどのような社会を求めていくのかという価値やビジョンがある。社会的なミッションに地域社会，ステイクホルダーからの支持が集まることで，ソーシャル・エンタープライズの存在意義が認められ，事業は成立する。

②「事業性」：社会的事業体（Social Business）

社会的ミッションをわかりやすいビジネスの形に表し，継続的に事業活動を進めていくこと。この社会的事業を形にする組織形態は様々にありうる。事業においてはマネジメント能力，とくにステイクホルダーとのコミュニケーション能力，商品・サービスの開発力，マーケティング力が求められる。さらに市場社会において活動する事業体であるから，ステイクホルダーにアカウンタビリティーをもって経営活動を行っていく必要がある。

③「革新性」：ソーシャル・イノベーション（Social Innovation）

新しい社会的商品・サービスやその提供する仕組みの開発，あるいは一般的な事業を活用して（提供する商品自体は従来のものと変わらないが）社会的課題に取り組む仕組みの開発。こういった社会的事業を通して，新しい社会的価値を実現し，これまでの社会経済システムを変革していく可能性を示していくこと。

これら「社会性」「事業性」「革新性」という３つの要件は，一般的な企業やNPOと社会的企業とを峻別する際の重要な指標であると言えよう。

2.3　内閣府による「社会的企業」の基本的特徴

2016年５月に内閣府より公表された報告書「平成27年度社会的企業の実態に関する調査研究」では，社会的企業の「役割」や「条件」が詳細に分析されている。同報告書では，社会的課題をビジネスを通じて解決・改善しようとする活動を「社会的事業」，その社会的事業を行う事業者を「社会的企業」と位置づけている（内閣府［2016］p.１）。そして，それらの定性分析と定量分析を行うことで「公共社会の担い手」として社会的企業を位置づけている。同報告書の定性分析，定量分析から見出された社会的企業の役割は以下の通りである。

＜定性分析から導き出された社会的企業の役割[2)]＞

①　新たな価値の創出

設立からの歴史が長い企業や団体が持つネットワークと，新たな経営者が持ち込む時代に合った価値観によって，新たな価値を効果的に創出する。

②　多様な働き方・雇用の創出

持続可能な事業設計と雇用者側の創意工夫によって多様な働き方を認める事で，新たな雇用の創出を促進する。

③　ソーシャル・キャピタルの創出・醸成

ソーシャルビジネスとソーシャル・キャピタルは相互補完の関係にあり，事業を通じた地域との良好な関係性の中で，事業の安定性が高まる。

＜定量分析をする際に用いられた社会的企業の条件[3)]＞

① 「ビジネスを通じた社会的課題の解決・改善」に取り組んでいる。
② 事業の主目的は，利益の追求ではなく，社会的課題の解決である。
③ 利益は出資や株主への配当ではなく主として事業に再投資する。
④ 利潤のうち出資者・株主に配当される割合が50％以下である。
⑤ 事業収益の合計は収益全体の50％以上である。
⑥ 事業収益のうち公的保険（医療・介護等）からの収益は50％以下である。
⑦ 事業収益（補助金・会費・寄附以外の収益）のうち行政からの委託事業収益は50％以下である。

多様な「組織形態（法人形態）」で存在している社会的企業は，その外面的な特徴（組織の形態）ではなく，その内面的な特徴（活動の性質）で区別する方が適切である。すなわち，社会的企業であるかどうかは，「どのような組織形態か？」ではなく，その事業活動が「社会性」「事業性」「革新性」といった要件を満たしているかどうか，より具体的には「公的・私的な補助・助成に依存することなくビジネスで収益を上げながら社会的課題を解決し，その過程で新たな価値や雇用，人々のつながりを社会の中に生み出しているかどうか？」で判断していく必要があるのである。

このような特徴をもった社会的企業であるが，その提供する商品（製品・サービス）は他の事業体（営利企業，行政機関，NPO・慈善団体）とどう違うのであろうか。以下，他の事業体との違いを同質性と差異性という視点から見ていくことにしたい。

2.4　社会的企業の提供する商品（サービス）の特徴

2.4.1　一般的な営利企業との違い

社会的企業の中には営利企業（株式会社，合同会社，合資会社，合名会社などの営利法人）の形態を取るものも少なくない。現代では営利企業であっても“企業市民”として「社会貢献活動」に取り組んでいるが，営利企業の意思決定は「利益追求」が前提となるため，それが可能な範囲でのみ「社会貢献活動」を展開できる。一方，社会的企業の場合は，「ミッション追求（＝社会的課題の解決）」を前提に意思決定がなされ，それが可能な範囲でのみ「利益追求（＝収益事業）」を展開することになる。つまり，社会的企業と一般的な営利企業では，「利益追求」と「ミッション追求」の優先順位が逆になっているのである。

社会的企業にとって，このような意思決定のあり方は，収益事業を展開する上では「弱点」となりうる可能性がある。しかし，その社会的企業の掲げるミッションが株主や消費者から共感を得た場合には，逆にそのことが「強み」となり，収益事業を強力に後押しする要素にもなる。また，新たな投資手法として注目されている社会的責任投資（Socially Responsible Investment : SRI）の動き，すなわち経済的リターン（Profit）と社会・経済的メリット（Benefit）の両方に配慮した投資行動は，社会的企業にとっては追い風となっている。

2.4.2　行政機関との違い

社会的企業が目指す「社会的課題の解決」は，国や自治体が行う福祉政策とも重なり合う部分がある。しかし，政府や自治体による行政サービスは先述のように「税金」を原資にして提供されるため，住民全体への公平性・平等性を担保しながら実施する必要がある。その結果，提供できるサービスの内容は，“最大公約数”的なものとなり，細かな個別ニーズに対応することは困難になる。また，実施されるサービスは「多くの住民が必要としているもの」が優先されるため，いくら個別的なニーズや必要性が高くても“少数者の声”は切り捨てられることになる。

一方，社会的企業は，「一般的なビジネス（利益追求原理）」や「行政サービス（公平性原理）」の対象から外れたニーズに特化し，独自の事業展開を行うことも可能である。社会的企業は，営利企業や行政機関が対応できない「個別のニーズ」「特殊なニーズ」に対応することで，その優位性を確保することができるのである。

2.4.3　一般的なNPO・慈善団体との違い

「社会的課題の解決を目指す民間組織」という意味で，社会的企業は，一般的なNPOや慈善団体と同じである。しかし，NPOや慈善団体の多くが人々の「想い」を基礎にした無償のサービス提供（ボランティア活動）によって社会的課題の解決を目指すのに対し，社会的企業のそれは有償でのサービス提供（収益事業）が基本である。そのため，社会的企業が提供する商品（製品やサービス）には「市場における競争力」が求められることになる。つまり，競争を通じて商品の「質」を向上させていくことが必要であり，それができなければ市場競争の中で淘汰されることになる。単なる「想い」だけでは組織を維持・存続させることはできず，そのような点において，社会的企業はNPOや慈善団体とは大きく異なっているのである。

また，NPOや慈善団体の中には，その活動資金を公的な補助金・助成金に大きく依存しているものもあるが，社会的企業はその資金源が自らの事業収益であることが基本である。NPOや慈善団体の場合，資金提供者である国や自治体，各種財団などが事業内容に介入し，事業展開に様々な制約が加えられることが少なくない。社会的企業の場合，そのような意味での制約がないため，より柔軟でスピーディーな事業展開が可能となるのである。

以上のように，社会的企業は，営利企業によるビジネスや行政機関による行政サービス，さらにはNPO・慈善団体によるボランティア活動とは異なった形で事業活動を展開している。そのような「差異性」こそが社会的企業の競争優位の源泉であり，そのような「差異性」を自覚し，意識的に発揮できるかどうかが成功のカギを握っているのである。

2.5　社会的企業の成長・発展の限界性

日本社会においても，他の事業体との「差異性」を存分に発揮し，成功を収める社会的企業が増加している[4)]。CSRやSDGs（Sustainable Development Goals：持続可能な開発目標）が注目される中，社会的企業の活躍の場は今後も引き続き拡大していくだろう。

しかし，ある程度成功した社会的企業が更なる成長・発展を目指してその事業規模を拡大しようとする場合，大きな「矛盾」が生じてくることがある。特に株式会社形態を選択している場合，事業の拡大に向けた資金調達を増加させるにつれて，そのマネジメント，特にガバナンス面での矛盾が生じてくるのである。

一般的に「利益追求」を目指して事業活動をする場合，資金調達に有利な株式会社が最も適した法人形態であると考えられている。逆に「ミッション追求」を目指す場合は，利益追求原理に縛られない非営利組織（NPO法人等）が最も適した法人形態であると考えられている。しかし,「利益追求」と「ミッション追求」の両立を目指す社会的企業の場合，適した法人形態が見当たらず，上記の２つ，すなわち「営利（for Profit)」か「非営利（Non Profit)」かで法人形態を選択しないといけない。しかし，どちらを選択したとしても，組織が成長・発展する過程で様々なマネジメント上，ガバナンス上の矛盾が生じてくるのである。非営利組織であるNPO法人を選択した場合，事業拡大に向けた資金調達には様々な制約が生じる。株式会社を選択した場合，「利益追求」を重視する株主が増えれば「ミッション追求」が継続できなくなる。すなわち，「利益追求」と「ミッション追求」の両立を目指す社会的企業にとって「営利か？」「非営利か？」を前提とした法人形態の選択自体が矛盾しているのである。

もう少し詳しく見てみよう。一般的に，多額の資金を調達する場合，経済的リターンを株主に配当できる株式会社形態が最も出資者を集めやすい。しかし，社会的企業が株式会社形態を選択し，事業拡大に向けて増資による資金調達を行う場合，株主の利益（経済的リターン）と社会的課題の解決（社会的リターン）とのバランスが課題になってくる。なぜなら，株式会社は利益追求のために設計された法人形態であり，出資者である株主がその出資額に応じて意思決定に関与してくるからである。経済的リターン（収益）よりも社会的リターン（ミッション）を重視する株主が過半数の株式を所有している場合や，株式を公開せずミッションに賛同する投資家のみに出資してもらえる場合は問題ない。しかし，多額の資金を集めなければならない場合，そのような投資家のみを集めることには限界がある。株式会社形態ではなく，NPO法人としてビジネスを行うこともできるが，利益を出資者に配当できないという制約があるため多額の資金を調達するのは困難である。そのように考えた場合，社会的企業がその事業規模を拡大させ，社会の中の重要なセクターとして成長・発展していくためには，現在の株式会社やNPO法人などの「法人形態」では限界があるのである。

そのような状況の中，上記のような矛盾や限界性を克服する新たな組織形態（法人形態）が海外で誕生している[5)]。以下では，アメリカで誕生した「ベネフィット・コーポレーション（Benefit Corporation）」という法人形態について見ていくことにする。

3　ベネフィット・コーポレーションという形態

先述のように，社会的課題の解決を目的にビジネスを展開する社会的企業が，株式会社の形態を取る場合，そのガバナンス面において矛盾が生じることがある。経営意思決定の場面で「利益追求」か「ミッション追求」のどちらかを選択しなければならない場合，その決定は出資者である株主の持ち株比率によって影響を受けるからである。たとえ経営者が「ミッション追求」を切望したとしても，過半数の株主が「利益追求」を選択した場合，経営者はその決定に従わざるを得ない。そうなれば，もはや「社会的企業」とは呼べず，単なる“普通の営利企業”である。そのような意思決定上の矛盾を克服するのが「ベネフィット・コーポレーション（Benefit Corporation）」である。以下では，その特徴を簡単に見ていくことにする。

3.1　ベネフィット・コーポレーションとは何か

ベネフィット・コーポレーションとは，アメリカの州法によって認定される法人形態である。2010年４月，メリーランド州で立法化されて以降，徐々にその範囲を拡大させ，現在ではニューヨーク州，カリフォルニア州，マサチューセッツ州，ペンシルバニア州など全米37州で立法化済みであり，５つの州で立法化の手続きが進められている6)。

ベネフィット・コーポレーションは，株式会社形態を維持したまま社会的課題の解決を主たる目的にすることが州法によって義務づけられている法人形態である。本来，株式会社は「利益追求」を法人設立・存在の根拠とするものであるが，このベネフィット・コーポレーションは，「利益（Profit）」ではなく「社会的利益（Benefit）」の追求を法人存在の根拠にできる制度である。その「社会的利益（Benefit）」を享受する対象は，従業員や顧客，環境や地域（社会）といった幅広いステイクホルダーが想定されている。

ベネフィット・コーポレーションの特徴は以下の通りである7)。

① 社会的利益の追求（Public Benefit）

企業活動の目的に，公共の価値に資すること，すなわち社会や環境に対してプラスの価値を創造することを明示している。

② 社会・環境への影響に配慮した経営意思決定(Social and Environment Impacts)

取締役の義務の範囲を，株主利益のみならず多様なステイクホルダー（従業員，顧客，環境，地域社会）の利益に拡大している。

③ 社会・環境への影響評価とその開示（Benefit Report）

その企業の社会・環境への取り組みを，独立した第三者機関によってチェックされた情報を元に開示する。

ベネフィット・コーポレーションになった有名企業に，アウトドア用品メーカーのパタゴニアがある。同社は，素材調達などの面でサスティナビリティーを重視し，環境問題に敏感な企業である。また社員の福利厚生面でも，世界トップクラスの働きやすい環境を整備している企業である。同社は，2012年に同法を制定したカリフォルニア州で最初のベネフィット・コーポレーションになっている。

3.2 「Bラボ」と「認定Bコーポレーション」

ベネフィット・コーポレーションという新たな法人形態の制度化は2010年以

降のアメリで進められたが，その背景には「Ｂラボ（B-Lab.)」という非営利組織の活動があった。「Ｂラボ」とは，スタンフォード大学の卒業生らが作った組織で，企業の社会貢献度を多面的に審査する方法を確立したことで知られている。この「Ｂラボ」は，「社会におけるビジネスの役割の再定義」（Redefining the Role of Business in Society[8]）を掲げて活動している。企業はその事業活動を通じて環境やコミュニティ，従業員など株主以外のステイクホルダーに貢献することが求められており，そのような事業活動こそがビジネスの成功であると「Ｂラボ」は位置づけている。この「Ｂラボ」が米国の各州政府に対して立法化を積極的に働きかけ，導入支援をしたことがベネフィット・コーポレーションの普及につながったのである。

現在，「Ｂラボ」は，ベネフィット・コーポレーションが未だ立法化されていない州政府への働きかけや導入支援を行うだけでなく，独自に「認定Ｂコーポレーション（Certified B Corporation)」という民間認定制度の運営を行っている。「認定Ｂコーポレーション」に認定されれば，各州政府が認証するベネフィット・コーポレーションと同様，経営者は社会的利益を追求することや多様なステイクホルダーへ配慮することが求められる。ベネフィット・コーポレーションが立法化済みの州でのみ認証可能であるのに対し，「認定Ｂコーポレーション」は，所在地（州や国）に関係なく認証を受けることができる[9]。2021年２月現在，全世界の74か国で3,790もの組織が「認定Ｂコーポレーション」の認証を受けて活動している[10]。

3.3　ベネフィット・コーポレーションの優位性

一般的な営利企業の中にも，以前からメセナやフィランソロピーといった形で社会貢献活動に取り組んできた企業は多数存在する。近年ではCSRやCSV（Creating Shared Value：共通価値の創造）に注目が集まる中，より一層，社会貢献を意識した事業活動を展開する企業が増えている。しかし，そのような活動の多くは，“企業価値の向上”を前提としたものであり，「利益追求」と矛盾が生じない範囲でのみ可能なものである。もし，経営者が利益追求を度外視して社会貢献活動に専念していれば，株主からその責任を追及されるだろう。

それに対し，ベネフィット・コーポレーションの場合，たとえ「利益追求」につながらない社会貢献活動を展開していたとしても，法律上，株主から訴えられることがない。つまり，株主による「利益追求」の圧力に影響されることなく，主たる目的としての「社会貢献活動」に集中できるのである。ある意味，NPO法人とよく似た経営の仕組みであるが，NPO法人の場合は，資金調達の方法や報酬の面で多くの制約がある。ベネフィット・コーポレーションはそのような制約に縛られることなく，株式会社と同様のルールに則って「社会的利益」の追求に向けた事業を展開することが可能なのである。

SRI（Socially Responsible Investment：社会的責任投資）やESG投資（環境［Environment］・社会［Social］・ガバナンス［Governance］に配慮した投資）に注目が集まる昨今では，ベネフィット・コーポレーションや認定Bコーポレーションの認証を得ていることは１つのステータスともなり，機関投資家や個人投資家にとっての投資判断の基準にもなっている。つまり，短期的な経済的利益（Profit）を追求する株主からの影響力を排除しつつ，長期的な視点で社会的利益（Benefit）を追求する投資家を獲得するための手法とも言えるのである。

以上，社会的企業が成長・発展する際に直面する「矛盾」を克服する新しい組織形態としてベネフィット・コーポレーションという法人形態に注目した。現在，日本社会では社会的企業がその活動の幅を拡大しているが，「ミッション追求」と「利益追求」を両立させる新たな事業体にふさわしい法人形態は存在しない。そのため社会的企業は，非営利（Non Profit）組織であるNPO法人等の形態で利益追求活動に取り組むか，営利（for Profit）組織である株式会社等の形態でミッション追求に取り組む必要があった。しかし，どちらの形態を選択したとしても，「ミッション追求」と「利益追求」との相克に悩むことになる。特に，株式会社の場合には「経済的リターン」を要求する株主の声が企業の中・長期的な事業展開に圧力を掛けることが多かった。ベネフィット・コーポレーションは，そのような限界性を克服する可能性を有した法人形態として注目を集めているのである。

4　おわりに—社会的利益を追求する企業経営に向けて

本章では，現代社会に存在する多様な「社会的課題」を「ビジネス」によって解決する社会的企業に焦点を当てて議論を進めてきた。同時に，その社会的企業が「利益追求」と「ミッション追求」を両立させながら成長・発展していく際に直面する「ガバナンス上の課題」を克服するものとして，ベネフィット・コーポレーションという法人形態を紹介した。株式会社でありながら「株主利益」に制約されないベネフィット・コーポレーションのような事業体が世界各地で誕生し，成長・発展することになれば，現在の企業社会のあり方も大きく変化していくだろう。

「企業の論理」が最優先される現代社会。その社会は多種多様な「社会問題」で覆い尽くされており，多くの人々がもがき苦しんでいる。私たちは今一度，「あるべき社会の姿」を考え直す必要があるのではないだろうか。あるべき「企業」と「社会」の姿，そしてその「関係性」を再考し，それらをより良いものに変革していく方法を見つけ出す必要があるだろう。

現在の「企業」と「社会」，そしてその「関係性」を変革していくには「価値」の捉え方に対する人々の意識を変えることが必要であると筆者は考える。企業の創造する価値は「利益（Profit）」という具体的な形で表現することができる。一方，NPOや社会的企業が創造する価値は「社会的課題の解決」という抽象的な形で表現されることが多い。そのため，明確な数値で「利益（Profit）」を生み出している営利企業とその成果が数値化しづらいNPOや社会的企業を比較するのは困難だと考えられてしまう。しかし，NPOや社会的企業の活動は，社会的コスト（＝行政機関による税金の支出）を減少させている。減少させた社会的コストを数値化すれば，それだけ社会に利益を生み出していると捉えることもできよう。

社会的企業は「利益追求」と「ミッション追求」を同時に目指す事業体である。その生み出す価値は「利益（Profit）」だけでなく，「社会的利益（Social Benefit）」（自然環境の改善やまちの活性化，ホームレスの減少といった社会的課題の解決）という視点からも評価できる。同時に，企業が「利益（Profit）」

の裏側で生み出している「社会的損失（Social Loss）」をも正しく“評価”すべきであろう。

巨大企業が莫大な利益（Profit）を生み出す裏側で，膨大な社会的損失（Social Loss）が生み出されている現代社会。大きな利益（Profit）は生み出さないが，その裏側で多様な社会的利益（Social Benefit）を生み出しているNPOや社会的企業。私たちは今，「経済的価値」と「社会的価値」を総合的に捉え，「社会に与える影響（ソーシャル・インパクト：Social Impact）」という視点から事業体を評価していくことが必要ではないだろうか。そうすれば，巨大な「経済的利益」の裏側で巨大な「社会的損失」を生み出している企業を炙（あぶ）り出すことができるだろう。そして，「経済的利益」は少ないが私たちの社会を豊かにしている（＝「社会的利益」を生み出している）企業も見いだすことができるだろう。

事業体が社会に与える影響（ソーシャル・インパクト）を具体的・計量的に測定することを通じ，多様な事業体を統一的に評価する経営学（「ソーシャル・インパクト経営学」）が今，求められているのではないだろうか。

コラム

「自分の会社が無くなること」を目指す会社？!

皆さんは，『THE BIG ISSUE』という雑誌をご存じだろうか？　全国の主要都市でホームレスの人々が路上で販売している雑誌のことである。この雑誌を発行しているのが，2003年に設立された有限会社「ビッグイシュー日本」である。

同社は，「ホームレスの人々に仕事を提供することで社会参加の機会を提供し，その自立を支援する」という目標を掲げて“ビジネス”を展開している社会的企業である。注目すべきは，そのユニークな雑誌販売の仕組みである。

同社では，ホームレスの人々に販売者として登録してもらい，自社で編集・発行する『THE BIG ISUUE』を路上で販売してもらっている。定価450円の同誌を１冊売れば，そのうち230円が販売者の収入になるという仕組みである。同社はまず，販売者登録したホームレスの人に雑誌を10冊無料で提供する。その売り上げ（450円×10冊＝4500円）を元手に，１冊220円で雑誌を仕入れてもらい，再び450円で販売してもらうのである。このような「仕入れ→販売→仕入れ→販売→……」というサイクルを回すことによってホームレスの人に「仕事」や「収入を得る機会」を提供し，その「自立」を支援するものである。

2003年の設立から2019年９月までの16年間で，累計867万冊の雑誌を販売し，ホームレスの人々に13億2096万円もの収入をもたらしている。2019年９月末の販売者数は102人，ホームレスを“卒業”した人も203人いるようである。

雑誌が売れれば売れるほど，ホームレスの収入も，ビッグイシュー日本の利益も増える。そして，雑誌が売れれば売れるほど，ホームレスは自立し，その数は減っていく。ちなみに，ビッグイシュー日本の代表・佐野章二さんは「私たちの究極の目標は，ビッグイシュー日本がこの世から消えて無くなること」と語っている。確かに，ホームレスがいなくなれば，ビッグイシュー日本は必要なくなりますね……。

◆ビッグイシュー日本の雑誌販売の仕組み

（出所）ビッグイシュー日本のHP（https://www.bigissue.jp/about/system/）を参照（2020年12月31日アクセス）。

注

1）「社会的企業」の概念については，福祉や環境，コミュニティ開発などの社会的な問題の解決を目指して新たにビジネスを起こした企業（＝社会的起業）のみを指す場合もある（狭義の「社会的企業」概念）。

2）内閣府［2016］pp. 8 -14を参照。

3）内閣府［2016］pp.15-16を参照。

4）2014年時点の日本における社会的企業の数は20.5万社（全体の11.8%），その付加価値額は16.0兆円（対GDP比3.3%），有給職員数は577.6万人（全体の10.3%）である（内閣府［2016］を参照）。

5）代表的なものとしては，2005年にイギリスで誕生した「コミュニティ利益会社（community interest company：CIC）がある。CICの特徴は，コミュニティの利益に貢献することを目的にした会社であり，その制度的特徴は①アセットロック（資産の散逸防止：株式会社同様に株式を発行して利益を配分することが可能であるが，株主への利益配分に上限が設けられている，等）と②CIC監察局による審査（会社の活動がコミュニティの利益につながっているかどうかを「コミュニティ利益テスト」によって審査され証明されなければならない），という点にある。その他の組織形態としては，同じくイギリスの「有限責任事業組合（LLP）」やイタリアの「社会的協同組合」，アメリカの「低利益有限責任会社（Low-Profit LLC：L３C）」などがある。

6）B Labのウェブサイト（https://benefitcorp.net/，2021年２月３日アクセス）を参照。

7）マサチューセッツ州の例。制度の詳細は州によって異なるため全てがこの通りではない。

8）B Labのウェブサイト（2021年２月３日アクセス）を参照。

9）「B ラボ」が開発した認定基準（B Impact Assessment）を用いて，従業員，顧客，コミュニティ，および環境に対する影響力の評価を行い，一定水準のスコアを達成する必要がある。また，既存企業の場合は認定を受ける前に，定款の変更や役員や株主からの承認を得たりする必要がある（B Labのウェブサイト（2021年２月３日アクセス）を参照）。

10）B Labのウェブサイト（2021年２月３日アクセス）を参照。

《参考文献》

河口真理子［2012］「Benefit Corporation：社会的企業に適した新たな法人格」大和総研グループ「コラム」2012年６月14日掲載（http://www.dir.co.jp/library/column/120614.html）。

瀧口範子［2012］「ビジネスモデルの破壊者たち」ダイヤモンド社「DAIAMOND ONLINE」2012年12月19日掲載（http://diamond.jp/articles/-/29628）。

谷本寛治編著［2006］『ソーシャル・エンタープライズ―社会的企業の台頭―』中央経済社。

内閣府［2016］『平成27年度社会的企業の実際に関する調査研究（最終報告書）』（https://www.npo-homepage.go.jp/uploads/h27-kigyou-jittai-chousa-all.pdf）。

Heerad Sabeti［2011］The For-Benefit Enterprise, *Harvard Business Review*, November 2011.（ダイヤモンド社編集部訳［2012］「社会目的と経済価値を同時に追求する『共益企業』とは何か」『DIAMONDハーバード・ビジネス・レビュー』第37 巻第３号，pp.40-49）.

《参考URL》

Benefit Corp Information Center（http://www.benefitcorp.net/）.

B-Lab（https://benefitcorp.net/）.

第 II 部

社会の動向を知る

第**6**章

新自由主義のもとでの企業・経営と社会

本章では，今日の企業・経営と社会を理解するうえで欠かせない「新自由主義」という考え方（経済思想）について述べていく。

新自由主義は，第２次世界大戦後に形成され，1970年代末頃から資本主義諸国の経済政策において大きな影響力を持つようになった。そして，「グローバル資本主義」と表現される今日の資本主義は，この新自由主義の考え方にもとづいており，企業・経営の動向にも新自由主義の影響が強く表れている。

本章では，新自由主義の形成，資本主義の発展と新自由主義，新自由主義が企業・経営に与えた影響，そして新自由主義の問題点が顕在化する今日の社会について概観していくこととする。

1　新自由主義の形成

新自由主義が台頭してくるのは，第２次世界大戦後のことである[1)]。新自由主義について議論される際に必ず言及されるのが，1947年に設立されたモンペルラン協会（Mont Pelerin Society）である。モンペルランはスイスの地名であり，この地において同協会が発足したため，この名で呼ばれている。そして，この組織の発足に係わった，ハイエク（Friedrich August von Hayek）とフリードマン（Milton Friedman）という２人の経済学者の名前である。２人ともノーベル経済学賞を受賞している[2)]。

新自由主義の「新」は，古典的な自由主義との対比でそのように称されている。その代表的な論者に『国富論』（*An Inquiry into the Nature and Causes of the Wealth of Nations*, 1776年）を著したアダム・スミス（Adam Smith）

がいる。彼は資本主義の初期の時代に自由放任主義（レッセフェール）を主張したことで知られているが，社会的な規制についても言及していることに留意しなければならない[3)]。

ハイエクやフリードマンは，反社会主義，反福祉国家，反ケインズ主義，反労働組合という立場に立脚している（モンペルラン協会も自由主義を擁護し，社会主義と計画経済に反対することを目的として創立された）。ハイエクは1944年に『隷属への道』（*The Road to Serfdom*）を著し，計画経済が個人の自由を奪い隷属を必然化すると論じた。

後述するように，第２次世界大戦後における資本主義の発展は福祉国家[4)]の考え方にもとづいており，これに彼らは反対した。彼らの主張を端的に表現すれば「経済のことは市場に任せろ」ということである。この点で，「市場原理主義」や「市場個人主義」という言葉が用いられることもある。

新自由主義はもともと経済思想だが，政治的なイデオロギーとして20世紀末以降の社会を覆うようになっている。この点は，資本主義の発展（変化）と関連づけて理解することが必要となる。そこで，節を変えて，新自由主義を資本主義の発展と関連づけてとらえていきたい。

2　資本主義の発展と新自由主義

2.1　フリードマン『資本主義と自由』に示された認識

フリードマンが主著『資本主義と自由』（*Capitalism and Freedom*，1962年）において示した認識を見てみよう。彼は，以下のように２つの時代を取り上げて対比している（Friedman，村井訳［2008］pp.29-30）。

＜18世紀後半から19世紀初めにかけて自由主義の名のもとに展開された運動＞

- 「社会における自由」を究極の目標に掲げる。
- 「社会の主体は個人である」と主張した。

- 経済に関しては，国内では自由放任を主張し，経済への国の関与を減らし個人の役割を拡大しようとした。
- 国外では自由貿易を支持し，世界の国々を武力に依らず民主的に結びつけようとした。
- 政治に関しては，代議制と議会制度の確立，国家の裁量権の縮小，市民権の保護を訴えた。
- 19世紀の自由主義者は，自由の拡大こそが福祉と平等を実現する効率的な手段と考えた。

＜19世紀末以降，とくに1930年以降におけるアメリカ＞

- 自由主義あるいはリベラルという言葉の意味合いの変化が見られるようになった（それは，とりわけ経済政策において）。
- 自由よりも福祉や平等が重視されるようになった。
- 20世紀の自由主義者は，福祉と平等が自由の前提条件であり，自由に代わりうるとさえ考えている。
- 福祉と平等の名のもとに，国家の干渉と温情主義の復活を支持するようになった。

続いて，フリードマンは，このような状況は，19世紀の古典的自由主義者が敵視したものにほかならないとする。では，彼がこのように考えた背景にある資本主義の変化はどのようであっただろうか。項を変えて，新自由主義が第２次世界大戦後に台頭した時代背景を見てみよう。

2.2　新自由主義の時代背景

20世紀の資本主義は独占段階の資本主義（独占資本主義）と呼ばれる。独占資本主義とは，自由競争の資本主義（＝産業資本主義）のなかから発展した（生じた）独占段階の資本主義を意味する。

18世紀から19世紀にかけて成立した資本主義は，初期の段階では自由競争が繰り広げられ，資本同士で激しい競争が展開した。これが19世紀末になると，競争を通して生産と資本の集積が進み，それぞれの産業分野で少数の巨大企業

（独占）が支配するようになった。資本主義は自由競争の段階から独占の段階に移行したのである[5)]。

20世紀の前半には資本主義の発展にとって大きな出来事が起きた。1929年10月のニューヨーク株式市場の株価大暴落に端を発した世界大恐慌である。不況は世界中に広がり，企業の倒産や失業などが深刻化した[6)]。

このようなもとで，ケインズ（John Maynard Keynes）は世界大恐慌を自由放任の経済政策の帰結として捉え，国家による経済への積極的な介入を主張した。不況期には政府が赤字財政によって有効需要を創出し，経済に介入すべきという考えである。

大恐慌後のアメリカでは，フランクリン・ルーズベルト（Franklin Delano Roosevelt）によって「ニューディール」（New Deal）政策が採られた。それは，政府が経済に積極的に介入していくことを内容としていた。ルーズベルトのニューディールは，1933年からのものであり，ケインズの『雇用・利子および貨幣の一般理論』（*General Theory of Employment, Interest and Money*）の刊行（1936年）よりも先行しているが，ケインズの考え方にも共通する内容が含まれていた[7)]。

大恐慌当時の経済学（古典派経済学と呼ばれる）によれば，失業や不況は市場に任せておけば，最終的には調整されるというものであった。しかし，大量の失業者があふれている大恐慌のもとで，理論的な問題点が顕在化することとなった。ケインズ政策はまさにこのような状況のもとで登場したのであった。

前項で見た，1930年代以降におけるアメリカについてのフリードマンの認識は，このような時代状況をとらえたものであった。

3　20世紀末以降におけるグローバリゼーションと新自由主義

3.1　第２次世界大戦後の資本主義と新自由主義

戦後の資本主義諸国では，「福祉国家」が政策に位置付けられるようになった。北欧諸国のような福祉先進国とその他の資本主義諸国などとの違いはあるが，かつてのような自由主義にもとづく国家の方向性は影をひそめることとなったのである。福祉国家のポイントは，高水準の雇用を達成する（失業をなくしていく）ということと，社会保障を整備することが政府の政策目標とされるということである。

しかし，福祉国家のもとにあったケインズ政策は行き詰まりを見せることとなる。第2次世界大戦後の資本主義は相対的な安定期にあったが，1970年代にはスタグフレーション（stagflation）に見舞われることとなった。

それは，stagnationとinflationの合成語であり，不況下における物価の持続的な上昇という経済現象を意味している。不況期には物価は下落し，好況期には物価は上昇するのが一般的であるが，1970年代に生じた石油危機によって原油価格が高騰し，これが急激なインフレーションにつながった。

ケインズは不況期には赤字財政に陥るが，好況期になると税収が増え黒字財政となると考えていた。これは，不況期には税収が減少するが，国債を発行して公共事業を行うなどして有効需要を創出する。そして，好況期には税収が増えて黒字財政化し，不況期の赤字を埋め合わせるということである。

しかし，スタグフレーションのもとで，資本主義諸国の財政は深刻な赤字に陥ることとなった。このような時期に，ケインズ政策に代わるものとして影響力を強めたのが新自由主義である。

それを代表する政治家が，アメリカのレーガン（Ronald Reagan，大統領在任期は1981～1989年），イギリスのサッチャー（Margaret Thatcher，首相在任期は1979～1990年），日本の中曽根康弘（同じく1982～1987年）である。彼らは，新自由主義にもとづいて福祉国家の見直しや公企業の民営化に取り組み，労働組合を敵視するなどした。

日本では「臨調行革」という形で新自由主義政策が推進された。1981年，当時の鈴木善幸内閣総理大臣の諮問機関として第2次臨時行政改革調査会（会長は土光敏夫）が置かれた。それは「増税なき財政再建」を掲げ，1983年までの間に4回の提言と，「最終答申」を出した。

「臨調行革」のもとで1980年代後半には，国鉄の分割・民営化や専売公社と電電公社の民営化が行われた。ここで民営化とは「株式会社化」であり，それまで国有企業（公社）が行ってきた事業を，市場原理に任せるということを意味している[8)]。

この時期には，総評（日本労働組合総評議会）の解体と連合（日本労働組合総連合会）の発足（1989年11月）など労働運動における労使協調主義が強まった。また，同じ年の４月には消費税が導入されている。

当初は税率３％であった消費税はその後，５％（1997年４月），８％（2014年４月），10％（2019年10月）と引き上げられてきた。その一方で，消費税が導入されて以降，法人税率の引き下げ，高額所得者に対する所得税率の引き下げと累進課税の緩和が続いた。これは，税制の面でも新自由主義的な「改革」が行われたことを意味している[9)]。

3.2　新自由主義的グローバリゼーションの時代

新自由主義がより影響力を持ち出したのは，1990年代に入ってグローバリゼーション（globalization）が新たな段階に達してからのことである。

グローバリゼーションは「地球規模の一体化」を意味しており，積極的な側面を有している。グローバリゼーションは人類の歴史とともに進展してきた。しかし，今日のグローバリゼーションは新自由主義の考え方にもとづくものであり，多国籍企業の利益を重視するものとなっている。

1990年代初めにソ連・東欧の社会主義を名乗った国々が体制転換し，市場経済化した。また，中国が「社会主義市場経済」を導入し，かつてのような資本主義と社会主義という体制間の対立（東西対立）も基本的になくなった。そのようなもとで，国境を超えた多国籍企業のグローバルな活動が経済の一体化（グローバリゼーション）を推進したのである。

1990年代にはWindows95に代表されるインターネットが広がり，IT（情報技術）革命が進展したこともグローバリゼーションを促進した[10)]。

この時期の日本は，1980年代末に生じたバブル（bubble）が崩壊し，長期にわたる不況に直面することとなった。バブルは，実体経済の動きと乖離した資産価格の上昇を意味している。1980年代末には，株価や地価が異常な上昇を見せた。しかし，金融政策の転換（公定歩合の引き上げや土地取引に関する総量規制）によってバブルの崩壊に向かった。

1985年9月のG5（先進5か国大蔵大臣・中央銀行総裁会議）プラザ合意後に円高・ドル安が急速に進展し，日本企業の多国籍企業化に拍車がかかった。バブル期には日本経済は活況を呈したが，バブル崩壊後には国内で「産業の空洞化」が生じることとなった。それまで国内で生じていた生産，雇用，賃金，消費などが海外に移っていくのである。

グローバリゼーションとともに，金融化が進展した[11)]。金融化は現代の資本主義を特徴づける動きとなっている。経済活動によって生み出された富は，生産手段（工場や機械など）に投下されるよりも，株式や国債などの金融市場に向かい投資が活発化している。そして，様々な金融取引によって肥大化したマネーが経済をかく乱するようになった。2008年9月に始まったリーマン・ショックは，金融危機が実体経済に波及したものである[12)]。

4　新自由主義のもとでの日本企業

4.1　株主重視経営への転換

日本経済の高度成長期には，「日本的経営」に注目が集まった。この時期には，終身雇用・年功賃金・企業別労働組合をはじめとした雇用に関する側面に焦点があてられた。1980年代にはトヨタ生産方式に代表される日本的生産システムに関心が向かった。

しかし，1990年代に入って，日本経済が長期にわたる低迷に直面するようになって以降，日本企業の経営に対する積極的な評価は影をひそめるようになっている。この時期には，グローバリゼーションのもとで，日本の企業・経営にも新自由主義の影響が広まってきた。

この点について本項では，株主の動向に焦点をあてて見てみたい。以下では，バブルの末期にあたる1990年度と直近の2019年度を比較する。

株主に関する変化では，1980年代までの日本企業の株式所有を特徴づけた法人による株式所有や株式の相互持ち合いは，大きく様変わりした。全国4証券取引所に上場された株式の状況を示した「株式分布状況調査」によると，1990年度には事業法人等が30.1％，金融機関（都銀・地銀等，信託銀行，生命保険，損害保険，その他の金融機関）が43.0％であり，両者をあわせると７割以上が法人部門（事業法人等＋金融機関）の所有であった[13)]。

これが2019年度には，事業法人等の所有は22.3％にまで低下している。そして，金融機関の所有は，信託銀行の21.7％（1990年度には9.8％）を除けば7.8％に過ぎない。かつてのような法人部門，とりわけ金融機関による株式所有は大きく様変わりしている[14)]。一方で，この間に外国法人等の株式所有は4.7％（1990年度）から29.6％（2019年度）に上昇した。

法人中心の株式所有が変化するとともに，株式の相互持ち合いの解消が進んだ。西山［2019］によれば，1990年には50％を超えていた持ち合い比率は，2017年度には9.5％となった。2018年度に10.1％に上昇したが，これは有価証券報告書の開示が拡充したことによるもので，今日でも持ち合いの解消は緩やかながらも着実に進んでいるとされている[15)]。

このように1980年代までの株式所有を特徴づけた，株式の相互持ち合いを通じた安定株主構造は過去のものとなった。バブル崩壊後の不良債権処理や時価会計の導入への対応のために所有株式を売却したことに加え，資本市場からの批判が背景にある。

株式所有の変化とともに，注目されるのが配当性向の上昇である。ここでは，財務省「法人企業統計調査」の数値を見てみよう。以下の**図表６-１**は，資本金10億円以上の企業（金融保険業を除く）を対象に，1990年度と2019年度の企業業績を比較したものである。

［図表６-１］1990年度と2019年度の企業業績の比較

	1990年度	2019年度	増減
売上高	518兆8,190億円	564兆2,192億円	8.8％
当期純利益	8兆9,209億円	27兆5,869億円	3.1倍
配当合計	2兆8,711億円	18兆4,988億円	6.4倍
配当性向	32.2	67.1	2.1倍

出所：法人企業統計調査（https://www.mof.go.jp/pri/reference/ssc/results/index.htm）の「時系列データ」をもとに作成（2020年11月１日アクセス）。

1990年度の売上高，当期純利益[16]，配当合計はそれぞれ，約518兆8,190億円，約8兆9,209億円，約2兆8,711億円であった。これが2019年度は，約564兆2,192億円，約27兆5,869億円，約18兆4,988億円に増加してる。売上高は8.8％の増加にとどまっているが，当期純利益は3.1倍，配当合計は6.4倍である。

なお，2019年度の決算には新型コロナウイルスの感染拡大が影響しているので，2018年度の数値もあわせて見てみたい。売上高は約589兆8,234億円，当期純利益は約39兆56億円，配当合計は約18兆9,160億円であった。2019年度は前年度比で売上高は約25兆6,042億円（4.3％），当期純利益は約11兆4,187億円（29.3％）減少しているが，配当合計は約4,172億円（2.2％）の減少にとどまっている。

各年度の配当性向をみてみると，1990年度は32.2であったのが，2019年度は67.1に上昇している（2018年度は，48.5）。2019年度はコロナ禍でも配当を維持したため配当性向が高水準となったが，それ以前の配当性向を見ても，2015年度66.0，2016年度52.3，2017年度47.2となっており，バブル末期であった1990年度と比較しても配当性向の高まりを見て取れる。配当率は1990年度の7.9％から2019年度の23.4％に上昇した（2018年度は24.5％であり，これまでで最も高い数値を示している）。

一方で注意すべきは内部留保である。配当性向が高まっているとはいえ，巨額の内部留保が蓄積されている。2019年度末における資本金10億円以上の企業（金融保険業を除く）の内部留保は，約378兆1,292億円であり，GDP（Gross National Product：国内総生産）比で7割近くに達している[17]。

4.2　経営者報酬の増加と従業員給与の低迷

前項と同様に，ここでも法人企業統計によりながら株主重視の経営が与えた影響を見てみたい。

1990年度の役員給与と役員賞与の合計額は約6,521億円であった。一方，従業員の給与（賞与を含む）は約36兆4,127億円であった。これが，2019年度にはそれぞれ，約9,118億円，約44兆2,627億円になっている。役員の39.8％の増加に対して，従業員は21.6％の増加にとどまっている。

1990年度の期中平均役員数は50,137人，期中平均従業員数は666万6,364人となっている。これが2019年度にはそれぞれ45,229人，757万1,167人なっている。上記の数値を１人当たりでみると，1990年度の役員給与・役員報酬は約1,300万円である。2019年度には約2,016万円（55.1％増）となっている。一方，従業員はというと，1990年度は約546万円であり，2019年度は約585万円（7.1％増）にとどまっている。

前項で見たように，売上高は約30年間（1990年度から2019年度）で微増（8.8％）にとどまっているが，当期純利益は３倍以上に増加した。そして，配当は６倍以上に増えている。役員給与・賞与は同じ期間に５割以上増えたが，従業員の給与の増加は僅か（7.1％）である。

以上で述べたことは，資本金が10億円以上の法人企業についてであり，対象が限られている。そこで，国税庁の「民間給与実態統計調査」の数値も見てみたい18)。ここでも1990年と2019年を比較する。

１年勤続者の給与所得の平均額（賞与を含む）は，1990年が425.2万円となっている。直近のデータである2019年は436.4万円である。約30年間で2.6％の増加にとどまっている。平均額は1997年の476.3万円をピークに減少に転じ，リーマン・ショックの翌年（2009年）には405.9万円まで減少した。その数年後から回復傾向にはあるが，依然ピーク時までには戻っていない。

このような給与の減少傾向の背景の１つにあるのが，非正規雇用の増大である。総務省「労働力調査」19)によると，2019年（平均）における「正規の職員・従業員」は3,494万人（男2,344万人，女1,160万人）に対し，「非正規の職員・従業員」は2,165万人（男691万人，女1,475万人）に達している。後者の占める割合は38.3％である。およそ５人に２人が非正規雇用で働いていることになる。とりわけ女性は過半数（56.0％）が非正規雇用である。

人件費の削減を目的の１つにして，多様な形態の非正規雇用の活用が広がっている。2019年の調査の内訳を見てみると，パート1,047万人（男123万人，女924万人），アルバイト472万人（男232万人，女240万人），派遣社員141万人（男56万人，女85万人），契約社員294万人（男156万人，女138万人），嘱託125万人（男81万人，女44万人）などである。

5　問われる新自由主義

5.1　2019年以降の2つの出来事

1980年代以降に世界に広がった新自由主義にもとづく企業・経営は様々な問題を露呈することとなった。このようなもとで，近年に注目される動きがあった。

2019年8月，米国のビジネス・ラウンドテーブル（Business Roundtable）が従来の「株主優先主義」（principles of shareholder primacy）の見直しを表明した。ビジネス・ラウンドテーブルは，米国の主要企業の経営者団体である。「企業の目的の再定義：全ての米国人に貢献する経済を促進するために」（Redefines the Purpose of a Corporation to Promote 'An Economy That Serves All Americans'）と題する書簡が明らかにされた。1997年以降，株主重視を謳ってきたが，株価の上昇や配当の増額など株主（投資家）の利益が優先されることによって，所得格差が深刻化した。そのようなもとで，大企業にも批判の矛先が向かっており，これまでの企業統治（corporate governance）のあり方からの修正が表明されたのである[20)]。

2020年に入って世界的に感染が拡大した新型コロナウイルスもまた新自由主義の見直しを迫っていると考えたい。その感染拡大のプロセスは，次のように整理できよう[21)]。

① コウモリのコロナウイルスがセンザンコウ（哺乳類に属する動物）に感染し，センザンコウのコロナウイルスと組換えを起こし，ヒトに対して感染力の強い新型コロナウイルスが誕生した。

② 新型コロナウイルスをもつセンザンコウに武漢のある人（単数あるいは少数）が接触し，新型コロナウイルスに感染した。

③ 感染した人（単数あるいは少数）から新型コロナウイルスが家族など周囲の人たちに感染していった。

④ 新型コロナウイルス感染が武漢だけでなく世界中に広まった。

この③のステップで収束すれば地域的感染にとどまったが，④に至りパンデミック（世界的感染爆発）となった。この④のステップに，新自由主義的人間活動が関係している。

感染拡大と新自由主義との関係について，フランスの歴史家，エマニュエル・トッド（Emmanuel Todd）の発言をみてみたい。

彼は『朝日新聞』のインタビューに答えて，新自由主義のもとで社会保障や公衆衛生を脆弱にしてきたことによって，貧富の差による感染リスクの差が生まれてきたことを指摘している。そして，「これまで効率的で正しいとされてきた新自由主義的な経済政策が，人間の生命も守らないし，いざとなれば結局その経済自体をストップすることでしか対応できないことが明らかになった」と述べている（エマニュエル・トッド［2020］）。

コロナ禍での貧富の差の拡大については，米国のシンクタンクIPS（Institute for Policy Studies）の調査で，以下のようなことを知ることができる[22)]。

2020年３月18日から６月４日までの11週間で，billionaire（億万長者）は，5,650億ドルの資産を増加させた（19.15％増）。この額は，スウェーデンのGDP（2018年）と同じ規模である。株価の上昇によって巨大企業のCEO（Chief Executive Officer：最高経営責任者）らは巨額の富を得ている。

個人別にみると，アマゾン（Amazon）のCEOベソス（Jeff Bezos）は362億ドル，フェイスブック（Facebook）のCEOザッカーバーグ（Mark Zuckerberg）は301億ドル，テスラ（Tesla）のCEOイーロン・マスク（Elon Musk）は141億ドルの増加となっている。一方，米国では4,260万人が失業保険の申請をしている。

このように，コロナ禍で株価の上昇によって富を増大させる資産家がいる一方で，大量の失業者が生み出されているのである。トッドが指摘する，貧富の差による感染リスの差はもとより，貧富の差そのものも拡大を続けている。

以上にみた2019年以降の２つの出来事，米国の経営者団体の動向と新型コロナウイルスの感染拡大は，新自由主義にもとづく企業・経営，そして経済や社会のあり方に関して見直しを迫っていると考えることができよう。では，それはどのような方向で考えられるべきであろうか。本章の最後に，この点について考えてみたい。

5.2　若者が未来に対して希望を抱くことができる社会に向けて

ここでは，新自由主義とは異なる社会の展望について，日本弁護士会連合会「若者が未来に希望を抱くことができる社会の実現を求める決議」（2018年10月５日）を手がかりにして考えてみたい[23)]。本書は，学ぶことと働くことを有機的に関連付けることを課題としている。そのようなことから，若者の未来についての提言を含んだこの決議は有益なものと受け止めたい。

「決議」が示すのは，若者が置かれた厳しい状況である。それは，「生まれた家庭」の経済力によって教育の機会均等が損なわれていることや，規制緩和が進められた労働市場においては，職業選択の機会が困難になったり，不安定な非正規雇用で働く若者が増えたりしていることなどである。

また，日本の教育機関に対する公的支出や家族関係社会支出（国が家族手当，出産・育児休業給付，保育・就学前教育，その他の現金・現物給付のために行った支出）が諸外国に比して少なく，若者の支援は限定的であるとしている。その背景に「自己責任」や「自助・共助」や労働の分野での「規制緩和」があることが指摘されている。

こうした現状について「決議」は，「個人の尊厳原理に立脚し幸福追求権について最大の尊重を求めている憲法13条，生存権を保障する憲法25条等に照らし到底看過することはできない。また，民主主義社会の危機である」と述べている。

そして，「一人ひとりの若者が自分の人生や生き方を自己決定できる機会を保障し，若者が希望をもって今を生き，自由な再チャレンジが保障されることで未来にも明るい希望を抱ける社会の実現に向けて，国及び地方公共団体に対し」２つの施策の実施を求めている。「普遍主義の社会保障・人間らしい労働と公正な分配」と「連帯による財源の確保と税制の改善」である。

ここには，新自由主義にもとづく企業・経営や国の政策が，若者が置かれた厳しい状況の背景にあることが示されている。そして，その見直しの方向が簡潔に示されている。その内容は，経営学を学んでいくうえでも示唆に富むものと思われる。

コラム

「自助・共助・公助」という言葉と新自由主義

2012年８月に国会で成立した社会保障制度改革推進法は，「社会保障と税の一体改革」の基本法としての性格を有している。その第２条では，「社会保障制度改革は，次に掲げる事項を基本として行われるものとする」として４点を示しており，その第一に以下のように記されている。

> 自助，共助及び公助が最も適切に組み合わされるよう留意しつつ，国民が自立した生活を営むことができるよう，家族相互及び国民相互の助け合いの仕組みを通じてその実現を支援していくこと。

ここには「自助・共助・公助の適切な組み合わせ」という趣旨の言葉が盛り込まれている。自助は，本人や家族の自己責任を意味している。共助は，社会保険を通じた給付などを意味している。公助は，公費（税金）による社会保障を意味している。

一方，日本国憲法は第25条で，「すべて国民は，健康で文化的な最低限度の生活を営む権利を有する。②国は，すべての生活部面について，社会福祉，社会保障及び公衆衛生の向上及び増進に努めなければならない」と謳っている。この規定は生存権と国の責務を明らかにしたものとされている。

しかし，社会保障制度改革推進法の条文を読む限り，そのようなこと（国による生存権の保障）は読み取れない。まず自助，そして共助，公助と続く。自助は「自己責任」と言い換えることができる。「……家族相互及び国民相互の助け合いの仕組みを通じて……」と記され，自助と共助が前面に押し出されている。

新自由主義にもとづけば，「社会保障制度改革」という名のもとに，公助である社会保障も性格が変わってしまうのである。コロナ禍の日本で問われているのが，公助の不十分さである。新自由主義のもとで，自己責任を強調して，社会保障をはじめとする公的なサービスが削減されてきたことの問題が顕在化した。

コロナ後の社会に向けて，新自由主義的な「改革」の見直しが必要である。

注

1）　二宮厚美によれば，19世紀後半に生まれた新自由主義は，古典的自由主義が主張した自由放任主義を放棄し，国家の干渉のもとでの自由主義を構想した。それは，興隆途上にあった社会主義と対抗しつつ自由主義を擁護するというものであった（二宮［1999］pp.20-21）。後述のように，本章で対象とするのは20世紀に登場した新自由主義である。

2）　ノーベル経済学賞は1968年に新たに設けられた賞であり，ノーベルの遺言によって設けられた他の5分野の賞とは異なっている。ノーベル経済学賞は主流派と呼ばれるアメリカの経済学者が受賞することが一般的である。ハイエクは1974年，フリードマンは1976年にそれぞれ受賞している。彼ら以外にもモンペルラン協会の会員が受賞している。

3）　スミスは富の源泉が労働にもとづくことを明らかにし，「重商主義」（国の豊かさは貴金属の蓄積であるという考え方）を批判した。

4）　福祉国家に関する議論は多様に展開されているが，ここでは社会保障の充実を通じた国民の生活の向上と，雇用政策に注目したい。

5）　独占資本は，帝国主義と呼ばれる支配―被支配の経済的基盤となり，二つの世界大戦につながっていくこととなった。植民地体制は，第2次世界大戦後に崩壊した。

6）　大恐慌によって深刻な状況におかれていた資本主義諸国の一方で，ソビエト連邦（1922年に成立）では，「5か年計画」（1928年～1932年）によって経済発展を遂げていた。このことは，資本主義諸国の労働運動や社会運動にも影響を与えた。

7）　服部茂幸は「ニューディールは折衷主義であり，ケインズ理論に必ずしも依拠していたわけではない」（服部［2013］p.2）と述べている。

8）　最近の動きとしては，日本でも水道事業の民営化がある。一方，欧州ではいったん民営化したが，再び公営化する動きが広がっている。水道民営化の問題点と国際的な動向については，岸本［2020］を参照）。

9）　税制の原則の1つは「応能負担」（負担力に応じて負担する）であり，財政は「所得の再分配」の機能を有している。消費税は低所得者ほど実質的な負担率が高くなることが不可避であり，歳出の面での制度の見直しと相まって，格差・貧困問題にも影響している。消費税を含め日本の税制の問題点と改革の方向性については，不公正な税制をただす会［2018］が有益である。

10) 今日では技術革新にともなってデジタルエコノミー化が進展して，GAFA（グーグル，アマゾン，フェイスブック，アップル）と称される新しいタイプの多国籍企業が注目されている（小栗・夏目［2019］参照)。

11) 今日の資本主義は「グローバル資本主義」と称される。それは，新自由主義，グローバリゼーション，金融化の３つによって特徴づけられる。

12) リーマン・ショックの前年（2007年）には米国で住宅バブルの崩壊が始まっている。住宅バブルは，サブプライムローン（低所得者を対象とする高金利の住宅ローン）を金融商品化することとつながっており，住宅バブルの崩壊が金融危機をもたらしたという点で，リーマン・ショックを金融の面からのみとらえることは適切とは言えない。

13) 「2019年度株式分布状況調査の調査結果について」（https://www.jpx.co.jp/markets/statistics-equities/examination/nlsgeu000004tjzy-att/j-bunpu2019.pdf，2020年８月28日アクセス）を参照。

なお，「株式分布状況調査」から直接は読み取ることができないが，この間に増加しているのが，日本銀行とGPIF（年金積立金管理運用独立行政法人）による株式所有である。『朝日新聞』2020年５月28日によれば，以下のような状況である。

日本銀行の2019年度決算では，上場投資信託（ETF）の2020年３月末の保有額（時価ベース）が前年比7.9％増の約31兆2,000億円に達する。これは東証１部上場企業の時価総額の5.8％に相当する。一方，GPIFの2019年12月時点の保有額は約42兆4,000億円であり，株価下落を受けた３月末時点では，日本銀行との差は数兆円ほどとみられる。新型コロナ禍で株価が急落し，株価対策で日銀は年内に12兆円の購入を予定しており，最大の保有者となる可能性がある。

14) 信託銀行による株式所有は，他の金融機関によるそれとは性格を異にする。それは，信託銀行が他人の財産を自己の名義として預かり，自己の財産と分別管理して運用し収益を配当する業務を行うからである。近年では，再信託専業銀行（現在は，日本マスタートラスト信託銀行と日本カストディ銀行の２行）の株式市場における影響力も増している。

15) ここでの数値は，上場会社（ただし，上場保険会社を除く）が保有する他の上場会社株式（時価ベース）の，市場全体の時価総額に対する比率（ただし，子会社，関連会社株式を除く）である。

16）企業業績の推移を見る際に，経常利益が収益力を図るのに適切と考えられるが，ここでは配当額・配当性向との関係を示すために，純利益を用いている。企業業績の変化を含め，1990年代以降の日本経済については，山家［2019］を参照。

17）ここでは，内部留保を，引当金（流動負債），引当金（固定負債），資本準備金，その他資本準備金，利益準備金，積立金，繰越利益準備金の合計額で算出した。1990年度末における内部留保は約112兆8,600億円であった。

なお，2019年度におけるGDPは約570兆円，1990年度のそれは約437兆円であった。約30年間で日本経済の規模は３割程度の成長であることと比較すると，内部留保の増加（３倍以上）は際立っている。

18）国税庁「民間給与実態統計調査結果」（https://www.nta.go.jp/publication/statistics/kokuzeicho/jikeiretsu/01_02.htm，2020年８月28日アクセス）を参照。

19）総務省「労働力調査」のウェブサイト（https://www.stat.go.jp/data/roudou/rireki/nen/dt/pdf/2019.pdf，2020年８月28日アクセス）を参照。　，

20）日本経済団体連合会が2020年11月に発表した「。新成長戦略」（https://www.keidanren.or.jp/policy/2020/108.html，2020年11月20日アクセス）でも新自由主義や株主至上主義に対する反省を述べているが，新しい「戦略」の内容については批判的な検討が必要であろう。

21）ここでの記述は，分子生物学が専門の宗川吉汪の整理を参照した。なお，センザンコウが新型コロナウイルスを媒介した可能性については，研究者の間で議論が続いているという（村上［2020］p.231における文化人類学者，石井美保の指摘）。

22）IPSのサイト（https://ips-dc.org/billionaire-pandemic-wealth-gains-surge-past-half-trillion-42-6-million-file-unemployment/，2020年７月７日アクセス）を参照。なお，IPSのこの調査は継続的に行われている。

23）決議の全文は，日本弁護士会連合会のウェブサイトを参照（https://www.nichibenren.or.jp/document/civil_liberties/year/2018/2018_3.html，2020年８月28日アクセス）。

《参考文献》

エマニュエル・トッド［2020］「新型コロナ　『戦争』ではなく『失敗』」『朝日新聞』2020年5月23日。

小栗崇資・夏目啓二編著［2019］『多国籍企業・グローバル企業と日本経済』新日本出版社。

岸本聡子［2020］『水道，再び民営化！　欧州・水の闘いから日本が学ぶこと』集英社。

西山賢吾［2019］「我が国上場企業の株式持ち合い状況（2018年度）」野村資本市場研究所『野村資本市場クォータリー』2019，Autumn。

二宮厚美［1999］『現代資本主義と新自由主義の暴走』新日本出版社。

服部茂幸［2013］『新自由主義の帰結―なぜ世界経済は停滞するのか』岩波書店。

不公正な税制をただす会［2018］『消費税を上げずに社会保障財源38兆円を生む税制』大月書店。

村上陽一郎編［2020］『コロナ後の世界を生きる―私たちの提言』岩波書店。

山家悠紀夫［2019］『日本経済30年史　バブルからアベノミクスまで』岩波書店。

Friedman, M.［1962］*Capitalism and Freedom,* The University of Chicago.（村井章子訳［2008］『資本主義と自由』日経BP社）.

第 **7** 章

グローバリゼーションがもたらす諸問題

本章では，まずグローバリゼーションの史的展開から現代のグローバリゼーションを位置づける。ついで，グローバリゼーションにかかわる貿易の発展とそれによって発生する経済格差を説明する。そのうえで，自由貿易を支える国際機関と自由貿易にかかわって拡大する経済格差に対応する国際機関とその問題点をみていく。

さらに，現代の労働問題や環境問題などにかかわる多国籍企業とそれらに対応する国際機関とEUなどの地域統合の動向をみていく。最後に，現代のグローバリゼーションの諸課題の解決に向けて新しい試みであるフェアトレードやソーシャルビジネスを紹介し，その可能性を探る。

1　グローバリゼーションの歴史

1.1　グローバリゼーションとは

1.1.1　グローバリゼーションの原動力

グローバリゼーションとは，「財，サービス，マネー，労働力，情報といった基本的な生産要素などが地球規模の可動性を飛躍的に高めていくことであり，その結果，財，サービスが生産される空間もまた，国家が統治する領域上の境界に画されるとは限らずに，これを越境していく（石田・板木・櫻井・中本［2010］p.3）」。つまり，グローバリゼーションは，基本的な生産要素が国境を越えて結びつき，社会の様々な変化を引き起こすことである。

また，伊豫谷は上述のグローバリゼーションを3つの事象に分けてとらえている。第一に，交通や通信の発達，技術の発展，ならびに物的な富の増大によってもたらされた越境的な活動の増大とそれと並行しての境界の設定であり，第二に，巨大グローバル資本による政治・経済的な統合と格差の最新の局面であり，それらは生産と消費を通じての均質化と差異化であるという。第三に，超国家的な機構や制度などを動かす官僚などと，それらの動きに対抗する反グローバリズムの運動といった政治的な企画であるという（伊豫谷［2002］p.2）。

伊豫谷のグローバリゼーションの第一の事象は，生産要素の移動と結合が速まることによって地球の一体化が進む過程である。例えば，交通や通信の発達は，16世紀の帆船，19世紀の蒸気機関を利用した輸送手段，そして20世紀終盤のインターネットであり，それらに伴った貿易の増大が考えられる。さらに，現代の新たな境界は，諸国家を包摂する地域統合などが考えられる。

ところで，現代のグローバリゼーションにおいては，伊豫谷の第二，第三の事象が重要と考えられる。例えば，クレイン（Klein, N.）は，多国籍企業のブランドによる消費の囲い込みというグローバリゼーションの広がり，およびその結果としての経済格差の拡大と文化の選択肢の減少を問題視している（Klein，松島訳［2001］pp.166-167）。

つまり，彼女は，その内部に基本的な生産要素を包摂している多国籍企業，すなわちグローバル資本をグローバリゼーションの原動力としてとらえているのである。また，ジョージ（George, S.）は，それを「“企業主導の”グローバリゼーション」と呼ぶ（George，杉村・真田訳［2004］p.22）。

1.1.2　グローバリゼーションと社会

20世紀のアメリカのフォード生産方式に始まる大企業による大量生産が大量消費社会につながり，さらに，大量生産の担い手である大企業，すなわち多国籍企業の利益を追求する国境を越えた生産と販売活動によってグローバルな社会に均質化，画一化が浸透した。それは『マクドナルド化した社会』と特徴づけられる（Ritzer，正岡訳［2008］参照）。また，その反作用としてローカライゼーションという差異化の問題が取り上げられるようになってきた。

フリードマン（Friedman, T.）やバグワティ（Bhagwati, J.）は，そのグローバリゼーションと多国籍企業の浸透による社会の変化を肯定的にとらえている（Friedman，東江・服部訳［2000］，Bhagwati，鈴木・桃井訳［2005］参照）。

しかし，多国籍企業が世界中にその拠点を配置し，その活動の範囲を広げれば広げるほどその影響もグローバルに拡大する。そこで国民国家に代わる超国家的な制度や装置が求められるようになってきた。また，ICT革命によるインターネットの普及によって，グローバリゼーションの負の現象である経済格差の拡大とともに，その情報が世界中に発信され，世界中の人々が議論に参加し，反グローバリズムが高まったのである。

1.2　グローバリゼーションの３つの波

1.2.1　商業革命

国民国家ではなく，地球という総体的な視点で貿易の展開をみていくと，グローバリゼーションの経済的な広がりを概観できる。それらを浜による分類に基づいてみていこう（浜［2014］pp.163-164）。

まず，その最初のグローバリゼーションの波は，15世紀終盤以降の大航海時代に新大陸の発見からインド航路が開拓されるなどの商業革命にかかわって起こった。つまり，大型帆船の出現により貿易の中心が地中海からその東方，すなわちアジアへ移動したことである。新たな取引の増加は経済を活性化した。

また，その貿易は西方へも拡大し，大西洋をまたぐ三角貿易を特徴とするようになった。つまり，ヨーロッパから西アフリカへ繊維製品や武器が輸出され，西アフリカからカリブ海諸島へプランテーション農業の担い手として奴隷が輸出され，そして，カリブ海諸島からヨーロッパへ砂糖，綿花などが輸出されるようになった（川北［1996］pp.56-57）。

17世紀になると，オランダやイギリスなどが東方貿易の拠点となる東インド会社を設立し，ヨーロッパとアジアの貿易の主役がポルトガルやスペインからこれらの諸国に移っていった。また17世紀後半のイギリスでは市民革命が浸透し，輸出によって国家の富を増大する重商主義が支持されるようになった。

1.2.2　産業革命と資本主義の発展

最初に産業革命が起こったイギリスは，工業製品の製造に特化しその製品をインドへ輸出し，中国（清）から茶や陶器を輸入した結果，対インドでは貿易黒字，対中国では銀の流出となり，貿易赤字となった。そこで，イギリスはインドから中国へアヘンを輸出する政策を実行するようになり三角貿易が成立した（角山［1980］pp.102-106)。その貿易を独占的に担ったのが東インド会社である。

また，ヨーロッパでは奴隷制度が廃止された後，重商主義政策の欠点から国家の介入を排する自由貿易の思想につながっていった。そのなかで，グローバリゼーションの第二の波は，19世紀後半のヨーロッパの先進工業諸国，すなわち資本主義諸国の台頭とともに，一層大きくなって押し寄せてきた。

経済発展により，人口が増大したヨーロッパの資本主義諸国は，農作物の確保とともにその工業製品の原材料と販路を追求し，カリブ海，アフリカ，そしてアジア・太平洋まで植民地を拡大するという帝国主義に結びついていった。

その結果，国際分業の進展とともに植民地において労働力の移動が起こり，サトウキビ，綿花，カカオ豆などのプランテーションが拡大した。つまり，市場経済という先進国とその企業にとって自由な貿易と途上国にとって従属的で下請け的な取引が世界中へ浸透していったのである（岡田［1997］pp.291-292)。

20世紀に入ると，世界中に植民地を有するイギリスやフランス，さらに広大な領土を有するアメリカに対して，新興工業国のドイツ，日本などが原材料と消費市場を求めて対立を深めていき，その結果，二度の世界大戦に結びついた。

第２次世界大戦によって停滞したグローバリゼーションの波は，パクスアメリカーナの下で回復していった。しかしながら，戦後はソ連や中国などの多くの社会主義諸国が誕生することによって，すなわち東西冷戦の状態に陥ることによって，自由貿易は北アメリカと西ヨーロッパを中心とする，いわゆる西側に限定されたのである。

1.2.3　ICT革命と新自由主義

1970年代に入ると主な先進国が為替を固定相場制から変動相場制へ移行し，

国際金融と貿易の枠組みが変化していった。また，そのころから社会主義諸国と資本主義諸国との生産力と生活水準の差が顕著になった。その結果，1990年代になると，中国や東ヨーロッパの社会主義国が市場経済体制へ移行し，上述の限定条件が外され，巨大な労働市場が出現することとなった。つまり，グローバリゼーションの第三の波が起こったのである。

20世紀終盤には，ICT産業の分野で，先進国の多国籍企業のアジアへの進出とその製造委託に伴って，アジアNIEsや中国，インドの企業が発展し，それらによって中間財の生産，製品の組立（製造），そして消費の場所を異とする多国間の産業内分業，すなわち三角貿易が成立した（林［2009］pp.56-57）。

さらに，こうしたICT産業の発展とそれに伴う社会変革によって，例えば金融のビッグバンと呼ばれるグローバルな金融制度改革が起こり，金融派生商品市場が拡大し，それがさらにデジタル通貨などを出現させてグローバリゼーションを後押しした。

また，政府の規制がさらに緩和，撤廃され，基本的な生産要素が容易に国境を越えて結びつく現代のグローバリゼーションは，新自由主義と特徴づけられた。企業はグローバル競争のなかで，さらに利益を追求する活動に特化し，それらは金融市場との結びつきを強め，株主資本主義といわれる自己資本利益率（return on equity：ROE）重視の経営をも成立させることにつながっていった（細川［2009］pp.８-９）。ここにおいて，グローバル資本主義と呼ばれる社会が到来したのである。

2　現代のグローバリゼーションと経済格差

2.1　南北問題と南々問題

2.1.1　国際分業と南北問題

現代のグローバリゼーションが進展する以前から，多国籍企業は途上国においてその自身が有するその豊富な資金と高い技術を投入して，さらに労働力をも移動させて鉱物や石油を採掘し，森林を伐採し，そして土地を開拓している。そのうえで，採掘し，伐採した資源と収穫されたプランテーション作物を主に先進国へと輸出してきた。

例えば，イギリスに統治されていたフィジーにおいて同じくイギリス統治下のインドからインド人が契約労働者として連れてこられ，フィジーで彼らはイギリス人の監督の下でサトウキビ栽培に従事させられた（丹羽［2013］p.130）。その砂糖がイギリスのティータイムの紅茶に使用された。

このようなことによって，途上国はその自給自足の共同体社会が破壊され，国際分業のメカニズムに組み込まれていく。そのメカニズムは，先進国とその多国籍企業の管理によって，すなわち自由貿易の仕組みが採用されることによって，南北問題（North-South problem）という先進国と途上国との経済格差を発生させたのである（George，小南・谷口訳［1984］p.pp.37-41）。

また，成熟した資本主義社会，つまり先進国の国内においても富裕層と貧困層が分離し，その貧困層の拡大が深刻化してきた。ピケティ（Piketty, T.）は，とくに1970年代以降の主に先進国において「資本の収益率が成長率よりも大きい（『現代思想』［2014］p.21）」といい，資本主義の成長が所得格差を拡大させるという。つまり，先進国国内の所得格差の拡大によって，南北問題はより深刻になってきたといえる。

2.1.2　新興国の台頭と南々問題

第2次世界大戦後の世界経済は，自由貿易の原則に基づき，そのうえで先進国により構成された主要国首脳会議（G7）などによって調整されてきた。

そのなかで，1999年以降はそれらに急速に経済発展してきた新興諸国など12か国およびヨーロッパ連合（EU）を加えた20か国の地域首脳会議（G20），ないしはG7とともに，アメリカと中国の戦略会議（G2）によって調整が試みられている。しかし，ブレマー（Bremmer, I.）とルービニ（Roubini, N.）は，21世紀の世界経済が新興国の国家資本主義の台頭と国家を凌駕する組織力，行動力，そして統制力をもつ多国籍企業によって国際的なリーダーの空白状態（Gゼロ）になるという（Bremmer & Roubini［2011］p.6）。

1990年代以降になると，とくに生産と金融の密接な関係から副次的に金融派生商品市場が大きく拡大してきた。例えば，2000年にアメリカの商品先物近代化法の制定に伴って，途上国の一次産品のいくつかもその市場に組み込まれるようになった。そのなかで鉱物や石油資源，およびプランテーション作物の国際価格も着実に上昇していった（The World Bank［2012］pp.349-350）。

というのも，天然資源の枯渇が現実味を帯びてきたからである。また，先進国の多国籍企業と新たに参入してきた新興国の多国籍企業が途上国の天然資源と農作物の確保をめぐって激しく競争するようになったからである。その結果，いくつかの途上国が鉱物や石油などの輸出によって経済成長を達成しつつある。

また，とくにICT分野のアジアにおける三角貿易を特徴とする生産ネットワークは，域内の中間財取引の増加に伴う産業内分業の展開とともに発展し，アジアのいくつかの国は，いわゆる世界の製造拠点として位置づけられるようになった。

上記のような急速に発展する新興国，すなわちブラジル，ロシア，インド，中国（BRICs）やアジアNIEsなどの台頭は，従来の途上国を二極分化することになった。つまり，このことは世界経済および社会における新しい南々問題（South-South problem）を生み出すことになった（唐沢［2013］pp.65-66）。

さらに，グローバルな自由競争のなかで，新興国に対する先進諸国も自由貿易体制を堅持しつつも重商主義的な保護貿易政策を展開することによって，世界経済は混沌としてきたのである。

2.1.3　新興国の多国籍企業

先進国と新興国の多国籍企業が台頭している背景には，規制が国家の枠を超えられないゆえに企業がそれを利用して利益を作り出していることがあげられる。

しかし，このような企業行動の背後にある国家の存在は無視できない。ブレマーらが述べているように，新興国が台頭しグローバルな競争が激化するなかで，多国籍企業とその本国がほぼ一体となって活動し，南々問題をはじめとする新たな問題を引き起こしている場合がある。その結果，最大の被害者は経済的弱者である最貧国である。唐沢によれば，そこに現代の世界経済の課題を特徴的に見ることができるといえる（唐沢［2013］pp.70-73）。

新興国の多国籍企業，とくに資源関連企業は，その先進国の市場ではまだ知名度が低い場合もあるが，途上国の市場では先進国の多国籍企業と競争関係にある。例えば，中国企業のアフリカや太平洋島嶼国への進出によって，まさにここにおいてブレマーらのいうＧ２のアメリカと中国がせめぎあっている。

その一方で，世界のなかで天然資源の乏しい狭隘な自治国などは，グローバルな過剰資本の投資先として魅力のあるタックスヘイブン（租税回避地）化政策を選択して，富裕な個人や多国籍企業，そして国家の投資を引き寄せようとしている。しかし，それらの諸国において経済，社会の発展を達成した国は限られている（Palan, Murphy & Chevagneux，青柳訳［2013］p.249-252)。

2.2　自由貿易の推進と国際機関

2.2.1　国際貿易機関と国際通貨基金

第２次世界大戦後に資本主義諸国の市場経済体制の基礎となったものは，1947年に結ばれた関税及び貿易に関する一般協定（General Agreement on Tariffs and Trade：GATT）と国際通貨基金（International Monetary Fund：IMF）である。その後，1990年代の社会主義諸国の市場経済体制への移行に伴って，1995年にGATTは発展的に解消され，世界貿易機関（World Trade Organization：WTO）が，自由貿易の促進を主たる目的として創設された。

しかし，アメリカのシアトルで開催されたWTOの第三回閣僚会議（1999年11月30日から）において新多角的貿易交渉が行われたが，主要国間の対立や市民団体による反対運動によってその合意に至らず（『朝日新聞』1999年12月５日付)，その後も先進国と途上国の対立などによって会議は2005年から４年間にわたり開催されなかった。というのも，自由貿易によって拡大する経済格差への対策が講じられないからである。

次に，IMFは，通貨と為替相場の安定化を目的として1946年に設立された国際連合の専門機関であるが，1971年の金ドル交換停止（ニクソン・ショック）後，さらに，国際金融市場が拡大するに伴って，その役割は金融危機などで債務不履行（デフォルト）が発生した場合に短期融資を行う火消し役が多くなった（浜［2009］p.152）。

例えば，公表されたギリシャの財政状態に不正があったことに始まる一連の経済危機，すなわちギリシャ危機では，2010年と2012年にギリシャに融資が行われた。このように，WTOは制度面から，IMFは融資を通じて自由貿易体制の機能維持に務めているのである。

2.2.2　世界銀行，アジア開発銀行，および経済協力開発機構

IMFとともに，第2次世界大戦後の金融秩序制度の中心を担ったのは世界銀行（World Bank）である。世界銀行は，貧困削減や開発支援を目的としていて，各国の政府から債務保証を受けた機関に対し，主に長期融資を行い，またIMFと協調して融資を行うこともある[1)]。

さらに，世界銀行と同様の理念と目的を有する機関として，例えばアジア・太平洋地域の経済発展に貢献することを目的としたアジア開発銀行（Asian Development Bank：ADB）がある。ADBはアメリカと日本が主導する形で1966年に創設された。

次に，経済協力開発機構（Organisation for Economic Co-operation and Development：OECD）は，ヨーロッパの戦後の復興を目的として作成された「マーシャルプラン」を基にして，経済成長と貿易の自由化，そして途上国の支援を目的として1961年に発足した。日本は1964年にOECDに加盟した。

OECDは，1980年代まではヨーロッパとアメリカの先進諸国を中心に構成されていたが，その現在の加盟国は36か国まで増えた。OECDは，途上国への支援や多国籍企業のタックスヘイブン利用の規制などを議論しているが，その構成国が多様化したことによって実効性のある政策をあまり打ち出せていない（Palan, Murphy & Chevagneux，青柳訳［2013］pp.348-356）。

ところで，アジア地域の経済発展が急速に進むなかで，その社会基盤の整備における資金需要が大きくなっているため，その支援を目的として，中国主導でアジアインフラ投資銀行（Asian Infrastructure Investment Bank：AIIB）が設立され，2015年に発足した。AIIBについては，そのガバナンス構造に問題があるという指摘もある（『朝日新聞』2015年5月4日付）。

しかし，アメリカにその本部があるIMFと世界銀行を筆頭に現代の国際的な金融機関とその制度は単に融資条件が厳しいというだけでなく，アメリカやヨーロッパが主導し，先進諸国に有利な形で，つまり自由貿易の発展のためにその融資と受入国側の財政支出計画が決定されているという新興国や途上国の不満と彼らの挑戦によってAIIBが設立されたという見方もできる。

例えば，IMFと世界銀行が債務国（主に途上国）へ債務返済のために導入した政府支出削減と市場開放政策の構造調整プログラム，いわゆるワシントン・コンセンサス（George，杉村・真田訳［2004］pp.31-32，國島［2015］pp.196-198），およびWTOの新多角的貿易交渉が頓挫した背景には，そうした先進国に有利な制度に対して，途上国と先進国の貧困層の人々が抗議活動を行ったことがあげられる。

3　国際機関と地域統合

3.1　現代世界の諸問題と国際機関

3.1.1　現代世界の諸問題

グローバリゼーションの浸透に伴って，多くの企業が多国籍化し，企業を取り巻く利害関係者，すなわち株主，労働者，消費者，地域住民なども多様化していく。その結果，顔の見えない投資家によって経営者は，株式時価総額を高める経営を行うよう強いられる。それは，およそ労働者，地域住民，そして自然環境にとってよい条件にはならない。

かつて，先進国の大企業は，その内部で労働問題を，また地域社会に対して公害問題を引き起こした。グローバリゼーションが進展するなかで，こうした労働と公害の問題は，まだ法制度が十分に整っていない途上国に輸出され，より深刻さを増している。つまり，途上国では多国籍企業の大規模な開発による経済発展の代償として現地の労働者の犠牲と深刻な環境問題を看過する場合もある。

例えば，南太平洋のパプアニューギニア独立国（PNG）において，資源開発会社のリオ・ティントがブーゲンヴィル銅鉱山を開発する際に公害を発生させた。それに対して，先住民は抗議活動を決起し鉱山を占拠した。そこで，PNG政府は現地に外人部隊を侵攻させ紛争にまで発展した（谷口［2011］pp.91-97）。

また，アジアやアフリカの途上国に進出する多国籍企業のプランテーション農場や鉱山の開発において，または多国籍企業のその現地工場において，そして，多国籍企業のオフショア・アウトソーシング戦略に伴って契約企業としてその製造にかかわる実質的な国際下請け企業において，現地の労働者が雇用されている。さらに，途上国から先進国へと移入する移民労働者，また中国国内では戸籍を農村に残したまま都市で就労する農民工が数多くいる。こうした労働者における人権問題，つまり労働者の劣悪な労働条件などに対して現在もいくつかの多国籍企業がかかわっているのである。

というのも，途上国の労働者や地域住民がグローバルに活動する多国籍企業と対置しようとしても多国籍企業が有する情報と現地の彼らが収集できる情報においても対等とは言えず，彼らのほうが圧倒的に弱い立場になり，現地の政府や自治体の協力なしに彼らが多国籍企業を統制することなど全く不可能といえるからである（林［2006］p.300）。

3.1.2　国際連合

上記のような問題に対して，国際機関はどのような対応をしてきたのかみてみよう。まず，国際連合は，1948年に「世界人権宣言」を採択し，そこで個人の基本的人権を保障した。その後，1966年には社会権規約，自由権規約，およびその選択議定書という条約からなる国際人権規約を採択した。

例えば，日本はその社会権規約の「無償教育の漸進的導入」に対して留保していたが，2012年にその撤回を国連に報告した。細川は，その「無償教育の漸進的導入」の実現に向けての課題を考察している（細川［2014］p.87）。

また，国際連合は，2000年にニューヨークで開催されたミレニアム・サミットにおいて2015年までに貧困の撲滅，普遍的な初等教育の達成，性差別の撤廃などの８つの項目を達成すべき「ミレニアム開発目標（Millennium Development

Goals：MDGs)」として採択した。2015年7月に国際連合はその最終報告を行い（『日本経済新聞』2015年7月7日付），それは「持続可能な開発目標(Sustainable Development Goals：SDGs)」へ引き継がれた。

さらに，南北問題に直面する途上国を支援する国際連合貿易開発会議（United Nations Conference on Trade and Development：UNCTAD）は，途上国が多様化するなかで，その役割が問われている。

次に，多国籍企業の合理的な行動による負の影響を一国家が規制することの限界から，1999年に国際連合においてグローバルな社会における企業行動の指針，すなわちグローバル・コンパクト（GC）が作成された。

GCは，人権，労働，環境，および2004年に追加された腐敗防止の4分野10原則からなる。その問題点は，それを遵守しなかった参加企業に対して制裁がないことが指摘されてきたが，近年は企業の説明責任が果たされなかった場合，「不活発」企業リストに掲載されるようになり，逆に学習バンクとしての位置づけが弱まる可能性も指摘されている（梅田［2006］p.211）。

3.1.3　国際労働機関

国際労働機関（International Labour Organization：ILO）は，世界の働く人々の人権の尊重，妥当な生活水準，雇用の機会，経済・社会的安定といった社会正義を基礎とした世界の恒久平和の実現を目的とする国際連合の専門機関である。ILOは，社会保障における根本原則として「フィラデルフィア宣言」を採択し，労働基準の制定を行っている（日本ILO協会［2002］p.2）。

ILOは，労働組合結成や団体交渉の権利，雇用や職業での差別の撤廃，強制労働の廃止と児童労働の撤廃，さらに移民労働者の権利などの189の条約（そのうち失効5条約）と204の勧告を行っている[2)]。しかし，各国が条約に批准しないと拘束されないという問題も残されている。

例えば，日本は8つの基本労働条約のうち2つの条約に未批准である。また，アメリカはその8条約中6条約を批准しておらず，さらに，中国，韓国はともに8条約中4条約に批准していない（『東京新聞』2015年1月14日付)。つまり，すべての基本労働条約を批准しているEUの主要国に比べて，アメリカやアジアの諸国家は，労働者の人権という点では遅れていると考えられる。

また，ILOは，1999年に21世紀の目標として「ディーセント・ワーク（働きがいのある人間らしい仕事）」の実現を提示した。重本は，それを社会にまで広げて生活者にとっての市民管理，つまり，ディーセント・マネジメントを提唱する。それは，社会が追求する社会的費用の削減や企業の社会的責任（Corporate Social Responsibility：CSR）などの社会的合理性に企業が追求する経済合理性をも包含した社会的共生としてのマネジメントである（重本［2015］pp.9-10）。

3.2　地域統合

3.2.1　ヨーロッパ連合（EU）

次に，グローバリゼーションと自由貿易が進展するなかで，なぜ地域統合が形成され，どのような役割を果たしているのかをみていこう。

ヨーロッパ連合（European Union：EU）は，20世紀にその域内を主戦場とする二度の世界大戦において戦勝国も含めて多くの諸国が疲弊した経験を有する。また，紛争の原因にもなりうる経済格差の存在を内在している。つまり，域内に先進国から途上国までを抱えている。さらに，ヨーロッパでは20世紀終盤以降に環境問題が局地的ではなく国境を越えてその被害を拡大させてきている。そこで地域の安定と発展に向けて域内の自由化と協調を推進する地域統合という試みが「マーストリヒト条約」を掲げて成立した（高橋［2008］pp.5-6）。

しかし，金融分野を皮切りに進展してきたグローバルな自由競争の潮流のなかで，EUはその域内の諸問題を解決する経済的な負担が増加し，その調整の限界を露呈させた。最近では2010年のギリシャの財政危機がその例である。

また近年，中東やアフリカの紛争地域の多くの難民が経済的に豊かで比較的人権が保護されるEUを目指して流入してくるために難民，移民問題が発生し，さらにEU内部において人々が国境を越えて自由に移動できるためドイツなどにおいて移民問題が発生している（Sassen, 伊豫谷訳［1999］pp.154-155）。

というのも，こうした移民によって自分たちの職が奪われる，または社会保障費の多くが移民に使われるという意見から移民の受け入れに反対する人々もいるからである。現代の労働者の人権問題は，また移民の人権問題にかかわっているのである（伊豫谷［2001］pp.123-124）。

それゆえ，EUにおいて各国の難民の受け入れ条件がまとまらず，EUは域内の構成諸国を支えていく経済的な余裕がなくなってきた。そのなかで，イギリスは国民投票を実施し，2020年にEUを離脱することになった。

3.2.2　環太平洋地域の動向

自由貿易を推進する諸国は，WTOの交渉には時間がかかることを認識し，二国間，あるいは地域間において自由貿易協定（Free Trade Agreement：FTA）や，それに加えて投資や人の移動も含めた経済関係の強化に向けて経済連携協定（Economic Partnership Agreement：EPA）を締結するようになってきた。

例えば，環太平洋地域における多国間経済協力を推進するアジア太平洋経済協力（Asia-Pacific Economic Cooperation：APEC）は，1989年にカナダ，アメリカ，オーストラリア，ニュージーランド，東南アジア諸国連合（ASEAN）の6か国，韓国，日本の計12か国で発足し，その後，中国，ロシアなどが加盟し，現在は環太平洋の21か国・地域が加盟しているフォーラムである。それは，地域を限定して自由貿易の推進と技術援助などを具体的に取り決める動きである（浦田［2009］p.5）。

また，2016年に自由貿易の推進を目的とする環太平洋連携協定（Trans-Pacific Partnership：TPP）にカナダ，アメリカ，メキシコ，チリ，ペルー，ニュージーランド，オーストラリア，シンガポール，ブルネイ，マレーシア，ベトナム，日本の12か国が署名した。

TPPでは，WTOと同様に，貿易関税の撤廃，またはその段階的な撤廃が原則であるが，その構成各国の経済構造が異なるために，その意見をまとめることが困難であった。例えば，アメリカは多くの分野で関税の撤廃を要求しながら知的財産の保護期間では譲らず，ニュージーランドはその知的財産の保護では期間の短縮を要求し，同時に，日本などに乳製品の輸入拡大を要求して譲らなかったのである（『日本経済新聞』2015年8月1日）。その結果，2017年にアメリカが脱退し，巨大な自由貿易圏の誕生には至らなかった。

3.2.3　アジア地域の動向

ASEANは，2011年に広域的な包括的経済連携であるRCEP（Regional Comprehensive Economic Partnership）を提唱した。それは，日本，中国，韓国，インド，オーストラリア，ニュージーランドの６か国がそれぞれASEAN加盟国と締結しているFTA（自由貿易協定）を１つに束ねる域内経済圏構想で，ASEANプラス６ともいわれている。それは，日本では「東アジア地域包括的経済連携」といわれていて，TPPのアジア版といえる。また，中国は，アメリカが参加していないRCEPに積極的であるといわれる。しかし，その交渉が進むなかで2019年にインドが離脱した（『朝日新聞』2019年11月５日）が，2020年に15か国で署名された。

さらに，アジアの統合化に向けて各国の機能面の結びつきが強められている。例えば，1997年のアジア通貨危機以後，ASEANと日本，中国，韓国の３か国の財務大臣会議において，ドル・ペッグ制度の見直し，通貨のリスク管理を目的としたチェンマイ・イニシアティブ，および銀行依存の間接金融体質からの脱却を目指したアジア債券市場育成イニシアティブなどが進められている（平川［2006］p.20）。

しかし，EUよりも地域格差の大きいアジアにおいて，その統合化へと向かうためには，経済格差だけでなく，社会の様々な違いに対応しなければならない。アジアの地域統合の形成の意義は，単一市場による効率性の享受とともに，南北問題や環境問題の解決に向けて協調しあうことができるということが重要であろう。

そのために多国籍企業が鍵となる。つまり，多国籍企業はそれらの問題に対して技術移転も含めて各国に貢献できる。というのも，アジアにおいて国境をまたいだ生産ネットワークを構築しそれを非統合のまま管理できる多国籍企業は，またそのネットワークにおいて社会的費用を最小にする管理も可能といえるからである。

4　諸課題の解決に向けて

4.1　社会運動と社会監査

4.1.1　社会運動

20世紀終盤になると，多国籍企業による大量生産と大量消費の体制は，その供給と需要の連鎖の両端に位置する天然資源の大量採取とゴミの大量廃棄という点において限界を露呈し始めた。つまり，先進国の投資家と消費者，すなわち自由貿易の富の受益者たちがグローバルな負の影響について認識し始めた。

さらに，現代の経済格差，労働，環境などの問題に対して，世界中のNPO（非営利組織：Non-Profit Organizations）やNGO（非政府組織：Non-Governmental Organizations）がその解決に向けて活動している。例えば，日本の国際協力機構（JICA）は主に途上国へ技術支援を行っている。

また，世界社会フォーラム（World Social Forum）は，スイスのダボスで開催される世界経済フォーラムに対抗する反自由主義のサミットである。2018年にはブラジルのサルバドールにおいて開催された。そこでは，グローバリゼーションの負をどう是正していくかが主題であり，反グローバリズムの運動の軸となるものである。こうした運動が行われるのは進行する市場中心のグローバル資本主義に対する危機感に他ならない。

さらに，世界の労働組合がおよそ集結する国際労働組合総連合（The International Trade Union Confederation：ITUC）は，グローバル化を変革し，働く者に役立つそれを追求することを課題とする。しかしながら，国際的なNGOなどの運動に比べて現在のところ目立った活動が少ない。

また，世界各地で市民運動が起こっている。例えば，中東・北アフリカや香港における民主化運動，またインターネット上で様々な運動が行われている。このような市民運動が世界の政治や経済に影響を及ぼしているのである。

4.1.2　社会監査

また，多国籍企業の活動による負の影響を抑制するには，社会監査，すなわち利害関係者による監視機能も重要である。企業は利害関係者から信頼を失うことによって企業の存続が危うくなるということを過去の不買運動の例からも理解している。社会的存在としての企業は，投資家，消費者，そして地域住民から切り離されて存在し得ないのである。

そのようななかで，多国籍企業の行動を監視することは，投資家，消費者，および地域住民に課せられた課題といえる。その監視機能の具体的な方法として「社会的責任投資（Socially Responsible Investment：SRI）」の普及があげられる。近年，株式市場の投資資金を活用して企業に人権や環境への配慮を求めるESG（環境・社会問題・企業統治）投資が広がり始めている。企業にとって資金面からの監視は極めて有効的に作用することになる。

また，企業は，投資家だけでなく，過敏なほど不信感をもつ消費者や地域住民に対して，第三者による認証を受けることによってその疑惑を払拭しようとする。つまり第三者による証明があれば，消費者や地域住民に対して，他の企業に比べて自身のモラル遵守をアピールできるというわけである。こうしたアピールの手段においても多国籍企業は優位性をもつ。

その代表的な認証機関として，米国のCSR評価機関であるSAI（Social Accountability International）が国際的な労働市場での基本的な労働者の人権の保護に関する規範を定めた規格としてSA8000がある。それは，児童労働，強制労働，差別の撤廃，労働者の健康と安全など９つの分野について，企業がその認証を受けるものである（高・ドナルドソン［2003］p.320）。

しかしながら，こうした認証評価には費用と人手がかかりすぎることと公平性などが課題となっている。それゆえ，より取り組みやすく精度の高い社会監査制度の構築が求められている。

4.2　フェアトレードとソーシャルビジネス

4.2.1　フェアトレード

フェアトレードのマークが印されたコーヒー豆やチョコレートなどの商品を購入している人もいるでしょう。渡辺によれば，フェアトレードの目的は，「疎外された生産者・労働者権利保障・自立・エンパワーメント，およびより公正な国際貿易の実現，ないし国際貿易のルール・監修の変革」（渡辺［2010］p.4）であるという。つまり，フェアトレードとは，社会的弱者，例えば途上国の生産者や労働者の自立をめざし，公正な国際貿易，すなわち原料や製品を適正な価格で継続的に購入することをめざして実践することである。

また，こうした運動を推進する都市はフェアトレードタウンとして認定される。その前提は，自由貿易は途上国に不利であり，それが貧困の拡大の原因ととらえる問題意識から始まっている。というのも，一次産品の取引において，およそ生産者はその仲買人や輸出入業者よりもその立場が弱いためである。

しかし，いくつかの課題が指摘されている。例えば，フェアトレードの認証機関が統一されていないことやその公平さにばらつきがある。また，多国籍企業が広告活動としてそれを利用しているに過ぎない。さらに，近年は一次産品の国際価格が高騰していて，フェアトレード価格よりも市場価格の方が高くなる場合もあるなどである。

しかし，村田は，国際人権規約の社会権規約第11条を取り上げ，「輸入相手国の生産者に関心を払い，『世界の食料の供給の衡平な分配』という国際社会への義務」を訴え，フェアトレードの意義を説明する（村田［2005］pp.61-62)。つまり，フェアトレードは，現在のところ課題もあるが，自由貿易の問題点，すなわち市場で価格が決定される不安定さや生産者の取引相手が有利な立場であることなどに対して，生産者の人権を考慮し，その最低価格を引き上げる効果を期待させるのである。

4.2.2　ソーシャルビジネス

今までみてきたような社会的諸課題に対して，ビジネスの手法を活用して取り組むことをソーシャルビジネスという。企業が利益を追求し，その出資者には出資分のみ還元し，残りを社会に還元するというこのビジネスに取り組む社会起業家や社会的企業は社会を変革する主体であるという（藤原［2009］pp.35-36）。

また，本来はソーシャルビジネスとは異なるBOP（Base of the Economic Pyramid）ビジネスとは，途上国のBOP層にとって有益な製品・サービスを提供することで，当該国の生活水準の向上に貢献しつつ，企業の発展も達成する持続的なビジネスのことを指す。またBOPとは，年間所得が購買力平価ベースで，3,000ドル以下の低所得層をいい，途上国を中心に，世界人口の約７割を占めているという[3)]。

こうした貧困層や社会的弱者に対してソーシャルビジネスを提唱したのが，ユヌス（Yunus, M.）であり，その理論は，貧困層の自立化を図り，さらに多国籍企業の経営資源を活用して社会的課題の解決につなげるというものである（林［2012］p.303）。

その先駆的な事例としてユヌスが創設したグラミン銀行は，バングラディッシュの貧困層を対象とした小口の低金利の無担保融資を行うため「貧者の銀行」と呼ばれている。また，主に女性の５人組の連帯責任にすることにより，その融資の返済率も極めて高くなっているという（Yunus［2008］参照）。

こうしたビジネスが拡大し，グローバルな社会に影響を及ぼすことによって，グローバリゼーションの浸透に伴った諸課題を解決に向かわせるディーセント・マネジメントにつながっていく可能性を秘めているといえよう。

コラム

グラミン銀行とソーシャルビジネス

グラミン銀行の創始者であるムハマド・ユヌス氏は，ソーシャルビジネスの理論とその実践の功績によって2006年にノーベル平和賞を受賞した。

近年，日本企業もグラミン銀行と提携して途上国に進出しはじめた。例えば，雪国まいたけは，2010年にグラミングループと緑豆の栽培を通じて貧困層を支援する合弁会社を設立した（『朝日新聞』2010年10月14日）。そのビジネスは，ユーグレナ社に引き継がれ，同社は2018年にバングラデシュの契約農家8200戸から1600トンの緑豆を購入し，そのうち800トンを日本に輸出したという（https://www.jica.go.jp/bangladesh/bangland/cases/case29.html）。

また，このビジネスモデルが先進国の貧困層においても適用可能なのかということが議論されてきた。そこで，2008年にアメリカのニューヨークやフランスにおける貧困層にこの手法が適用され一定の成果をあげた。しかし，無担保の人の審査に時間がかかり，また，借り手と信頼関係を作るのは簡単ではなかったという（『朝日新聞』2011年２月10日）。さらに，インドのある州ではマイクロファイナンス（グラミングループ）の過剰融資に対して貸付制限が設けられたという（『朝日新聞』2012年６月18日）。

そのようななかで，2018年に日本グラミンが活動を開始した。現在は日本国内においても，ソーシャルビジネスが多くの地域で導入され，課題を抱えながらも動き始めている。

注

1）世界銀行のウェブサイト（http://www.worldbank.org/ja/about/what-we-do）を参照（2015年８月30日閲覧）。

2）ILOのウェブサイト（https://www.ilo.org/tokyo/standards/list-of-conventions/lang--ja/index.htm）を参照（2015年８月30日閲覧）。

3）JETROのウェブサイト（http://www.jetro.go.jp/theme/bop/basic.html）を参照（2015年８月30日閲覧）。

《参考文献》

石田修・板木雅彦・櫻井公人・中本悟［2010］「グローバリゼーションをどうとらえるか」石田修・板木雅彦・櫻井公人・中本悟編『現代世界経済をとらえる』東洋経済新報社。

伊豫谷登士翁［2001］『グローバリゼーションと移民』有信堂。

伊豫谷登士翁編［2002］『グローバリゼーション』作品社。

浦田秀次郎［2009］「APECをどう捉えるか」浦田秀次郎＋日本経済研究センター編著『アジア太平洋巨大市場戦略』日本経済新聞社。

梅田徹［2006］『企業倫理をどう問うか』NHKブックス。

岡田泰男［1997］『経済史入門』慶應義塾大学出版会。

角山榮［1980］『茶の世界史』中公新書。

唐沢敬［2013］『世界経済 危機と発展の構図』関西学院大学出版会。

川北稔［1996］『砂糖の世界史』岩波ジュニア新書。

國島弘行［2015］「株主価値志向経営と新自由主義的グローバル化」重本直利編著『ディーセント・マネジメント研究』晃洋書房。

高巌・トーマス・ドナルドソン［2003］『ビジネス・エシックス（新版）』文眞堂。

重本直利［2015］「ディーセント・マネジメント論」重本直利編著『ディーセント・マネジメント研究』晃洋書房。

高橋俊夫［2008］「EUと企業の社会性」高橋俊夫編著『EU企業論』中央経済社。

谷口正次［2011］『教養としての資源問題』東洋経済新報社。

日本ILO協会［2002］『ILOのあらまし（第4版）』日本ILO協会。

丹羽典生［2013］「フィジーにおけるクーデタの連鎖」丹羽典生・石森大和編著『現代オセアニアの＜紛争＞』昭和堂。

浜矩子［2009］『グローバル恐慌』岩波新書。

浜矩子［2014］『地球経済のまわり方』ちくまプリマー新書。

林倬史［2012］「多国籍企業のBOP戦略とソーシャル・ビジネスの分析視角」多国籍企業学会編『多国籍企業と新興国市場』文眞堂。

林尚毅［2006］「多国籍企業の社会的責任」奥村皓一・夏目啓二・上田慧『テキスト多国籍企業論』ミネルヴァ書房。

林尚毅［2009］「日本多国籍企業のアジア戦略」赤羽新太郎・夏目啓二・日高克平編著『グローバリゼーションと経営学』ミネルヴァ書房。

平川均［2006］「東アジアの自由貿易体制をつくる」進藤榮一・平川均編著『東アジア共同体を設計する』日本経済評論社。

藤原隆信［2009］「NPO・社会的企業と経営学」馬頭忠治・藤原隆信編著『NPOと社会的企業の経営学』ミネルヴァ書房。

細川孝［2009］「現代社会と株式会社」細川孝・櫻井徹編著『転換期の株式会社』ミネルヴァ書房。

細川孝［2014］「日本の高等教育と大学設置法人」細川孝編著『「無償教育の漸進的導入」と大学界改革』晃洋書房。

村田武［2005］『コーヒーとフェアトレード』筑摩書房ブックレット。

渡辺龍也［2010］『フェアトレード学』新評論。

Bhagwati, J.［2004］*In Defense of Globalization,* Oxford Univ. Press, Inc.（鈴木主税・桃井緑美子訳［2005］『グローバリゼーションを擁護する』日本経済新聞社）.

Bremmer, I. & Roubini, N.［2011］「金融危機が出現させたGゼロの世界」『Foreign Affairs Report』No.3，フォーリン・アフェアーズ・リポート・ジャパン.

Friedman, T.［1999］*The Lexus and The Olive Tree,* Farrar, Straus and Giroux.（東江一紀・服部清美訳［2000］『レクサスとオリーブの木』草思社）.

George, S.［1977］*How the Other Half Dies,* Penguin Books, Ltd.（小南祐一郎・谷口真理子訳［1984］『なぜ世界の半分が飢えるのか』朝日選書）.

George, S.［2004］*Another World is Possible, If…,* Verso.（杉村昌昭・真田満訳［2004］『オルター・グローバリゼーション宣言』作品社）.

Klein, N.［2000］*No Logo,* Westwood Creative Artists Ltd.（松島聖子訳［2001］『ブランドなんか，いらない』はまの出版）.

Palan, R., Murphy, R. & C. Chevagneux［2010］*Tax Haven -How Globalization Really Works,* Cornell Univ.（青柳伸子訳［2013］『徹底解明タックスヘイブン』作品社）.

Ritzer, G.［2004］*The Mcdonaldization of Society,* Revised New Century Edition, Sage Publications, Inc.（正岡寛司訳［2008］『マクドナルド化した社会』早稲田大学出版部）.

Sassen, S.［1996］*Losing Control?* Columbia Univ. Press.（伊豫谷登士翁訳［1999］『グローバリゼーションの時代』平凡社）.

The World Bank［2012］*World Development Indicators,* The World Bank.

Yunus, M. [2007] *Creating a World without Poverty,* Public Affairs.（猪熊弘子訳［2008］『貧困のない世界を創る』早川書房）.

《新聞・雑誌・HP》

『現代思想』第42巻第17号［2014］，青土社

『朝日新聞』

『東京新聞』

『日本経済新聞』

国際協力機構：JICA（https://www.jica.go.jp）

国際労働機構：ILO（http://www.ilo.org）

世界銀行（http://www.worldbank.org）

日本貿易振興会：JETRO（http://www.jetro.go.jp）

第 8 章

日本企業における労働環境

本章は３つのテーマから構成されている。

１つはこれまでの日本企業における経営の特徴を扱う。それは日本的経営と呼ばれており，その代表的な内容を整理する。

２つめには企業内の労働条件や環境について見ていく。例えば，日本の労働時間は世界的にも長時間といわれている。実際にどれくらい労働者は働いているのか，また現在増加している非正規労働者と正規労働者との処遇にはどのような差があるのか，労働が労働者に及ぼす影響などを検討する。

そして３つめは政府が進めている「働き方改革」を扱う。その働き方改革には様々な効果があるとされる。そうした効果において注目すべき点に「ワーク・ライフ・バランスの実現」があり，これを実現するための多様な働き方の１つにテレワークが位置づけられている。テレワークによる働き方は企業や労働者にいかなる効果や影響を及ぼすのかデータを基にし経営学的視点から考察する。

1　日本的雇用制度の特徴

1.1　日本的経営の三種の神器

日本企業に特有の経営の方法や考え方を日本的経営という。日本的経営はアベグレン（Abegglen, J. C.）が日本の旧財閥系企業の経営手法を実証研究し，1958年に*The Japanese Factory*（Abegglen, J. C. [1958]，占部監訳 [1958]）を刊行したことにより注目されるようになった。1972年には経済協力開発機構が『OECD対日労働報告書』で生涯雇用（終身雇用），年功賃金，企業別労働組合を日本的雇用制度（Japanese Employment System）の「三種の神器」と表現し，それが日本的経営の代表的な特徴として性格づけられた（経済協力開発機構 労働省訳・編［1972］序 p.１）。本節ではこの日本的経営の代表的な特徴と変遷について考察してみたい。

1.1.1　終身雇用制

アベグレンは日本の雇用制度の特徴をLifetime commitmentと表現し，それが終身雇用と訳され広く知られるようになった。終身雇用制は，日本的雇用慣行として日本的経営の中核に位置づけられる。終身雇用とは，企業と従業員との雇用関係がほとんど終身的・恒久的であることが暗黙の前提となっており，新規学卒者が特定の企業に入社すると，定年退職まで長期にわたって雇用される慣行である。これは労使の契約により成立するものではなく，あくまで労使相互間の慣行が定着したものである。終身雇用によって従業員の離職率，転職率は低くなり，企業に対する従業員の帰属意識が高く忠誠心が強いと認識されていた。多くの企業が学卒前の一定期間に一斉に採用活動を行い，それは新規学卒者一括採用と呼ばれ，この採用制度と定年退職制度によって企業内人生の入口と出口が固定される。労働者からすれば雇用の不安がなく，入社後の人生設計が容易であり，企業は長期間にわたる雇用関係から長期的視点に立った雇用管理ができ安定した経営ができる。採用の際には，特定・専門の職務・能力よりも人物や生活信条などの潜在的な全人的能力が重視される傾向があり，企業が必要とする職務遂行能力や技術は採用後に教育や訓練を行い習得させる。そして配置転換などを経験させることにより職務遂行能力や技術を高めていった。

1.1.2　年功制

年功制は終身雇用制と密接に関連しており，終身雇用制を支える中心原則と位置づけられる。年功制は年功をもとに処遇を決定するもので（１）年功賃金，（２）年功昇進を内容としている。（１）年功賃金は直接的には職務と関係しておらず，原則的には職務が変わっても賃金が変化することはない。年齢，勤続年数，学歴，性別などの属人的要素を基準として賃金を決定する仕組みである。

年功賃金における初任給は原則とし単身者賃金で支払われるため賃金水準は非常に低い。

この年功賃金の成立時期や根拠は諸説あるが，関谷幸三によれば1920年から1930年頃にかけて成立し，その成立根拠は第１に賃金水準が低かったことにあるとしている。日常生活を維持するのに必要な生計費に応じて賃金を決め，この生計費は年齢に応じて高くなるので年齢とともに賃金も高くなる。第２の根拠としては，熟練の性質があげられる。熟練は長期間の経験により体得され，また企業内教育で熟練労働者を養成する。そのため年功に応じて熟練度が増すと考えられていた。第３には学歴別身分制に根拠が求められる。かつて中卒者を工員に，高卒者を下級職員に，大卒者を上級職員に位置づけ，それらの間には厳格な身分差があった。学歴構成が企業内での身分構成に対応しており，上級教育を受けるものが極端に少ない時代であったため高学歴ほど能力が高いと考えられていた。第４の根拠は，経営家族主義と企業忠誠心の存在である。既述のように年功制は終身雇用制と関係しており，勤続年数が増加することで賃金が高くなると所得の安定性が労働者にもたらされる。経営家族主義により企業は労働者に所得安定性を提供し，その替わりに企業は労働者からの忠誠心を求めた。このような根拠から年功賃金が誕生した（関谷［1978］pp.75-76）。

一方，（２）年功昇進は勤続年数とともに労働者の熟練度や職務知識，リーダーシップ能力も増加するという考え方に基づいている。年功賃金と同様に，企業内昇進の決定要因として学歴や勤続年数が大きく関係し，年齢が高くなるにつれ地位が上がっていく仕組みとなっている。ただし主観的なものであるが勤務状況が査定される。つまり人事考課によって企業に対する貢献度，忠誠心が評価され昇進が決定されるために勤務成績と無関係ではない。

1.1.3　企業別労働組合

憲法第28条には「勤労者の団結する権利及び団体交渉その他の団体行動をする権利は，これを保障する」とされている。これらの団結権，団体交渉権，団体行動権の３つの権利は労働基本権（労働三権）と呼ばれ，こうした権利により労働組合を結成し，そこに加入し，企業と労働条件などを交渉したりすることが保障される。労働組合は労働者が主体となって労働時間や賃金などの労働条件の維持や改善，労働者の経済的，社会的地位の向上を図るために組織される団体である。

日本における労働組合の多くは個別企業毎に従業員によって組織されるので企業別労働組合，企業内労働組合，従業員組合などと呼ばれ，正規従業員だけを組合員とする労働組合が多い[1)]。企業別労働組合では，同一企業の従業員と使用者という共同体的な労使関係を基礎としており，労使は敵対的・対立的関係ではなく労使が企業の存続，発展を目指し協調的な関係を保っている。企業の存続と組合の存続は連動しており，企業存続が危ぶまれる状況をもたらすような行動，例えばストライキなどの権利を有しているが行使することはほとんどない。大企業でない限り組合活動専従者を採用することができないため，組合員は企業から賃金を得ながら組合活動を行うことになる。幹部は従業員のなかから選出され，多くの場合に勤続年数の長いものが選ばれ，その組合の幹部が後には企業の幹部になることも少なくない。

これに対して欧米の労働組合は企業の枠を超えた横断的な職業別組合および産業別組合であり，企業外で独立して組織される。そのため組合員資格は特定の企業の従業員である必要はない。職業・産業を横断しているため組合員数も多く，それに応じて組合費も集まるので組合活動専従者を置くこともできる。日本でも企業別労働組合の連合体が産業別労働組合[2)]を組織しているが，そこに加盟している組合は組織運営の独立性を保つため企業別労働組合の性格を有する。総じて日本の労働組合は労働条件の向上，改善を図るために労使が敵対的・対立的に闘争するというよりも企業の維持，継続，発展を目指し強調的関係にあり，形骸化，弱体化している。

1.2　雇用慣行の変化

1.2.1　終身雇用制の変遷

1990年代に入るとバブル経済が崩壊し，長期的な景気低迷などの経済悪化に伴い長期雇用の基盤はかなり崩れてきた。第１次オイルショックの際にも減量経営という名の下に賃金コストの高い労働者層をできる限り削減するため大企

［図表８-１］グループ別にみた処遇の主な内容

	雇用形態	対　象	賃　金	賞　与	退職金・年金	昇進・昇格	福祉施策
長期蓄積能力活用型グループ	期間の定めのない雇用契約	管理職・総合職・技能部門の基幹職	月給制か年俸制職能給昇給制度	定率＋業績スライド	ポイント制	役職昇進能力資格昇格	生涯総合施策
高度専門能力活用型グループ	有期雇用契約	専門部門（企画，営業，研究開発等）	年俸制業績給昇給なし	成果配分	なし	業績評価	生活援護施策
雇用柔軟型グループ	有期雇用契約	一般職技能部門販売部門	時間給制職務給昇給なし	定率	なし	上位職務への転換	生活援護施策

出所：新・日本的経営システム等研究プロジェクト［1995］p.32。

業を中心に中小関連会社への出向，選択定年制の導入などが見られたが，90年代以降にはその傾向が顕著となり，またパートタイム労働者や派遣労働者などの非正規労働者による調整が容易な労働者層を活用するなどの施策がとられ柔軟な雇用形態の活用と賃金コスト削減を導入し始めた。終身雇用制を維持することが困難になり，制度を見直す動きや中途採用者比率を高める企業も多くなっている。

1995年には日本経営者団体連盟（以下，日経連と略す）は，それまでの長期安定型雇用形態を見直す方針を策定した（新・日本的経営システム等研究プロジェクト報告［1995］pp.30-34）。その方針とは人材の有効活用と個人尊重を前提としながら企業と労働者のニーズを反映させ「長期蓄積能力活用型グループ」，「高度専門能力活用型グループ」，「雇用柔軟型グループ」という雇用形態を３つにパターン化し，それらを効果的に組み合わせるというものである。これは「雇用ポートフォリオ」と呼ばれる。

まず「長期蓄積能力活用型グループ」とは従来の終身雇用制を踏襲するもので，期間の定めのない雇用契約で長期継続雇用を前提としており，管理職や総合職待遇が期待される正規労働者に適応される。次に「高度専門能力活用型グループ」とは，有期雇用契約で企業が抱える課題解決に専門的熟練・能力で応えられる専門部門に属する労働者，例えば高度な技術を持つ派遣労働者などに用いられる。３つめの「雇用柔軟型グループ」とは，企業の業務に応じ有期雇用契約で，時間帯，労働者の就労意識に合わせて雇用される従業員などが該当する。典型的な雇用形態はパートタイマー，アルバイト，派遣社員などである。今後は終身雇用的性格を持つ「長期蓄積能力活用型グループ」を維持しながらも，新しい「高度専門能力活用型グループ」や「雇用柔軟型グループ」を効果的に組み合わせ企業と労働者のニーズに合った「自社型雇用ポートフォリオ」の構築の必要性が日経連によって提案された。このような方針の導入により経営環境の変化と共に徐々に終身雇用制も変化を遂げていった。

1.2.2　年功主義から能力主義，そして成果主義へ

終身雇用制が変化していくとともに，他の日本的経営の特徴にも影響が生じた。その１つが年功主義から能力主義へ，そして成果主義へという移行である。

年功主義に基づく年功制は，年功によって賃金や昇進が決定されることが前提であるため経済環境が悪化した際，企業にいくつかの問題が生じた。例えば，（１）1960年頃より若年労働者への労働需要が集中し求人倍率が急激に上昇し，それに伴い初任給が高くなり人件費を著しく騰貴させたこと，（２）勤続年数が長くなると定期昇給制度によって賃金コストが増大すること，（３）年功昇進によって職位が上がれば必然的に管理職ポストが不足すること，（４）技術革新とりわけITなどの情報技術革新の進展に伴って年功序列と能力序列が乖離し矛盾すること，などである。そのような弊害もあり，日経連は人事・賃金などの処遇は基本的に能力，成果を中心とする制度に変えていく必要があるとし（新・日本的経営システム等研究プロジェクト報告［1995］p.35），年功主義に基づく年功制から企業に対する貢献に見合った処遇を決定する考え方に移行する方針を打ち出した。

若年労働者の初任給上昇，賃金コストの増大，管理職ポストの不足，賃金と労働実態の乖離などの改善・解消を目指し1950年代後半から1960年代前半にかけて職務給が一部の大企業で導入された。職務給とは，担当する職務の難易度，責任度，熟練度，重要度，作業条件などの特性により決定される賃金制度である。整合的な職務賃率の構造を形成する手段として職務評価が必要となる。職務評価とは，職務に関する情報を整理・収集し，職務の内容を明確にした職務

分析の結果に基づき社内の職務を他の職務と比較し，職務の大きさを相対評価するものである。評価された職務の価値と賃金を連動させるため現在注目されている「同一労働・同一賃金」の実現の可能性を含んでいる。しかし当時の内部昇進制と柔軟な人の配置や移動を行ってきた流動的仕事編成を行う経営の下では限定された仕事に対する賃金制度を基にした職務給は馴染まず定着しなかった。

そこで職務給の職務評価や職務分析の特色を活かしながら日本企業に適応する賃金体系が導入された。それが能力主義に基づく職能給である。職能給とは職務給のように職務にではなく職務遂行能力に対して支払われる賃金であり，労働者が保有している顕在的能力と潜在的能力に対して賃金が支払われる。そこには属人的要素が含まれている。職能とは特定の職務に求められる特殊な能力ではなく，組織内のあらゆる部門に適用するような組織・職種横断的な能力と定義されている。職務遂行能力を評価するための職能資格制度があり，格付けは職能資格等級を用いて職務遂行能力という労働者個人の属性によって決められる。しかし厳格な資格基準が設定されておらず職務遂行能力を正確に判断できないため年齢や勤続年数に比例して職務遂行能力が向上しているとみなし年功的に運用され，それにより賃金コストが高くなるという性格を持つ。

その後，バブル経済崩壊後にはさらなる人件費削減や労働者の流動化が求められるようになった。人件費削減，人件費の効果的な配分の実現を目指し成果を基準として賃金が決定される制度が導入され始めた。それが成果主義に基づく成果給である。成果給とは人事や処遇の決定基準を仕事の貢献度・成果に求める賃金制度である。短期的な仕事の成果・結果や業績を重視する。成果とは目標の達成度のことであり，その成果を測定する手段として目標管理と人事評価が適用される。実際には成果を把握するために職務価値と目標達成度の双方から検討される。そうして職務の困難性，責任度などの特性によって成果給を決定する。出来高給の考え方を踏襲したものであり成果の達成が賃金に直結しており，目標達成度によって賃金が変動するため，目標が達成されれば高賃金を得られるが達成できなければ低賃金となる。しかし人事評価には主観的要素を排除しきれないこと，納得性，客観性，公正性をいかに確保するかという点，その他にも短期的成果を求めることにより個人間競争の激化，賃金の不安定性などの問題点が指摘されている。そのため成果主義に基づく成果給を導入した企業でも制度を見直し変更したり，また廃止している企業も少なくない。

日本的経営の代表的な特徴にも位置づけられた年功主義は能力主義へと転換し，さらに成果主義へと進展した。それに伴って賃金制度も年功給から職務給，そして職能給が適用され，さらに成果給が導入された。しかし成果主義に基づく成果給には問題もあり，改善が求められている。このように終身雇用制の変遷と同様に賃金体系も変化していった。その他にも日本的企業慣行として集団主義，経営家族主義[3)]，福利厚生制度，稟議制や小集団活動のボトムアップ経営，企業内教育など，様々な特徴があるが紙幅上ここでは省略する。

2　企業における労働の実態

人々は生活を維持するため，すなわち生命を再生産するために働かざるを得ない。多くの場合，この働く場を提供してくれるのが企業である。その企業と労働者との関わりにおいて様々な問題が生じることがある。それがこれから検討する日本企業における労働の実態である。

2.1　労働時間の現状

日本の長時間労働は世界的に有名である。労働政策研究・研修機構によれば2018年の就業者１人当たり平均年間総実労働時間は，日本1,680時間，アメリカ1,786時間，イギリス1,538時間，フランス1,520時間，ドイツ1,363時間であった（労働政策研究・研修機構［2019］p.241）。日本の長時間労働と対照的に短時間労働で知られるドイツとのその差は年間317時間あり，１日８時間労働として日本は39.63日，約40日ドイツよりも多く働いたことになる。バブル経済期には2,000時間を超える長時間労働が恒常化していたが，1980年代の対外貿易黒字の増大に伴い国際的に日本の長時間労働は批判の的となり，政府による時短対策がなされた。1987年には労働基準法（以下，労基法と略す）の改正に伴い週間労働時間が48時間から40時間となる。1988年には46時間，1991年は44

時間，1994年に40時間へと段階を踏みながら，最終的に1997年週40時間制が導入された。同時に週休２日制が広がり労働時間短縮の環境が整えられ，徐々に統計上の労働時間は短縮されていった。

労働時間は短縮傾向にあるものの，1990年代前半でバブル経済が崩壊し余剰人員の整理のためにリストラと称した正社員の解雇が行われた。そして解雇した正社員の労働量が企業に残った他の正社員にのしかかり，その労働負荷は重く過重労働となり，それを処理するために労働時間が長くなった。だが長時間労働の原因はそれだけではない。例えば，加速する国際化・グローバル化への対応，コンビニエンスストアなどの年中無休・24時間営業の増加，流通・物流・郵便などの迅速化などが労働時間を長くし労働者を疲弊させる原因となっていた。一方で長時間労働改善に対する施策は講じられながら，他方で長時間労働を誘引する経済的，社会的状況の変化に対応しなければならないという社会構造上から生じる影響も大きい。

労働時間は労基法で週40時間と定められているが，しかしそれ以上の労働時間で働いている人が少なからずいる。例えば，週60時間以上働いている労働者のデータがある。週60時間以上とは，法定内労働時間40時間，それに加え20時間以上働くことになり，週５日勤務として１日４時間以上の所定外労働（残業）が課されることになる。総務省統計局『労働力調査』によれば，週60時間以上の長時間労働に従事する労働者は2016年～2018年では総労働者の１割弱（８％），男性労働者に限っては１割を超えており（12％），なかでも働き盛りといわれる30～54歳では約1.5割（14.7％）に及ぶ。同調査によれば平均年間労働時間は2,007時間であるのに対し，30～54歳男性のそれは2,419時間であり，その差は約412時間ある。働き盛りの男性労働者は労働者全体の平均労働時間より１日８時間労働で換算し年間52日多く働いたことになる。また反対に週35時間以下の短時間労働従事者は全労働者の３割強（31％）[4)]となっており，長時間労働に従事する労働者と短時間労働に従事する労働者とに二極化している。

2.2　増加する非正規労働者とその処遇

2019年の正規労働者は3,494万人，それに対して非正規労働者は2,165万人で前年より45万人増加し，全労働者の38.3％を占めている。その非正規労働者のうち男性は691万人（32％），女性が1,475万人（68％）となっている[5)]。

年々増加傾向にある非正規労働者と正規労働者の収入の差はどれくらいあるのだろうか。厚生労働省（以下，厚労省と略す）『賃金構造基本統計調査』（以下，『賃金構造』と略す）では正社員・正職員（正規労働者）と正社員・正職員以外（非正規労働者）の賃金に関する集計では，正規労働者の賃金を100とすれば非正規労働者の賃金は2017年～2019年の平均で男性66.8，女性71.0であり，男女ともに非正規労働者は正規労働者の７割前後の収入であった[6)]。正規労働者の賃金でも労働力の再生産を何とか行えるという程度の低賃金であり生計費として十分ではないが，非正規労働者はその７割前後の賃金収入しか得られていない。

憲法第25条では「すべて国民は，健康で文化的な最低限度の生活を営む権利を有する」と謳われているが，そうした生活を実現するために必要な費用，すなわち人間が生活していくためにはどれくらいの収入が必要になるのだろうか。例えば，日本労働組合総連合会（以下，連合と略す）が算定した最低生計費に当たる月間必要生計費によれば，2017年では世帯人員１人の場合180,156円，２人では244,668円[7)]，さらに2014年の総務省「全国消費実態調査」に基づく実態生計費（消費支出）は世帯人員が１人の場合183,179円，２人以上292,882円であった[8)]。それらの生計費と厚労省『賃金構造』の非正規労働者の賃金を比較する。『賃金構造』では2017年～2019年の非正規労働者の賃金は平均で210,500円であった[9)]。世帯人員１人の単身者の最低生計費が連合によれば180,156円，総務省では183,179円であり，非正規労働者の収入で何とか生活することはできたとしても，貯蓄などはほとんどできない状況となっている。また２人以上の世帯であれば非正規労働者１人だけの収入では生活できない現状がある。いずれにしてもこの現状は働く貧困層を創出することになる。非正規労働者の収入では生活することが難しい。それは労働力の再生産ができないことを意味し，労働者は生命維持の危機に陥る。労働者が生活できるような賃金水準を維持しなければ，労働者だけでなくその家族にも影響を及ぼす。全国労働組合総連合では「衣食住と子の養育，本人と家族の健康を維持し，働き続けられるだけの費用（労働力の再生産費）」[10)]を生計費の原則としているが，実際非正規労働者の収入はこの原則の水準とかけ離れている。例えば若年労働者層においては低収入のため生活が困難となり結婚もできず，未婚化，晩婚化の問題が生じ，それは少子化に拍車をかける。低賃金構造が次世代の労働者の減少（少子化）を招くことになる。そうした状況を改善するためにも雇用形態別賃金格差の是正や低賃金構造の改革を早急に行わなければ憲法第25条の「最低限度の生活を営む権利」が保障できないことになる。

2.3　蔓延するサービス残業

労働時間に関する調査資料として厚労省『毎月勤労統計調査』（以下，『毎勤』と略す）と前出の総務省『労働力調査』（以下，『労調』と略す）がある。『毎勤』によれば年間総実労働時間は2016年に1,724時間，2017年1,720時間，2018年1,706時間[11)]，『労調』では年間就業時間は2016年が2,018時間，2017年2,023時間，2018年1,981時間[12)]となっており，両者の差は2016年には294時間，2017年303時間，2018年275時間生じている。

［図表８-２］『毎月勤労統計調査』と『労働力調査』の労働時間とその差

	2016年	2017年	2018年
『毎勤』	1,724	1,720	1,706
『労調』	2,018	2,023	1,981
その差	294	303	275

（単位：時間）

出所：厚生労働省『毎月勤労統計調査』，総務省統計局『労働力調査』より作成。

厚労省と総務省の調査では労働時間が違う。なぜこのような労働時間の違いが生じるのだろうか。それは『毎勤』の調査対象者は常用労働者５人以上の事業所すなわち企業であり，使用者が賃金台帳の正規の所定内労働時間に支払われた賃金，さらに残業などの所定外労働に対する手当を加算し，そこから労働時間を算出したものである。一方『労調』のそれは全国から選定された約40,000世帯の世帯員のうち15歳以上の約10万人に対して調査している。つまり対象となるのは就業している労働者個人に対して調査したものである。両者は調査対象が異なるために結果として労働時間に差が生じる。

ではこの『毎勤』と『労調』の労働時間の差は何を意味するのか。1991年当時の経済企画庁は「総務庁『労働力調査』（勤労者に対する調査）と労働省『毎月勤労統計調査』（雇用主に対する調査）の労働時間の差がサービス残業である」（経済企画庁［1991］p.137）と指摘している。つまり2016年の294時間，2017年の303時間，2018年275時間は賃金不払いのサービス残業を意味する。それは事業所・企業による労働者の労働力の私的占有すなわち搾取であり，労働者に「ただ働き」させていることを現している。こうしたサービス残業があることを認識しなくてはならない。最近では従業員による不払い賃金の支払いを求める訴訟が起こされ，事業者・企業側に支払い命令がなされたニュースを耳にする機会も増えているが，そうした訴訟は氷山の一角であり，ほとんどの労働者は泣き寝入りしているのが現実である。

2.4　過重労働と過労死・過労自殺との関係

労働者は労働力を商品として企業に提供し，その対価として賃金を得て生活する。この労働力の提供の場において損害を被る場合がある。これまで見てきたように企業では長時間労働が存在し，それが原因で労働者は肉体的あるいは精神的に疲弊し，最悪の場合には死に至る場合もある。いわゆる過労死や過労自殺である。過労死は，KAROSHIとして外国でも通用するほどよく知られた事象である。

厚労省は「業務における過重な負荷による脳血管疾患若しくは心臓疾患を原因とする死亡」と「業務における強い心理的負荷による精神障害を原因とする自殺による死亡」を過労死等と定義づけている。前者が過労死，後者が過労自殺である[13)]。ちなみに厚労省は過労死と労働時間の関係について，①発症前１か月間ないし６か月間にわたって，１か月当たり概ね45時間を超えて時間外労働時間が長くなるほど，業務と発症との関連性が徐々に強まる，②発症前１か月間に概ね100時間または発症前２か月間ないし６か月間にわたって，１か月当たり概ね80時間を超える時間外労働が認められる場合は，業務と発症との関連性が強くなる，と判断している[14)]。①は過労死等の警告ライン，②は危険ラインといえるだろう。

厚労省の「脳・心臓疾患」と「精神障害」の労災補償状況によれば，過労死に対する請求件数は2015年には795件（括弧内は死亡件数283件），2016年825件（261件），2017年840件（241件），2018年877件（254件），2019年936件（253件）であり，それに対し過労自殺を含む事案に対する請求件数は2015年1,515件（括弧内は自殺，未遂も含む件数199件），2016年1,586件（198件），2017年1,732件（221件），2018年1,820件（200件）2019年2,060件（202件）となっている。請求件数は過労死，過労自殺ともに増加の一途をたどっている。年齢別でみると脳・心臓疾患は50～59歳が最も多く，次いで60歳以上，そして40～49歳の順となり比較的高齢労働者層に発生し，他方，精神障害は40～49歳が最も多く，次いで30～39歳，そして20～29歳の順となっており，比較的若年労働者層に発生している[15)]。弁護士，労働組合，労働問題を扱うNPOなどの積極的な活動により請求件数，認定件数が増加し過労死や過労自殺の実態が徐々に明らかになっている。

［図表8－3］「脳・心臓疾患」と「精神障害」の労災補償状況

	2015年	2016年	2017年	2018年	2019年
脳・心臓疾患	795（283）	825（261）	840（241）	877（254）	936（253）
精神障害	1,515（199）	1,586（198）	1,732（221）	1,820（200）	2,060（202）

（括弧内は死亡者件数）

出所：厚生労働省『毎月勤労統計調査』，総務省統計局『労働力調査』より作成。

また1980年代半ばから過労死が，その後過労自殺が社会問題となり，2014年に「過労死等防止対策推進法」が成立し，2018年には効果的推進を図るため「過労死等の防止のための対策に関する大綱」が策定された[16)]。これらの法律や対策の施行は，過労死・過労自殺の増加を反映したものである。しかし労災補償の申請件数から明らかなように過労死，過労自殺は減少しておらず，これらの法律や大綱は画餅となっている。企業は労働に関する法律を遵守することは当然ながら，違反した企業に対して厳しい罰則を設けるなどの措置が必要である。また労働者自身もそうした法律などを知ることにより自分の命を守る行動を取ることが重要となる。そうした行動をどう取ればよいかわからない場合には，「過労死110番全国ネットワーク」[17]に代表される労働問題を扱う団体，弁護士，NPOなどに相談するなど，それらを積極的に活用すべきである。そして過酷な労働環境（条件）を改善し，憲法第25条の「健康で文化的な最低限度の生活を営む」権利が守られる労働社会を構築しなければならない。

3　多様化する働き方

3.1　多様な働き方とワーク・ライフ・バランス

2019年より働き方改革関連法案の一部が施行され働き方改革が進められている。働き方改革では，働き方自体を改革すること，同時にワーク・ライフ・バランス（Work Life Balance，以下WLBと略す）の実現が車の両輪のように位置づけられる。2007年に「仕事と生活の調和推進官民トップ会議」が設置され，そこで「仕事と生活の調和（WLB）憲章」と「仕事と生活の調和推進のための行動指針」が策定された。わが国では企業間競争の激化や経済低迷や産業構造の変化などにより労働が長時間化し，それが問題視され，さらには海外から日本人の働き方はワーカホリック（Workaholic：仕事中毒），働き蜂と揶揄される状況下でWLBが取り沙汰された。私生活を犠牲にし仕事を優先するような働き方，また正規労働者以外の働き方などによる経済的に自立できない人たちが大幅に増加し，いわゆる「労働の二極化」が問題視された。そうした働き方に警鐘を鳴らすべくWLBが議論されるようになってきた。

WLB行動指針の「仕事と生活の調和が実現した社会」には，（１）就労による経済的自立が可能な社会，（２）健康で豊かな生活のための時間が確保できる社会，（３）多様な働き方・生き方が選択できる社会，という３つの柱がある[18]。そうした社会を目指し，様々な問題に対応するための策が含められたWLBではあるが，本節では行動指針にも挙げられている（３）「多様な働き方・生き方が選択できる社会」に焦点を当てる。その多様な働き方を実現する方法の１つにテレワークが位置づけられている。このテレワークという働き方がWLBの実現の一翼を担うことができるのかどうか検討してみよう。

3.2　働き方の多様化とテレワーク

多様な働き方として女性労働，高齢者雇用，非正規労働，裁量労働，テレワークなどが取り上げられる。そうした働き方の多様化のなかのテレワークについて検討する。総務省はテレワークに①「社会的な効果」として，〈1〉遠方居住者の新規雇用や通勤が困難な障がい者の雇用などによる労働人口確保，〈2〉UJIターン・二地域居住や地域での企業などを通じた地域活性化，〈3〉通勤減少やオフィスの電力消費でのCO_2排出の削減による環境負荷への軽減，②「企業」には，〈1〉業務効率の向上や顧客への迅速な対応などによる生産性の向上，〈2〉育児や介護での退職などを余儀なくされる優秀な人材の確保・離職抑止，〈3〉オフィスコスト（家賃）や交通費の削減，〈4〉非常災害時やパンデミック時における事業継続性の確保，また③「就業者」に対して，〈1〉女性労働，非正規雇用，裁量労働，在宅勤務など多様で柔軟な働き方の確保，〈2〉家族と過ごす時間，自己啓発などの時間増加などのWLBの実現，〈3〉仕事と育児・介護・治療の両立（少子高齢化対策の推進），〈4〉通勤時間の削減，などの効果を見込んでいる[19)]。

そもそもテレワーク（telework，以下TWと略す）とは，テレ（Tele：遠隔）とワーク（Work：働く）が合成された造語であり，英語ではテレコミューティング（telecommuting）が使われている。総務省はTWを「ICT（情報通信技術：Information and Communication Technology）を利用し，時間と場所を有効に活用できる柔軟な働き方」とし，「WLBの実現，人口減少時代における労働力人口の確保，地域の活性化などへも寄与する，働き方改革実現の切り札となる働き方」と定義している[20)]。TWは働く場所により（1）在宅勤務型，（2）モバイル型，（3）施設利用型などに分けられている。（1）は自宅に滞在し，職場とパソコン，電話，FAXなどで連絡をとりながら進める働き方である。まったく会社に出社しない完全在宅勤務型はごく少数で，時間単位，1日単位で在宅勤務する部分在宅勤務型が大部分を占める。（2）は顧客の出先や公共交通機関での移動中にモバイルなどの端末を使った働き方であり，出勤が定められている日以外は基本的にどこで働いても良い。（3）は勤務先以外のサテライトオフィスなどの施設で端末を利用した働き方である。さらにTWは企業に雇われて働く雇用型TWと請負や自営による非雇用型TWと分類されるが，本節では雇用型TWを主として対象とする。TWは場所だけでなく時間に関しても制約されない働き方と捉えられる。

3.3　コロナ禍におけるテレワークの現実と可能性（実践編）

3.3.1　テレワークの導入率

TWを導入している企業の割合は2017年13.9%，2018年19.1%，2019年20.2%と推移している[21)]。だが，その状況が2020年に一転する。それは周知のように2020年の新型コロナウイルス感染拡大の影響によるものである。同年４月に政府より緊急事態宣言が発令され社会状況が一変した。内閣府の調査によれば，その際のTW経験者は就業者数の34.6%，東京都にいたっては55.5%，東京圏で48.9%であった[22)]。感染拡大の影響により暫定的であるがTW導入率が急激に高まった。いわゆる「非常災害時やパンデミック時における事業継続性の確保」のため利用せざるを得ない状況での導入である。

3.3.2　テレワーク利用状況と使用頻度

この緊急事態で労働者はTWをどう評価したのだろうか。「（自身の）担当業務のうちTWを利用できる割合」に関する調査では，業務の半分以上をTWにすることができるという回答は81.3%，半分以上TWでは対応不可能が11.3%，ほぼすべての業務で不可能が6.5%であった。８割以上の労働者はTWによる業務執行が可能と答えているが，約２割弱が支障があるとしている（日経BP総合研究所イノベーションICTラボ［2020］p.20）。「今後，どの程度の頻度でTWを利用してみたいか」については，「ほぼすべて」あるいは「半分以上」でTWを利用したいという両者の回答を合わせると20.3%であるのに対して，TWの「利用は困難」，「利用したくない」の合計は49.6%と半数近くはTWでの就業に否定的である[23)]。その理由は「社内での気軽な相談・報告が困難」，

「取引先等とのやりとりが困難」,「画面を通じた情報のみによるコミュニケーション不足やストレス」などがあり，同僚，取引先，顧客などとのコミュニケーションの問題が挙げられている[24)]。

3.3.3　労働時間と労働生産性

企業にとって最大課題である（1）労働時間と（2）労働生産性（業務効率）の変化に関する調査を見てみよう。緊急事態下の（1）労働時間については「大幅に減少，減少，やや減少」の合計が47.0%,「変化なし」40.2%，それに対し「やや増加，増加，大幅に増加」を合わせると8.9%と約1割弱は労働時間が増加している。緊急事態による在宅勤務などで労働時間の減少傾向は見られるものの，増加している場合もある[25)]。また同様の状況下で（2）労働生産性（業務効率）の変化については,「変化なし」35.6%,「やや増加，増加，大幅に増加」9.7%であるのに対し,「大幅に減少，減少，やや減少」は47.7%となっている[26)]。これは企業にとって非常に問題となる数値であり，例えば在宅勤務になりTWなどを利用しての業務執行は労働生産性（業務効率）が減少するということを示しているのではないだろうか。

3.3.4　通勤時間

また通勤時間に関しては，感染拡大の影響下で「大幅に減少」という回答が東京23区では35.9%，東京圏で31.2%，大阪圏・名古屋圏で16.8%であった[27)]。東京23区を含めた東京圏の減少傾向が大きい。これは前述の緊急事態宣言により東京都のTW経験者が55.5%，東京圏で48.9%に急増したこと，つまりTWなどの実施で在宅勤務が増え通勤時間が減ったことに関連していると考えられる。TWは通勤時間の短縮に効果がある。さらに「現在の通勤時間を今後も保ちたいか」という質問に対しては「保ちたい」が東京都23区では44.1%，東京圏では40.0%となっており[28)]，これは都市部，主として東京都，東京圏の通常時の通勤時間がいかに労働者の負担になっているかを顕著に現している。

3.3.5　労働者の意識変化

感染拡大前と拡大後の「仕事の捉え方」について，通常勤務者とTW経験者とでは何か意識に変化が生じただろうか。「仕事と生活のどちらを重視したいか」という意識の変化に対する質問では，感染拡大後「仕事を重視するようになった」あるいは「(以前と）変わらない」と回答した通常勤務者は60.2%，TW経験者は32.9%であった。一方，「生活を重視するようになった」とする回答が通常勤務者が34.4%であったのに対してTW経験者では64.2%と後者が前者の２倍近くに及んだ。これは注目すべき数値である[29)]。TWによって働く場所が会社から自宅に変わり，それに伴い家族と過ごす時間が増えたことで労働者の意識に変化が生じてきたことを反映した結果であり，TWがWLB実現の一翼を担う可能性を示しているといえるだろう。

3.3.6　テレワークの可能性

これらの調査の回答を見ると，総務省がTWに想定しているような「業務効率の向上や顧客への迅速な対応などでの生産性の向上」すなわち「TWは労働生産性（業務効率）向上に効果がある働き方」と捉えていた平常時（緊急時前）の認識が覆されてしまった。だが，他方で在宅勤務による通勤時間の削減，労働者個人は生活を重視するという意識の変化といった積極的な効果に関しては，まさに「通勤時間の削減」，「家族と過ごす時間，自己啓発などの時間増加などのWLBの実現」，といった効果が証明された。新型コロナウイルス感染拡大という緊急事態下での暫定的な調査結果ではあったが，「(平常時に）TWという働き方」に期待されていた効果と現実の乖離，そこから明らかになった改善すべき点，あるいは可能性（将来性）が見出されたのではないだろうか。

4　経営学的視点から捉えたテレワーク（理論編）

4.1　テレワーク導入が進まない理由

本節では経営学的視点からTWを検討する[30)]。TWを導入している企業の割合は既述したように最近のデータでも明らかなように約２割しか導入されていない。なぜTW導入が進まないのだろうか。企業がTWを導入しない代表的な理由として「TWに適した仕事がない」,「情報漏えいが心配」,「業務の進行が難しい」などがあげられている[31]。だが佐藤彰男は，TW導入の障壁は（1）職務範囲の不明確さ（曖昧な職務概念）と（2）多義的な人材評価にあると指摘する（佐藤［2006］pp.206-218，佐藤［2008］pp.50-61）。

（1）職務範囲の不明確さ（曖昧な職務概念）に関して，まずこれまでの日本企業における仕事の仕方を見てみよう。多くの日本企業では集団主義に基づき集団単位で仕事が行われており，職務範囲は大枠で決まっているが厳格なものではない。例えば同じ職場で欠勤者がいれば他の者がその穴埋めをするような働き方が多く，チームで仕事が行われるため「職務の無限定性」がベースとなっている。その原点は「共同態としての日本企業」にある。宮坂純一は，日本企業を共同態として捉え「日本人は（個人よりも集団の価値を優先する）集団主義者である，と。集団主義がイデオロギーとして積極的に利用され，各種の経営制度を通して共同態としての企業が再生産されていった」（宮坂［2019］p.9）とし，それが終身雇用や年功制などとも関連しながら受け継がれてきた。こうした集団主義の下で日本企業は職務範囲が不明確（曖昧）で無限定となる。これは日本型雇用慣行の1つの特徴でもある[32]。日本企業ではチームで仕事を行うことが前提とされていたためTWといった自宅を利用した勤務や顧客の出先など会社から離れて1人で行う業務はそもそも想定されていない。

また（2）多義的な人材評価，つまり人事考課であるが，日本での人事考課は能力主義に基づいて行われてきた。この人事考課には①成績考課，②情意考課，③能力考課，④業務考課などがある。①は仕事の目標に対する遂行度・達成度，創造性，指導性など，②は組織の構成者としての規律性，協調性，積極性（態度・意欲），責任性など，③は仕事に関する実務・専門知識，技能，理解力・判断力・企画力・計画力・折衝力・指導力・管理力など，④は業務執行の挑戦力・達成度など，それらの顕在的および潜在的能力が評価される（熊沢［1989］pp.43-44，神戸大学［1999］p.509）。例えば最近の評価方法としては既述したように成果主義などの考えもあり，④業務達成の成果といった顕在的能力を評価することもあるが，それに加え，とりわけ重要なのは②情意考課である。情意考課では，日頃の仕事に対する労働者の意欲（熱意）や姿勢・態度などの内面的側面（過程）も考慮される。

このように日本企業での仕事は集団主義的要素，それに加え労働者自身の顕在的・潜在的能力が評価される状況のもとで，空間や時間を共有し，組織構成員との絡み（関係）のなかで構成員個人の人柄や性格なども考慮し成立してきた経緯があるためにTWのように働く場所が異なり，「仕事ぶり（仕事の仕方，意欲など）」が見えない働き方の導入に対しては大きな障壁がある。そのような（1）職務範囲の不明確さと（2）情意考課などによる人材評価は日本的経営の変化と労務管理の変容などによって徐々に薄れる方向にあるが，しかしまだ色濃く残っている。

4.2　テレワークに潜む危険性

TWにより労働者が「どこでも働ける」とは，裏を返せば企業にとっては労働者を「どこででも働かせることができる」ということになる。どこでも働ける＝職場だけでなく家，カフェ，公共交通機関内など，どこにいてもいつでも仕事ができる環境を作り出す。つまり空間，時間にとらわれずに１日中働ける環境を創造することになり，こうした労働環境は労働者にとって様々な危険性を孕むことになる。

ここで基本に立ち返り労働時間について考えてみよう。一般的に労働時間とは「労働者が使用者の指揮命令の下にある時間」とされる。現在のような多様な働き方が生じる以前は場所的に使用者の指揮命令の及ぶところで労働は行われることが前提であった。働き方が多様化しTWのように労働が自宅や出先などで行われると使用者は労働時間を管理することが困難となる。使用者の管理下から離れた労働は労働者本人以外には把握できない。ここに労働の不可視化が生じる。不可視化の程度は様々であり，部分在宅勤務型では１日のうち数時間，週のうち数日という場合もあれば，完全在宅勤務型は100％近くに，モバイル型の直行直帰でもかなり高い割合で労働が不可視化する。それは同時に長時間労働や低賃金を見えなくしてしまう。例えば，賃金が変わらなのに長時間労働となれば相対的に低賃金となる。労働の不可視化は労働時間や賃金のみならず，自分の行っている仕事と他人の働きぶりを比較することができないため過重労働に陥っていてもそれを判断することができない怖さも含んでいる。

TWは労働時間や仕事の場所を自己裁量で決められる部分もあるが，反面，労働量や業務内容は企業によって決められる。その決められた労働量や業務内容は労働者にとってノルマであり，それに対応せざるを得ないため長時間労働となり過重労働になりかねない状況が作られる。ノルマは時に労働者に重くのしかかる場合もある。その重くのしかかるノルマに対応する労働者は「強制された自発性」より働くことになると熊沢誠はいう（熊沢［2007］p.117）。「強制された自発性」とは，そうせざるを得ない状況に置かれ，自発的にノルマに対応することである。ただそれは自発的に見えるだけであり，企業から与えられた労働量に対応しなければならず，ほぼ強制的にそのように行動させられ過重労働となる。そこで注意しなければならないことがある。それは，TWという働く場所や時間を「自分で決定できる」という自己裁量は労働者にとって魅力的に写ってしまうことである。だが会社に居ようが自宅やカフェであろうが労働量や業務内容に変わりはない。つまり，働く場所がどこであろうが，労働時間をある程度自由に設定できようがこれまでと労働量や業務内容は変化していない。かえって「自己裁量のもたらす幻惑が，……労働の不可視化と組み合わさったとき，テレワークがもつきつさや報酬の低さといったことは，みごとに当人たちの視界の外へと追いやられてしまう」（佐藤［2008］pp.185-186）とTWの危険性を佐藤は指摘する。つまりTW導入が労働条件や労働環境の悪化をもたらす可能性がある。

TWによる労働の不可視化，自由裁量は長時間労働をもたらし，さらには低賃金労働となる可能性もあるため，まずは労働時間を可視化できるシステムの構築が必要である。ソフト面では始業・終業時刻の企業への報告の徹底による労働時間管理，労働基準監督官などによる監視の強化，ハード面ではパソコンの利用ログにより勤務時間を把握し，就業時間を過ぎてパソコンが起動している場合の警告や強制シャットダウンといった機能の搭載など，様々な施策によってTWに潜む危険性を回避しなければならない。

このようにTWは日本的経営に基づく職務範囲の不明確さ，情意考課による人材評価，さらには労働の不可視化といったソフト面，それに加え情報漏えいなどパソコン上のハード的な問題と相まって導入しにくい側面がある一方，TW経験者からは「生活を重視するようになった」などの積極的な回答もあり

WLBの実現にとっては有効な働き方といえるかもしれない。WLBの実現のためにもTWから生じる労務管理上の危険性を改善しながら，労働者の生活（時間）の充実などの利点をさらに進めるためにも，ICTの進展とともにTWに対する管理体制を構築しなければならない。TWにはそうした課題が残されている。

コラム

「やり過ごし」のできない人材は無能？

高橋伸夫は『できる社員は「やり過ごす」』（高橋［2007］）で人材育成のための「やり過ごし」の重要性を指摘している。上司や同僚の命令や指示をやり過ごすことは褒められるべきことではないが，しかし企業ではこの「やり過ごし」が日常的に行われている。例えば，社員に処理・対応することのできないような仕事量を与え，それをどう処理・対応するかを試している企業があるという。多くの社員は処理しきれない量の仕事を抱えており，それらを処理しようとすると長時間労働や過重労働となる。与えられたすべての仕事を処理し，さらに上司や同僚の新たな命令，指示に応えるための時間も体力もない。そこで社員には命令や指示に対して優先順位を付け対応することが求められる。優先順位を付け重要性の高い順に処理していく。これは仕事を自分でマネジメントすることになる。そうしなければオーバーワークとなり過労死や過労死予備軍になりかねない。命令，指示が際限なく繰り返され，毎日優先順位を付けそれに従って処理していく。命令，指示をやり過ごしているうちに優先順位の低いものは時間が経てば立ち消えてしまうことも少なくないというアンケート結果もある。企業はこういったやり過ごすという作業を繰り返しさせることによって社員の能力を判断している。

「仕事のできる人」という評価は，与えられた仕事をそつなく処理する人に用いられる表現ではない。与えられた仕事に対して重要性の高い仕事かどうかを即座に見極める能力，仕事に対し優先順位を付ける選択・判断能力，そして優先順位に従い仕事を適切に処理できるかどうかという職務遂行能力などにより総合的に評価し「仕事のできる人」あるいは「仕事のできない人」を峻別する。仕事の重要性を見極め，まずどれに対応しなければならないのか，何を後に回しても良いかという選択・判断能力を付けることが社員には期待される。「やり過ごす」ために仕事の優先順位を付けるという意思決定，判断過程を何度も経験することで優秀な人材へと成長していく。優秀な人材に求められる条件の１つが「やり過ごす力」の有無ではないだろうか。さあ，あなたはこの「やり過ごす力」を仕事術，処世術として企業内人生を生き抜いていくことはできるだろうか。

注

1）労働組合のない会社に勤務する労働者，非正規雇用者などを対象とした労働組合も存在する。労働組合の詳しい内容に関しては第９章を参照のこと。

2）全日本金属産業労働組合協議会は，自動車総連，電機連合，JAM，基幹労連，全電線の５つの産業別労働組合から構成されている。http://www.jcmetal.jp/files/1809_jcm_panf.pdfを参照（アクセス日は，2020年８月14日）。

3）集団主義に関しては本章4.1を，経営家族主義は第３章4.2を参照のこと。

4）総務庁統計局『労働力調査』，「農林業・非農林業・年齢階級，月末１週間の就業日数・時間別就業者数」を参照。2016年は，https://www.stat.go.jp/data/roudou/report/2016/index.html，2017年はhttps://www.stat.go.jp/data/roudou/report/2017/index.html，2018年はhttps://www.stat.go.jp/data/roudou/report/2018/index.html#kihon（いずれもアクセス日は，2020年８月14日）。

5）総務省統計局『労働力調査（詳細集計）2019年（令和元年）平均結果』を参照。https://www.stat.go.jp/data/roudou/sokuhou/nen/dt/index.html（アクセス日は，2020年８月14日）。

6）厚生労働省『賃金構造基本統計調査』「賃金構造基本統計調査 結果の概況」を参照。2017年はhttps://www.mhlw.go.jp/toukei/itiran/roudou/chingin/kouzou/z2017/dl/06.pdf，2018年はhttps://www.mhlw.go.jp/toukei/itiran/roudou/chingin/kouzou/z2018/dl/06.pdf，2019年はhttps://www.mhlw.go.jp/toukei/itiran/roudou/chingin/kouzou/z2019/dl/06.pdf（いずれもアクセス日は，2020年８月14日）。

7）日本労働組合総連合会「2017年　連合リビングウェイジ～労働者が最低限の生活を営むのに必要な賃金水準の試算～（詳細版）」2017年12月を参照。https://www.jtuc-rengo.or.jp/activity/roudou/shuntou/data/living_wage/2017_living_wage.pdf?v20180327（アクセス日は，2020年８月14日）。

8）総務省統計局「平成26年全国消費実態調査」「結果の概要」を参照。https://www.stat.go.jp/data/zensho/2014/pdf/gaiyo2.pdfならびにhttps://www.stat.go.jp/data/zensho/2014/pdf/gaiyo3.pdf（いずれもアクセス日は，2020年８月14日）。

9）厚生労働省『賃金構造基本統計調査』「賃金構造基本統計調査 結果の概況」を参照。2017年はhttps://www.mhlw.go.jp/toukei/itiran/roudou/chingin/kouzou/z2017/dl/06.pdf，2018年はhttps://www.mhlw.go.jp/toukei/itiran/roudou/chingin/kouzou/z2018/dl/06.pdf，2019年はhttps://www.mhlw.go.jp/toukei/itiran/roudou/chingin/kouzou/z2019/dl/06.pdf（いずれもアクセス日は，2020年８月14日）。

10）全国労働組合総連合「すべての労働者に保障されるべき最低生計費の水準について」を参照。http://www.kenkouro.com/wp-content/uploads/2018/09/daito-kentaku_seikatsu.pdf（アクセス日は，2020年８月14日）。

11）厚生労働省『毎月勤労統計調査』「産業大中分類別常用労働者１人平均月間実労働時間数」を参照。https://www.e-stat.go.jp/stat-search/files?page=1&layout=datalist&toukei=00450071&tstat=000001011791&cycle=7&tclass1=000001015954（アクセス日は，2020年８月14日）。

12）総務庁統計局『労働力調査』，「農林業・非農林業・年齢階級，月末１週間の就業日数・時間別就業者数」を参照。2016年はhttps://www.stat.go.jp/data/roudou/report/2016/index.html，2017年はhttps://www.stat.go.jp/data/roudou/report/2017/index.html，2018年はhttps://www.stat.go.jp/data/roudou/report/2018/index.html#kihon（いずれもアクセス日は，2020年８月14日）。

13）厚生労働省「令和元年度『過労死等の労災補償状況』を公表します」を参照。https://www.mhlw.go.jp/stf/newpage_11975.html（アクセス日は，2020年８月14日）。

14）厚生労働省「脳・心臓疾患の認定基準の改正について」を参照。https://www.

mhlw.go.jp/houdou/0112/h1212-1.html（アクセス日は，2020年８月14日）。

15）厚生労働省「脳・心臓疾患に関する事案の労災補償状況」https://www.mhlw.go.jp/content/11402000/000521997.pdf，厚生労働省「精神障害に関する事案の労災補償状況」https://www.mhlw.go.jp/content/11402000/000521999.pdf，厚生労働省「過労死等防止対策」https://www.mhlw.go.jp/stf/seisakunitsuite/bunya/0000053725.htmlを参照（いずれもアクセス日は，2020年８月14日）。

17）「過労死110番全国ネットワーク」を参照。https://karoshi.jp/about110.html（アクセス日は，2020年８月14日）。

18）内閣府「仕事と生活の調和（ワーク・ライフ・バランス）憲章」http://wwwa.cao.go.jp/wlb/government/20barrier_html/20html/charter.htmlならびに「仕事と生活の調和推進のための行動指針」http://wwwa.cao.go.jp/wlb/government/20barrier_html/20html/indicator.htmlを参照（いずれもアクセス日は，2020年８月14日）。憲章や方針にはさらに様々な課題が盛り込まれている。

19）総務省「テレワークの推進」https://www.soumu.go.jp/main_sosiki/joho_tsusin/telework/ならびに総務省「テレワークの意義・効果」https://www.soumu.go.jp/main_sosiki/joho_tsusin/telework/18028_01.htmlを参照（いずれもアクセス日は，2020年８月14日）。

20）同上。

21）総務省『令和元年通信利用動向調査報告書の結果』p.18を参照。https://www.soumu.go.jp/johotsusintokei/statistics/data/200529_1.pdf（アクセス日は，2020年８月14日）。

22）内閣府「新型コロナウイルスの感染症の影響下における生活意識や行動の変化に関する調査」令和２年６月21日p.15を参照。https://www5.cao.go.jp/keizai2/manzoku/pdf/shiryo2.pdf（アクセス日は，2020年８月14日）。以下では，この資料を「新型コロナ調査」と記載し，URLとアクセス日の記載は省略する。

23）内閣府「新型コロナ調査」p.26。

24）同上，p.27。

25）同上，p.17。

26）同上。

27）同上，p.25。

28）同上。

29)　同上，p.16。

30)　TWを経営学的視点から捉えた著書として安達房子［2016］が詳しい。

31)　前掲，総務省『令和元年通信利用動向調査報告書の結果』p.21。

32)　宮坂［2019］pp.9-13。氏はこの「職務の無限定性」を疑問視し，論を進めている。(宮坂［2019］pp.30-63を参照)。また集団主義の生成に関しても詳述している。宮坂［1994］を参照のこと。

《参考文献》

安達房子［2016］『ICTを活用した組織変革』晃洋書房。

熊沢誠［1989］『日本的経営の明暗』筑摩書房。

熊沢誠［2007］『格差社会ニッポンで働くということ』岩波書店。

経済企画庁国民生活局/編 第13次国民生活審議会総合政策部会基本政策委員会/報告［1991］『個人生活優先社会を目指して』大蔵省印刷局。

経済協力開発機構 労働省訳・編［1972］『OECD対日労働報告書』日本労働協会。

神戸大学大学院経営学研究室編，編集代表奥林康司・宗像正幸・坂下昭宣［1999］『経営学大辞典　第2版』中央経済社。

佐藤彰男［2006］『テレワークの社会学的研究』御茶の水書房。

佐藤彰男［2008］『テレワーク』岩波新書。

新・日本的経営システム等研究プロジェクト報告［1995］『新時代の「日本的経営」—挑戦すべき方向とその具体策—』日本経営者団体連盟。

関谷幸三［1978］「年功賃金について」日本経営学会編『日本的経営の諸問題』(経営学論集第四十八集) 千倉書房。

高橋伸夫［2007］『できる社員は「やり過ごす」』日本経済新聞社出版社。

日経BP総合研究所イノベーションICTラボ［2020］『テレワーク大全』日経BP。

宮坂純一［1994］『日本的経営への招待』晃洋書房。

宮坂純一［2019］『賃金と働き方』晃洋書房。

労働政策研究・研修機構［2019］『データブック国際労働比較2019』労働政策研究・研修機構。

Abegglen, J. C.［1958］*The Japanese Factory -Aspects of Its Social Organization-*, Glencoe, Ill.：Free Press.(占部都美監訳［1958］『日本の経営』ダイヤモンド社).

第 9 章

労働者の権利と労働組合の役割

第２次世界大戦後，日本の労働者には，労働組合法，労働関係調整法，労働基準法の労働三法と団結権，団体交渉権，団体行動権の労働基本権が付与されることとなった。加えて，労働基準法などによって，労働者は，現在のカネ（賃金）の決定に関与する権利や現在のカネの最低保障の権利，および将来のカネを確保する権利を持つことになった。また，労働者には労働災害や職業病等が起こる前（事前），起こる段階（発生時点），起こってから（事後）の段階でヒトとしての健康を守られる権利も与えられている。

高度経済成長期以降，この権利を有効に行使する活動を労働組合は行ってきた。しかし，1980年代以降の新自由主義経済においては，これら労働者のカネとヒトの状況は悪化してきている。これに対して，やはり労働組合が存在し，活動を展開することで，労働者のカネとヒトの状況は改善する余地が見いだせるのであり，その意味でも労働組合の役割は大きいのである。

1　本章の意図

第２次世界大戦の敗戦国である日本は，戦後の復興に努め，1955年以降高度経済成長を経験することになる。この時期の日本は，GATT（General Agreement on Tariffs and Trade：関税及び貿易に関する一般協定）による自由貿易体制とそれを支える固定為替相場制と，世界の７大石油会社による安定的な原油供給体制を背景として，加工組立型重工業を中心に技術力・国際競争力を高めて輸出を増大させていた。しかし，1970年代にこの経済成長を揺るがすのがドル・ショックとオイル・ショックである。まずドル・ショックを契機として，日本は固定為替相場制から変動為替相場制に移行する。この移行によって，円高になれば輸出価格は上昇し，国外で日本製品が売れにくい状況が生じた。またオイル・ショックによって原油価格が高騰し，加工組立型重工業中心の日本にとっては原燃料面での生産コストが上がり，これまでの製品価格を維持しにくい状況となって大きな打撃となった（宮崎・本庄［2001］pp.10-14)。

しかし，日本企業の減量経営などにより，1970年代後半には日本経済は立ち直りを見せ，さらに日本的生産システムの確立もあって，1980年代には日本経済は好調に推移した（前川［1997］pp.170-171，280-281)。そのようなことから，とくに1970年代以降，日本企業の経営のあり方（日本的経営）が世界的に注目されるようになり，経済協力開発機構（OECD）の対日特別調査報告書に挙げられた「終身雇用」,「年功序列」および「企業内労働組合」（大橋［1995］p.11）を中心として，ハーバード大学のエズラ・ヴォーゲルが『ジャパン・アズ・ナンバーワン』で挙げている「ボトム・アップ方式」（Vogel，広中・木本訳［1979］pp.173-175）なども諸要素として含む日本的経営は高く評価された。

しかし，そのような好調な日本経済は，株や土地などの資産価格の上昇と合わさって実体経済とはかけ離れたいわゆるバブル経済と呼ばれる状態となり，1990年代初頭にはそのバブル経済も崩壊する（三橋ほか［1993］pp.224-235)。そのような展開にともない，好調時には神話のようにもてはやされた日本的経営も，その評価が見直されるようになった。つまり，日本的経営にはメリットとデメリットが含まれていて，条件が変わると強みが弱みに変化してきていると考えられるようになってきたのである。さらに小泉純一郎首相の「聖域なき構造改革」というスローガンの下でとられた新自由主義的経済政策（上村・田中［2006］pp.27-120，147-174）などによって，日本的な労働慣行は大きく見直されるようになってきている。

そこで本章では，そのような日本経済の推移の中で労働者はどのような権利を勝ち取ってきたのか，および今日その権利がどのように変化・変質させられてきているかを見るなかで，労働組合の役割を検討することにする。

2　労働者の権利の獲得

2.1　労働三法の制定と労働基本権の獲得

第２次世界大戦終了後，日本経済は荒廃していて，早急に再建する必要があった。そのため，重要な課題としては，なによりも企業間における公正な競争を確保することにより労働条件の低下を抑制し，最低限の労働条件を確保するとともに，雇用機会の増大をはかる必要があった。また，近代的な労使関係を形成し，労働者の団結権を保障して，労使が対等な立場で雇用・労働条件の問題を解決していくルールづくりも急務であった。

そこで，日本経済の民主化と組合助長という観点から，GHQ（General Headquarters, the Supreme Commander for the Allied Powers：日本占領連合軍総司令部）の主導によって，財閥解体と並行して，労働者が争議行為を行うことを保障する意味で1945年に労働組合法が公布されている。また，労働争議を予防したり，斡旋・調停・仲裁によって解決することを目的として，1946年に労働関係調整法が公布されている（外尾［2002］p.24）。さらに，1947年には，民主主義の下で労働者に経済的な生活の基礎を保障するために労働基準法が成立している（斎藤［1998］p.168）。この時期に成立したこれら３つの法律が労働三法と呼ばれているのである。

また，これらの法整備と並行して，1946年に公布された日本国憲法第28条では，労働者に団結権，団体交渉権，団体行動権（争議権）の労働基本権（労働三権）が認められている（公務労働者には労働基本権は一部認められなかった）（木原［2007］p.31）。

これら労働三法と労働基本権の成立にともなって戦後の労働行政事務が著しく増大していくことから，1947年に労働省が創設され，さらにその下に労働基準局と各都道府県に出先機関として労働基準監督署が設けられた（大石［1998］pp.110-111）。このような法整備と監督体制の構築に関して主導的な役割を果たすのはGHQと国家レベルの政治・行政であり，いわば上から与えられたものであった。

2.2 「カネ」に関する権利の獲得

そもそも上述の労働基準法において，労働者が働こうとするときに働こうとする組織の雇用主（使用者）と賃金などの労働条件に関して対等な立場で決定すべきとされていて，その条件の内容に関して書面を交付して労働契約を結ばなければならないと定められている。加えて同法では，賃金の支払の原則として，賃金の通貨払の原則や労働者への直接払の原則，賃金の全額払の原則，毎月１回以上の定期日払の原則，疾病などの特別なときの請求に対する非常時払の原則を定めている（井上修一［2000］pp.151-162）。つまり，労働者は現在の賃金に関して使用者と対等な立場で協議して決定する権利（現在のカネの決定に関与する権利）を持っているのである。

この権利をもっていることから，日本においては，労働者で組織される各組織の労働組合が毎年春期に歩調を合わせて賃上げなどの労働条件改善を目指す取り組み（春闘）が行われてきた。春闘の始まりは，1955年に日本炭鉱労働組合など８つの産業別単一労働組合（単産）で共闘会議が結成され，賃上げの要求を行ったときといわれており，翌年には公務員の労働組合も参加して官民統一合同闘争本部が設置されるなど，その後春闘の規模は拡大していったのである（久米［1998］pp.116，119）。

春闘における主要な要求の１つは賃上げであり，多くの日本企業では，基準内賃金の改定は春闘の結果を受けて年度単位で実施され，基準外賃金や賞与の計算も基準内賃金を基礎に計算されるので，春闘の賃上げ率は各年度の賃金の動向に大きな影響を及ぼしてきた。つまり，日本においては，労働者が持つ現在のカネの決定に関与する権利は，労働組合によって活用されて成果がもたらされてきたのである。

また，この現在のカネの決定に関与する権利に関して，労働条件の適正化の観点から，大企業と中小企業の労働条件の格差を是正するために，最低賃金法が制定（1959年）されている（菅谷［1982］pp.７，９）。つまり，労働者は，現在のカネに関して最低水準を保障される権利（現在のカネの最低額保障の権利）も併せ持つこととなったのである。このとき，最低賃金の金額決定に際して，中央と地方（各都道府県）レベルで使用者側代表と労働者側代表（労働組合から委員が選出されている），および公益代表の委員で構成される最低賃金審議会が組織され，この審議会で協議して毎年の金額を決定する仕組みが取られている（小粥［1987］pp.91-101）。したがって，この現在のカネの最低額保障の権利もまた，労働組合によって活用され成果がもたらされてきているのである。

加えて，労働者福祉対策の展開の観点から，1959年に中小企業退職金共済法が，1971年には勤労者財産形成促進法が策定されるなどしている。つまり，労働者は，退職金のような将来の生活に必要なお金を得ることができる権利（将来のカネを確保する権利）も有しているのである。そして，この権利もまた，労働組合は労使交渉などの場で使用者側と協議することができるのであり，しばしば議題に上っているのである。

2.3 「ヒト」として働くことに関する権利の獲得

元々日本においては，「富国強兵・殖産興業」のスローガンの下で繊維産業を中心に産業の近代化と発展がみられたが，当該産業の工場等で勤務するのは多くが10代などの低年齢層の女性であった。彼女らは寄宿舎に住まわされ，低賃金で長時間労働を強いられた。そのため，当該産業では結核などの疾病が多く発生し（福田［1995］pp.26-56），これが仕事によって労働者の健康が害される職業病として認識されるようになった。

この職業病等に関して労働者の健康・安全を守ること（労働安全衛生）に関する法整備も，例えば1911年の工場法の制定などのように日本においては第2次世界大戦以前から行われていた。この時期までの労働安全衛生に関する法整備では，労働者が業務上で負傷したときなどの災害賠償の規定を定めるといった職業病等が発生した後に労働者を守る側面が主であった。ただし，労働者保護のための専門監督官が工場を臨検して，工場設備が危害を生じさせる恐れがあるときに行政処分等を課すといった職業病等が今まさに発生しようとしている組織を見つけ出すという側面も含まれてはいる（井上浩［2004］pp.2-3）。

つまり，政治・行政によって，労働者は，現在職業病等にさらされようとしている状況から守られる権利（発生時点でヒトとしての健康が守られる権利）

と，職業病等になってしまった後に保護される権利（事後的にヒトとして健康が守られる権利）を有したのである。これらの権利に関して，倉敷紡績社長の大原孫三郎が労働安全衛生に関する民間研究施設として倉敷労働科学研究所を設立するなど（三浦［1987］pp.23-24），一部の大企業で労働安全衛生に関する活動もなされたが，この時期に当該分野で主導的な役割を果たすのは国家レベルの政治・行政であった。

第２次世界大戦からしばらくたって，日本では高度経済成長を経験することになるが，この時期は物質的な豊かさがもたらされた反面，技術革新が行われた全国の生産現場で大規模な労働災害が多発した。そのような状況から，日本政府は1972年に労働安全衛生に関する本格的な法律として労働安全衛生法を成立させている。この法律では，上述の発生時点や事後的なヒトとして健康が守られる権利に加えて，一定の条件にある組織に対して安全管理者や産業医等の選任，安全衛生委員会の設置，定期健康診断の実施を義務づけるなど，職業病等の発生要因を軽減させる側面も含まれている（畠中［2006］pp.16，122-142，145-159，259-264，268-280）。つまり，労働者は同法によって事前的にヒトとしての健康が守られる権利も有することになったのである。

上述の高度経済成長後の労働災害の増大に対して，労働組合も1966年に日本労働組合総評議会（総評）主唱で日本労働者安全センターが発足するなど，労働安全衛生に真剣に取り組むようになった。加えて，労働安全衛生法の成立後は組織内で労働安全衛生教育の充実を図るなど，事前・発生時・事後でのヒトとしての健康が守られる権利を求めて，労働組合も活動してきているのである。

3　新自由主義経済における労働者の「カネ」と「ヒト」に関する状況悪化

3.1　労働組合の弱体化と新自由主義経済の時期的符合

上述したように，日本経済の民主化と組合助長という観点から，GHQの主導の下で，国家レベルの政治・行政によって1945年に労働組合法が公布された

［図表9－1］労働組合員数と労働組合推定組織率の推移

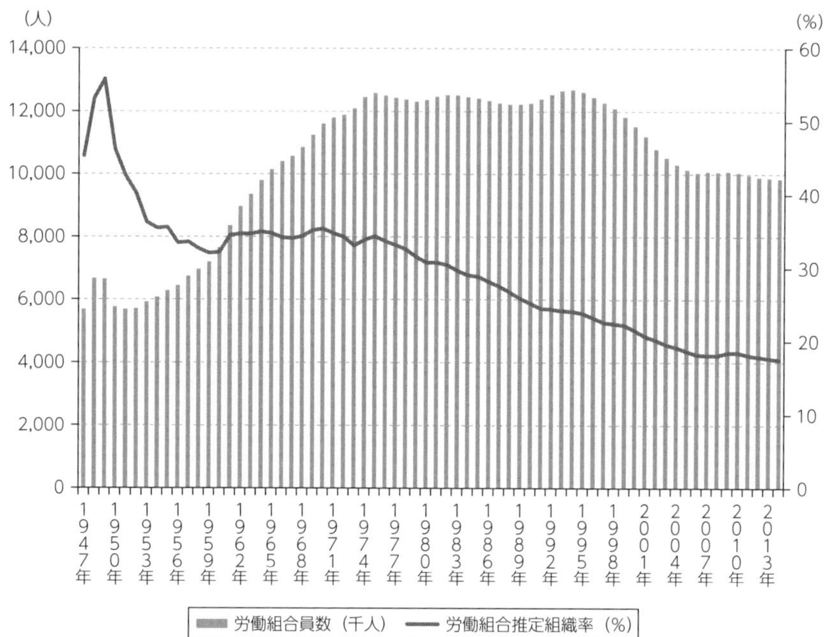

出所：厚生労働省「労働組合基礎調査」各年版より筆者作成。

が，それによって，**図表9－1**に見られるように，日本では労働組合に加入する労働者の割合（労働組合推定組織率）が当初50％を超える状況にまでなった。その後労働組合推定組織率は徐々に下がっていくが，春闘が開始される1950年代半ばくらい以降1970年代半ばまではほぼ横這いとなっている。これは，同図表で明らかなように1940年代半ば当初労働組合に加盟する労働者が多く，その人たちの中から労働組合を脱退する人が出て組織率が低下したものの，1950年代半ばくらいからは労働者の増加に見合うだけの組合加盟者（労働組合員数）の増加が見られたことによるのである。

こうした高度経済成長期の労働運動の高まりからの転換点となるのは，公務労働者として労働基本権中の団体行動権（争議権）を認められていなかった旧日本国有鉄道（国鉄）の労働者などで組織された公共企業体等労働組合協議会（公労協）が1975年に当該権利を求めてストライキを行ったが，想定したような状況にならずに要求は実現せず（失敗し），その後労使協調が進展したことだとされている（栗田［1994］pp.169-170）。確かに，図表９－１に見られるが，1975年以降労働組合推定組織率はこの時期以降低下しているが，同図表に見られるように，労働組合員数はその後1994年までは減ってはいない。

一方，**図表９－２**では労働争議件数と参加人数の推移が示されているが，同図表をみると，1970年代半ば直後は労働争議と参加人数も減少するが，1982年くらいまでは大きな落ち込みは見られない。むしろ双方の値が大きく減少するのは1982年代以降であり，この時期以降，主張すべきところは主張するというような使用者側と対等な立場で賃金等の労働条件を求めていこうという姿勢が，労働者および労働組合から大きく失われてしまっていると考えられる。

そして，その後，図表９－１に見られるように1990年代半ば以降労働組合員数は大きく減少して，数の上でも力を失うのである。このような1980年代以降の日本では，中曽根首相（1982年就任），橋本首相（1996年就任），小泉首相（2001年就任）などが新自由主義経済政策をとった（宮﨑［2005］p.299）。この新自由主義経済においては，労働自体も市場原理で決定されるべきとされ，日本的雇用慣行が内包する高コスト体質を是正することが企図されて（高橋［2010］p.57），それに反する可能性のある労働基本権および労働組合の弱体化がなされてきたと考えられる。

［図表９-２］労働争議件数と参加人数の推移

	1947年	1948年	1949年	1950年	1951年	1952年	1953年	1954年	1955年
総争議件数（件）	1,035	1,517	1,414	1,487	1,186	1,233	1,277	1,247	1,345
参加人数（人）	4,415,390	6,714,843	3,307,407	2,348,397	2,818,688	3,683,435	3,398,667	2,635,426	3,748,019
争議行為を伴う争議件数（件）	683	913	651	763	670	725	762	780	809
参加人数（人）	295,321	260,483	1,239,546	1,026,841	1,386,434	1,842,615	1,743,229	1,546,619	1,767,367
争議行為を伴わない争議件数（件）	352	604	770	783	584	573	584	552	615
参加人数（人）	4,120,069	4,109,360	2,067,861	1,321,556	1,432,254	1,839,036	1,655,438	1,088,807	1,980,652
	1956年	1957年	1958年	1959年	1960年	1961年	1962年	1963年	1964年
総争議件数（件）	1,330	1,680	1,864	1,709	2,222	2,483	2,287	2,016	2,422
参加人数（人）	3,371,918	8,464,384	6,362,407	4,682,002	6,952,911	9,043,628	7,129,007	9,034,682	7,974,224
争議行為を伴う争議件数（件）	815	999	1,247	1,193	1,707	1,788	1,696	1,421	1,754
参加人数（人）	1,604,675	2,345,313	2,536,574	1,917,545	2,334,646	2,128,278	1,884,979	1,781,126	1,633,999
争議行為を伴わない争議件数（件）	591	681	617	516	515	695	591	595	668
参加人数（人）	1,767,243	1,754,266	1,275,635	1,225,748	2,009,723	3,772,578	1,243,814	2,729,090	4,096,814
	1965年	1966年	1967年	1968年	1969年	1970年	1971年	1972年	1973年
総争議件数（件）	3,051	3,687	3,024	3,882	5,283	4,551	6,861	5,808	9,459
参加人数（人）	8,975,083	10,946,667	10,913,842	11,757,687	14,483,409	9,137,473	10,828,634	9,630,133	14,549,455
争議行為を伴う争議件数（件）	2,359	2,845	2,284	3,167	4,482	3,783	6,082	4,996	8,720
参加人数（人）	2,479,093	2,297,511	1,271,496	2,340,234	3,070,960	2,357,230	3,622,531	2,656,666	4,928,646
争議行為を伴わない争議件数（件）	692	842	740	715	801	768	779	812	739
参加人数（人）	2,748,831	3,678,924	6,100,860	4,663,105	5,021,902	3,728,399	2,913,239	3,250,652	2,874,007

	1974年	1975年	1976年	1977年	1978年	1979年	1980年	1981年	1982年
総争議件数（件）	10,462	8,435	7,974	6,060	5,416	4,026	4,376	7,660	7,477
参加人数（人）	14,319,303	10,261,209	7,177,558	6,160,283	5,350,888	4,540,003	5,455,560	10,413,718	5,356,949
争議行為を伴う争議件数（件）	9,581	7,574	7,240	5,533	4,852	3,492	3,737	7,034	6,779
参加人数（人）	5,325,080	4,613,962	3,400,440	2,412,666	2,082,747	1,476,220	1,768,010	2,913,581	2,385,675
争議行為を伴わない争議件数（件）	881	861	734	527	564	534	639	626	698
参加人数（人）	3,520,249	2,093,166	777,414	93,870	436,209	712,311	812,036	1,204,265	1,187,629
	1983年	1984年	1985年	1986年	1987年	1988年	1989年	1990年	1991年
総争議件数（件）	5,562	4,480	4,826	2,002	1,839	1,879	1,868	2,071	1,292
参加人数（人）	4,063,680	3,652,004	3,249,173	1,497,814	1,085,127	1,239,687	1,401,708	2,026,232	1,289,191
争議行為を伴う争議件数（件）	4,814	3,855	4,230	1,439	1,202	1,347	1,433	1,698	935
参加人数（人）	1,773,406	1,585,193	1,355,241	462,585	350,676	430,155	484,532	699,376	344,948
争議行為を伴わない争議件数（件）	748	625	596	563	637	532	435	373	357
参加人数（人）	1,102,209	1,065,864	699,883	698,131	386,206	314,011	529,757	539,191	709,531
	1992年	1993年	1994年	1995年	1996年	1997年	1998年	1999年	2000年
総争議件数（件）	1,138	1,084	1,136	1,200	1,240	1,334	1,164	1,102	958
参加人数（人）	1,655,693	1,330,334	1,321,087	1,206,733	1,183,327	1,296,200	1,185,728	1,134,060	1,117,493
争議行為を伴う争議件数（件）	788	657	628	685	695	782	526	419	305
参加人数（人）	823,925	485,083	464,043	374,421	373,791	488,936	334,932	258,386	241,659
争議行為を伴わない争議件数（件）	350	427	508	515	545	552	638	683	653
参加人数（人）	831,768	845,251	857,044	832,312	809,536	807,264	850,796	875,674	875,834

	2001年	2002年	2003年	2004年	2005年	2006年	2007年	2008年	2009年
総争議件数（件）	884	1,002	872	737	708	662	636	657	780
参加人数（人）	1,071,916	1,004,833	1,152,562	710,242	646,291	627,413	612,974	176,853	115,371
争議行為を伴う争議件数（件）	246	304	174	173	129	111	156	112	92
参加人数（人）	223,144	160,088	95,425	117,306	70,007	90,661	103,133	99,548	76,349
争議行為を伴わない争議件数（件）	638	698	698	564	579	551	480	545	688
参加人数（人）	848,772	844,745	1,057,137	592,936	576,284	536,752	509,841	77,305	39,022

	2010年	2011年	2012年	2013年
総争議件数（件）	682	612	596	507
参加人数（人）	110,664	58,495	125,992	128,387
争議行為を伴う争議件数（件）	85	57	79	71
参加人数（人）	56,132	33,472	50,190	52,350
争議行為を伴わない争議件数（件）	597	555	517	436
参加人数（人）	54,532	25,023	75,802	76,037

注：争議行為を伴う争議で，「半日以上の同盟罷業」と「半日未満の同盟罷業」とが併存する場合のように複数の行為形態を伴う争議は，それぞれの形態で計上しているので，総争議の合計とそれぞれの形態を積み上げた争議行為を伴う争議の計とは一致しない場合がある。

1972年以前については，沖縄県の分は含まれていない。

出所：厚生労働省「労働争議統計調査」各年版。

3.2　新自由主義経済と労働者の「カネ」と「ヒト」に関する状況悪化

このように新自由主義経済における労働基本権および労働組合の弱体化がなされてきたことによって，「カネ」と「ヒト」に関してどのような結果が生じてきているかについて概観することにする。まず「カネ」については，高コスト是正のための方策として人件費カットが企図され，**図表９-３**に見られるように労働組合員数が減少し始めた直後の1997年以降日本の民間労働者の平均給与は減少（現在の「カネ」に関する状況悪化）させられてきている。

［図表９-３］日本における民間労働者平均給与の推移

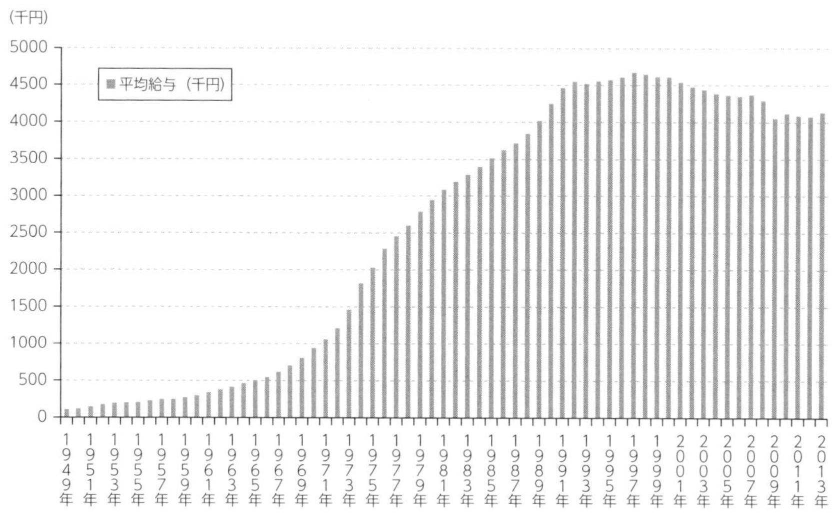

出所：国税庁長官官房企画課「民間給与実態統計調査」各年版より筆者作成。

また，日本では，この年間の給与額を基本給としての算定根拠として退職金の金額が決められることが多い（大藤［1992］pp.176-177）ことから，新自由主義経済でのこの現在の「カネ」に関する状況悪化は退職金という将来の「カネ」に関する状況悪化につながりうるのである。

一方，「ヒト」に関しては，上述のような国家レベルの政治・行政や労働組合等の取り組みもあって，日本では各組織の健康診断受診率はこの時期も含めて上昇し続けるものの，精密検査や治療が必要と判断された労働者の割合（有所見率）が1980年代以降上昇し続けている（厚生労働省「業務上疾病発生状況等調査」各年版）。つまり，職業病等が起こる事前段階での労働者の健康に関する状況は新自由主義経済において悪化してきているのである。

また，上述のような国家レベルの政治・行政や労働組合等の取り組みもあって，労働災害による死傷者数は1960年代以降減少傾向が続いているというデータもある（厚生労働省「労災保険給付データ」，「労働者死傷病報告」各年版）。しかし，他方で，**図表9-4**に見られるように，一時に３人以上の労働者が業務上死傷または罹病した災害である重大災害に関しては，労働争議件数と参加人数が減少する1980年代前半直後の1985年から増加傾向が続いているのである。つまり，1980年代以降の新自由主義経済において，職業病等が発生する段階での労働者の健康に関する状況は深刻なものを想定しなくなるような形（質的後退）になってきているのである。

［図表9-4］重大災害の発生件数の推移

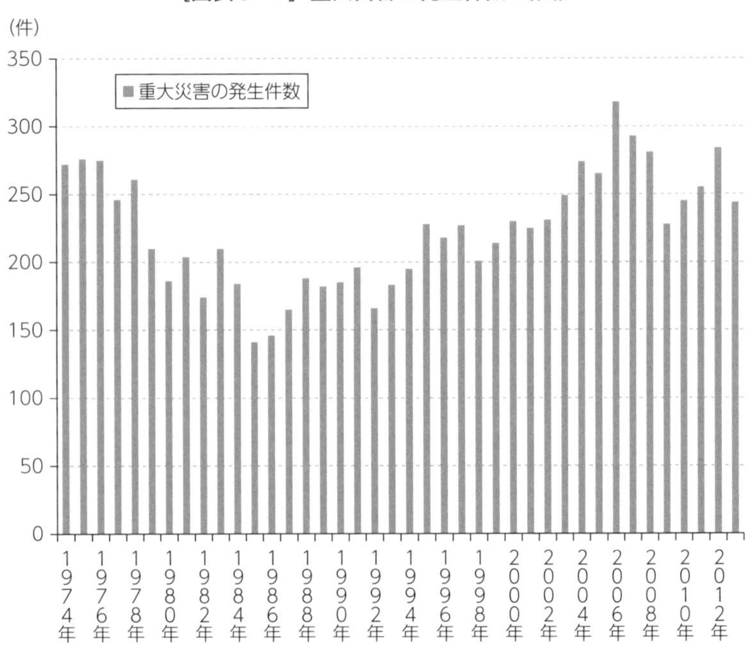

出所：厚生労働省「労働災害発生状況」各年版。

また，職業病等が起こった事後段階での労働者の健康に関する状況については，今日労働災害隠しや治療の自己負担要請の多発も懸念されるようになってきている（竹信［2009］pp.39-71）。以上のように日本の労働者のヒトとしての健康は，新自由主義経済において事前・発生時・事後レベルで状況が悪化している可能性が高いのである。

4　新自由主義経済における労働者の「カネ」と「ヒト」に関する労働組合の必要性

4.1　「カネ」の状況改善のための労働組合の必要性

上述のように，新自由主義経済においては，労働者の「カネ」と「ヒト」に関する状況は悪化してきている。これに対して，状況を改善する余地はないのだろうか。これについて，労働組合の活動とその効果について見てみることにする。

まず「カネ」についてであるが，そもそも日本の労働組合は多くが企業別組合となっており（佐野［1989］pp. 2－3），**図表９-５**に見られるように組織の規模別に労働組合のある組織（企業）の割合（組織率）には差があるものの，組合自体その所属する組織に対して賃金引上げ等の要求をすることが多い。

［図表９-５］企業規模別の労働組合からの賃上げ要求の有無に関する企業割合

	労働組合のある企業	労働組合がある企業の中で，賃上げ要求交渉があった企業	労働組合がある企業の中で，賃上げ要求交渉がなかった企業	不明
合計	31.7	81.5	17.1	1.4
5,000人以上	80.1	79.5	20.5	－
1,000～4,999人	61.2	77.2	22.2	0.6
300～999人	45.3	84.3	15.5	0.2
100～299人	24.5	81.1	16.7	2.2

出所：厚生労働省「賃金引上げ等の実態に関する調査（平成26年）」。

このとき，**図表9-6**に見られるように，賃金に関する要求が「具体的な賃上げ額を要求」するものであった場合と「賃金体系維持」であった場合とでは，妥結内容について違いがみられるのである。つまり，同図表に見られるように，前者では組合の賃上げ要求に対して組織当局側も具体的な賃上げ額を回答することが圧倒的に多いが，後者では組合の賃金体系維持要求に対して組織当局側

［図表9-6］企業規模別の労働組合からの賃上げ要求内容，妥結内容に関する企業割合

	要求内容が「具体的な賃上げ額を要求」であった企業	「具体的な賃上げ額を要求」されて妥結した企業	妥結の内容				
			具体的な賃上げ額を回答	具体的な賃下げ額を回答	賃金体系維持	賃金の改定を行わない	不明
合計	67.8	99.4	78.0	－	16.1	3.6	2.4
5,000人以上	69.9	98.4	88.2	－	9.0	2.8	－
1,000～4,999人	64.8	98.5	77.6	－	16.3	3.6	2.5
300～999人	65.7	99.4	76.6	－	19.0	2.9	1.4
100～299人	69.4	99.6	78.3	－	14.9	3.9	2.9
	要求内容が「賃金体系維持」であった企業	「賃金体系維持」を要求されて妥結した企業	妥結の内容				
			具体的な賃上げ額を回答	具体的な賃下げ額を回答	賃金体系維持	賃金の改定を行わない	不明
合計	12.0	94.6	15.2	－	84.7	－	0.1
5,000人以上	7.9	100.0	14.9	－	78.7	－	6.4
1,000～4,999人	9.0	94.0	14.1	－	85.9	－	－
300～999人	17.2	91.4	33.9	－	66.1	－	－
100～299人	10.2	97.3	－	－	100.0	－	－

出所：厚生労働省「賃金引上げ等の実態に関する調査（平成26年）」。

の回答も賃金体系維持になることがほとんどである。

このことから言えることは，労働組合が無く，したがって賃上げ要求がなされなければ，組織側が賃上げ回答をすることはほとんどないと言えるだろう。その意味でも，今日の新自由主義経済下での労働組合の存在および組合による賃上げ要求がなされることが，労働者の「カネ」に関する状況悪化を改善させる鍵となるのである。

4.2 「ヒト」の状況改善のための労働組合の必要性

次に「ヒト」についてであるが，図表9-5にも一部見られるように組織の規模が小さくなるほど労働組合の組織率は低下することがわかるが，そのように組織率が低下することによって，**図表9-7**に見られるように，労働安全衛生に関して労働組合が情報収集するにあたって「情報がどこで得られるか分からない」とか「必要な情報が何なのか分からない」，あるいは「法改正対応の最新情報が得られない」などの悩みが増えるのである。そのことからも，労働組合の存在と労働安全衛生活動の実践がいかに重要であるかがわかる。

［図表9-7］労働安全衛生に関する情報収集で労働組合が困っていること

		情報がどこで得られるか分からない	必要な情報が何なのか分からない	法改正対応の最新情報が得られない
事業場の総労働者	1～29人	23.0	23.0	21.0
	30～49人	20.9	22.3	18.6
	50～99人	16.0	21.5	19.8
	100～299人	14.1	14.5	18.4
	300～999人	10.4	11.3	18.1
	1,000人以上	8.0	10.5	13.3

出所：日本労働組合総連合会［2011］p.24。

また，香川県建設労働組合が中心となって組織する香川県建設国民健康保険組合では，全国の国民健康保険組合と比べても特定健康診断の受診率が低かったことから，機関紙への掲載等を行って特定健康診断の受診勧奨を強化することで（香川県建設国民健康保険組合［2013］），**図表９-８**に見られるように受診率を2010年度以降は全国の国民健康保険組合の平均受診率よりも上回せている。さらに特定健康診断を受診した労働者の健康診断データ等を踏まえて，糖尿病や高血圧等に関するグループ分けをし，それぞれのグループに対して生活習慣病改善のための保健指導を行っているのである（香川県建設国民健康保険組合［2008］）。

［図表９-８］香川県建設国民健康保険組合の特定健康診断の受診率の推移

	2008年度	2009年度	2010年度	2011年度
特定健康診断対象者数（人）	7,024	6,896	6,838	6,837
特定健康診断受診者数（人）	2,061	2,279	2,824	3,255
特定健康診断受診率（%）	29.3	33.0	41.3	47.6
国民健康保険組合平均受診率(%)	31.8	36.1	38.6	

出所：香川県建設国民健康保険組合［2013］p.5より筆者作成。

その結果，**図表９-９**に見られるように，特定健康診断受診者と未受診者間では健康状態の改善に相違が生じることとなって，両者の医療費に大きな差が生じることになるのである。このことからも，労働組合の存在と労働安全衛生活動の実践が労働者の「ヒト」に関する状況悪化を改善させる鍵となることがわかる。

［図表９-９］香川県建設国民健康保険組合の特定健康診断受診者と未受診者の医療費比較

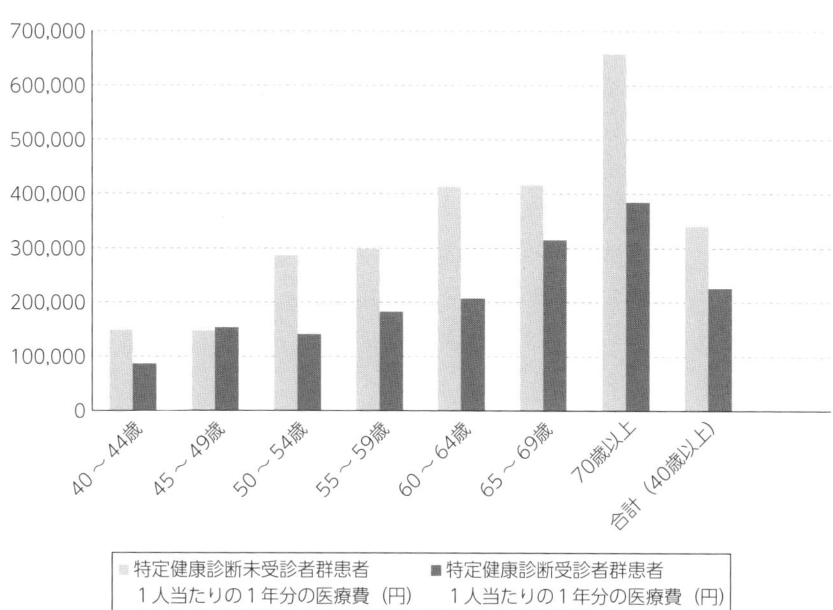

出所：香川県建設国民健康保険組合［2013］p.10。

5　労働者の権利と労働組合の役割

第２次世界大戦後，荒廃した日本経済を早急に再建する必要性から，企業間の公正競争と最低限の労働条件の確保，雇用機会の増大をはかるために，近代的な労使関係の形成と労使が対等な立場で問題を解決するルールづくりが意図されて，GHQや国家レベルの政治・行政主導によって労働組合法，労働関係調整法，労働基準法の労働三法が制定された。また，日本国憲法第28条において，団結権，団体交渉権，団体行動権の労働基本権が認められることとなった。

さらに，上述の労働基準法によって，労働者には現在のカネの決定に関与する権利が持たされている。そしてこの権利を持っていることを活かして，日本では労働組合が賃上げ交渉として春闘を展開し，成果をもたらしてきたのである。加えて，日本の労働者は最低賃金という形で現在のカネの最低保障の権利を持ち，さらには退職金等の将来のカネを確保する権利も持っている。また，日本において，労働者は労働災害や職業病等に関して，健康診断の実施等によって事前的に，職場の臨検等によって発生時点で，さらには事後的にヒトとして健康が守られる権利を有しているのである。この労働安全衛生面に関しても，高度経済成長期以降労働組合は取り組みを行ってきている。

ところが，1980年代以降の新自由主義経済の時代になると，日本企業の高コスト体質を是正する意味でも，労働基本権および労働組合の弱体化がなされてしまう。そして，それに付随する形でこの時期，労働者の平均給与は1997年以降ずっと減少するとともに，健康診断の有所見率や重大災害発生件数の増大，あるいは労働災害隠しの多発の恐れが出てくるなど，労働者のカネとヒトに関する状況は悪化してきているのである。

これに対しては，労働組合が賃上げ要求をしなければ賃上げが実現しにくい状況や，労働組合の労働安全衛生活動によって労働者の健康が実際に改善されている例などからも，新自由主義経済における労働者のカネとヒトとしての状況悪化を改善させうる鍵をにぎっているのは労働組合のそれぞれに対する活動である。その意味でも，労働組合の役割は今日大きなものとなってきているのである。

コラム

日本プロ野球選手会

日本プロ野球選手会には，セパ12球団の選手（全ての日本人選手と一部の外国人選手）が加入している。「選手会」という名称であるが，1985年に東京都労働委員会から労働組合としての認定を受け，労働組合として法人登記もされているれっきとした労働組合である。なお，一般社団法人としても登記されている。

大阪近鉄バファローズとオリックスブルーウェーブとの合併（2004年）の際に，プロ野球選手会は合併差し止めの仮処分申請を行った。この主張は認められなかったが，裁判所は選手会には団体交渉の権利があることと，日本野球機構（NPB）が誠実に団体交渉に応じる義務があることを指摘した。

これを受け，団体交渉が行われた。一連の経過のなかで，日本のプロ野球史上初のストライキが決行されている（9月18日，19日に予定されていた一軍と二軍の全試合）。

この間，プロ野球選手会が取り組んできたことに，「学生野球資格回復制度」がある。日本では，プロ野球に属したことのある選手は高校や大学で指導することは許されていなかった。つまり，引退後にプロ球団のコーチ等になれなければ，自らの野球選手としての経験を活かすことはできず，学生野球の指導者への道は閉ざされていたのである。

2013年度から始まったこの制度によって，プロ野球出身者のセカンド・キャリアの選択肢が広がったことになる。社会人野球との関係では，1999年のシーズンから1チーム2人に限って選手登録が認められている。

プロ野球選手会は，日本のプロ野球発展の一翼を担う存在であるとともに，選手の地位の向上に取り組んでいるのである。

《参考文献》

井上修一［2000］『労働基準法の基本問題』晃洋書房。
井上浩［2004］『最新労働安全衛生法』中央経済社。
上村敏之・田中宏樹編著［2006］『「小泉改革」とは何だったのか』日本評論社,
大石明［1998］『人事院公務員研修所監修公務員研修双書　労働行政』ぎょうせい。
大橋昭一［1995］「日本的経営の一般的特質」大橋昭一・小田章・G・シャンツ編著『日本的経営とドイツ的経営』千倉書房。
大藤裕康編著，山田泰章共著［1992］『統合的人材活用システムシリーズ⑥　これからの賃金・賞与・退職金―基本給一元管理からの脱却』ぎょうせい。
香川県建設国民健康保険組合［2008］『特定健康診査等実施計画（第１期：平成20年度～平成24年度)』香川県建設国民健康保険組合。
香川県建設国民健康保険組合［2013］『特定健康診査等実施計画（第２期：平成25年度～平成29年度)』香川県建設国民健康保険組合。
木原亜紀生［2007］「労働条件決定システムにおける労働組合の機能と実態」労働政策研究・研修機構編『プロジェクト研究シリーズNo.２　労働条件決定システムの現状と方向性　集団的発言機構の整備・強化に向けて（労働条件決定システムの再構築に関する研究)』労働政策研究・研修機構。
久米郁男［1998］『日本型労使関係の成功　戦後和解の政治経済学』有斐閣。
栗田健［1994］『日本の労働社会』東京大学出版会。
厚生労働省「業務上疾病発生状況等調査」各年版。
厚生労働省「賃金引上げ等の実態に関する調査（平成26年)」。
厚生労働省「労働組合基礎調査」各年版。
厚生労働省「労働災害発生状況」各年版。
厚生労働省「労働争議統計調査」各年版。
厚生労働省「労災保険給付データ」,「労働者死傷病報告」各年版。
小粥義朗［1987］『最低賃金制の新たな展開』日本労働協会。
国税庁長官官房企画課「民間給与実態統計調査」各年版。
斎藤修［1998］『賃金と労働と生活水準―日本経済誌における18-20世紀―』岩波書店。
佐野稔［1989］『日本労働組合論』日本評論社。
菅谷頼道［1982］『最低賃金制の変遷』労働法令協会。
高橋祐吉［2010］「『企業社会』再論―新自由主義の改革と『企業社会』の変容」法政

大学大原社会問題研究所・鈴木玲編『法政大学大原社会問題研究所叢書　新自由主義と労働』御茶の水書房。
竹信三恵子［2009］『ルポ雇用劣化不況』岩波書店。
日本労働組合総連合会編［2011］「第７回安全衛生に関する調査報告」日本労働組合総連合会。
畠中信夫［2006］『労働安全衛生法のはなし』中央労働災害防止協会。
福田眞人［1995］『結核の文化史』名古屋大学出版会。
外尾健一［2002］『労働法入門』有斐閣。
前川恭一［1997］『日独比較企業論への道』森山書店。
三浦豊彦［1987］「労働医学の歴史と現状」河野友信編『産業ストレスの臨床』朝倉書店。
三橋規宏・内田茂男・池田吉紀・岡田任弘著，日本経済新聞社編［1993］『ゼミナール日本経済入門』日本経済新聞社。
宮﨑勇［2005］『証言戦後日本経済』岩波書店。
宮崎勇・本庄真［2001］『日本経済図説』岩波書店。
Ezra F. Vogel［1979］*Japan as Number One: Lessons for America,* Harvard University Press.（広中和歌子・木本彰子訳［1979］『ジャパン・アズ・ナンバーワン』ティービーエス・ブリタニカ）.

第10章

社会的課題の解決と新しい働き方

―社会貢献を仕事にする仕組み：ソーシャルビジネス

1　はじめに―もう1つの「働き方改革」―

1.1　政府の推進する「働き方改革」

近年，「働き方改革」という言葉をよく耳にする。これまでの「働き方」を見直し，時代に合った「働き方」に変えていきましょうという動きであるが，その背景には，急激に進展する少子高齢化や総人口の減少がある。若者を中心とした「働き手」が減少すれば企業の競争力が落ち，日本経済が低迷し，日本の国際的地位も低下する。そうならないよう，政府が旗振り役となって「働き方改革」を推し進めているのである。

政府の提唱する「働き方改革」。その基本的な考え方は「働く方々が，個々の事情に応じた多様で柔軟な働き方を，自分で『選択』できるようにするための改革[1)]」である。一見すると労働者に優しい「改革」のようにも見える。しかし，その根底にある考え方は，労働者が減少しても日本経済を成長させることであり，その目的は「労働生産性の向上」である。なぜなら，労働者が減少する中で社会全体の生産力を維持するには，1人当たりの生産効率を高める必要があるからである。また，この改革は「一億総活躍社会を実現するための改革」とも位置づけられており，女性や高齢者，外国人の労働参加を促すことで労働者の減少を極力減らすことも目指している。在宅勤務や短時間勤務といった「多様な働き方」を認め，「より多くの人々」を「より効率的」に働かせることで企業の競争力を維持し，日本経済を成長・発展させるための「改革」なのである。

1.2　もう１つの「働き方改革」

しかし，このような「働き方改革」は本当に日本社会を豊かにし，私達を幸せにするだろうか。私達は「何のため」に働いているのだろうか。企業の競争力を高め，経済を成長させるために働いているのだろうか。企業は最高益を更新し，経済は着実に成長しているが，「豊かな社会」を実感している人は少ないだろう。なぜなら，現在の経済成長は労働者の「犠牲」の上に成り立っているものであり，大多数の労働者の「犠牲」によってごく一部の人々だけが豊かになっていく構造だからである。より多くの人々により効率的に働かせることを目指す「働き方改革」。この改革は誰のための「改革」なのであろうか？

このような問題意識から本章では，政府が推進する「働き方改革」とは異なる，もう１つの「働き方改革」について考えていくことにする。それは，労働生産性の向上や企業の競争力強化，経済成長を通して「豊かな社会」を目指す働き方ではなく，仕事そのものが「豊かな社会」に直結する働き方の検討である。

自らの仕事が「社会を良くすること」に直結し，多くの人々や自分自身を幸せにする「働き方」。そのような「働き方」への改革こそが今，求められているのではないだろうか。

本章ではそのような働き方を実現する手段として「ソーシャルビジネス」に注目する。ソーシャルビジネスとは，現代社会の多様な問題（社会的課題）をビジネス（収益事業）によって解決するものであり，そこでの労働は社会の問題解決，すなわち「社会を良くすること」に直結している。それは「労働」と「社会貢献」を統合する働き方であり，ソーシャルビジネスはそのための「仕組み」であると言えよう。

本章では「社会貢献」に対する個人と企業の意識変化を概観し，その変化に対応する働き方として「ソーシャルビジネス」を位置づける。そして，そのソーシャルビジネスの実践を大学教育に取り入れているゼミナールの事例を通して「新しい働き方」について考えていくことにする。

2 「社会貢献」に対する個人と企業の意識

2.1 人々の社会貢献意欲の高まり

内閣府の「社会意識に関する世論調査（2020年調査）」[2)]によれば，多くの国民が「社会の一員として，何か社会のために役立ちたい」と考えている様子がうかがえる（**図表10-1**参照）。「社会に貢献したい」という人々と「そう思わない」という人々の割合は，1980年代の中頃まではそれぞれ40～50％程度で拮抗していた。しかし，1980年代の中旬以降は「社会に貢献したい」という人々の割合が少しずつ増加し，一方の「そう思わない」という人々の割合は少しずつ減少していった。多少の増減はあるものの1990年代以降は「社会に貢献したい」と感じる人々の割合が60～70％程度で安定的に高い数値を示している。実際に活動するかどうかは別にして，日本社会全体として多くの人々が「社会に

［図表10-1］人々の社会貢献意識の変化

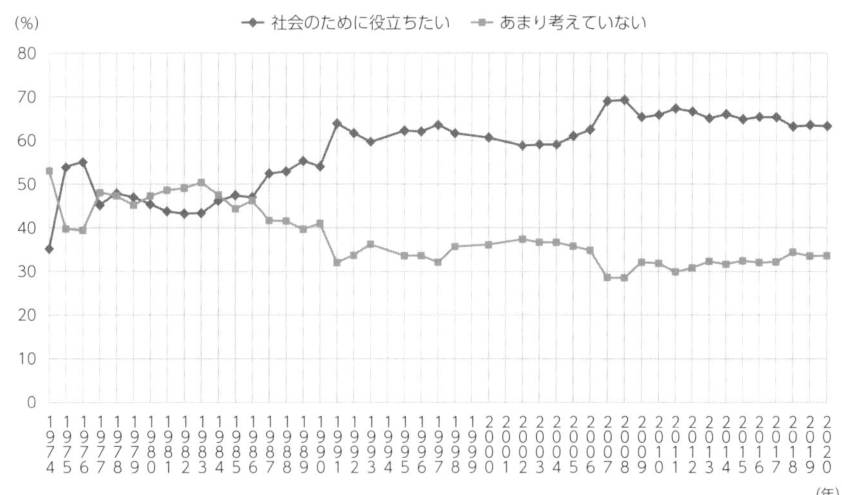

出所：内閣府「社会意識に関する世論調査」（2020年１月調査）を元に筆者作成。

貢献したい」という意識を持っていることは確かであろう。

2.2　企業による社会貢献活動の位置づけの変化

「社会貢献」に対する人々の意識が高まる中，企業の「社会貢献活動」に対する捉え方も変化しつつある（**図表10-2**参照）。日本経団連の「社会貢献活動に関するアンケート調査」[3)]によれば，社会貢献活動は「企業の社会的責任の一環」と捉えている企業が9割を超えている（95%）。また，8割以上の企業が「経営理念やビジョンの実現の一環」（83%）と捉えており，「ブランディング戦略の一環」（27%），「レピュテーション（評判）の獲得・向上」（24%）と考えている企業も一定数存在している。この結果からも，多くの企業が社会

［図表10-2］企業による社会貢献活動に対する位置づけ

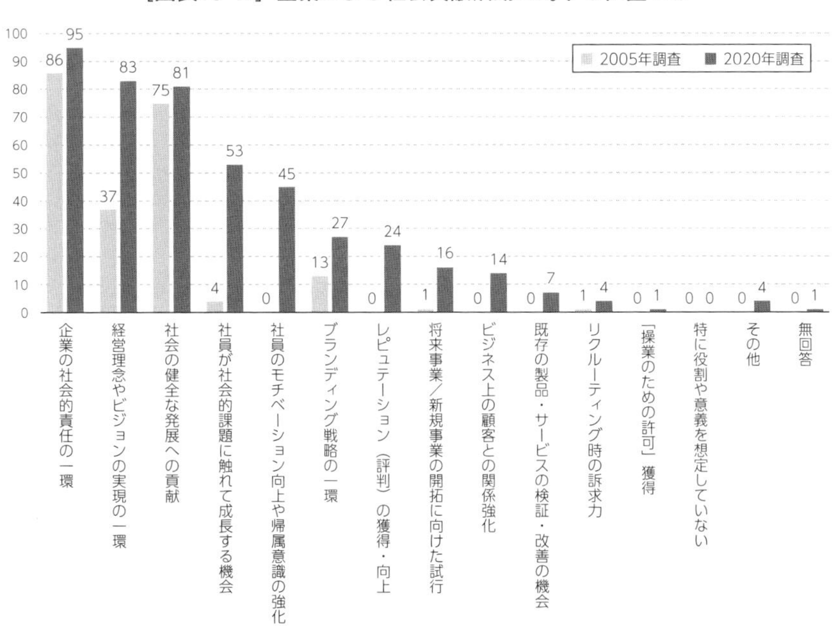

※2005年度は3つ以内，2020年度は5つ以内で複数回答。構成比（%）は「項目別回答件数／調査回答件数」（2005年447件，2020年178件）
出所：日本経団連企業行動・SDGs委員会「社会貢献活動に関するアンケート調査結果」（2020年9月）を元に筆者作成。

貢献活動を「企業の社会的責任」として捉えるだけでなく，「経営戦略」とも位置づけて展開していることがうかがえる。

2005年度調査と2020年度調査では，データ収集の方法が異なるので単純比較はできないが，社会貢献活動を「社員が社会的課題に触れて成長する機会」と捉えている企業が4％から53％へと大きく増加している。また「社員のモチベーション向上や帰属意識の強化」と考えている企業も45％となっている。このデータからも社会貢献活動は，労働者の「成長」や「やりがい」につながるという認識を企業が有していることがわかる。

以上のように，「社会貢献」に対する意識は個人レベルのみならず，企業レベルでも高まっており，そのことが企業の経営，そして労働者の働き方（働かせ方）にも影響を与えるようになっている。企業は「利益」だけでなく「社会貢献」をも視野に入れた事業展開や労働者管理が求められ，また労働者の側もそのような「新たな働き方」への対応が求められているのである。

2.3 「利益」と「社会貢献」を両立させる働き方

「利益」だけでなく「社会貢献」をも視野に入れた事業活動や働き方とはどのようなものであろうか。それは，近年注目を集めているSDGs（Sustainable Development Goals：持続可能な開発目標）にもつながるものがある。SDGsとは全世界で共通する社会的課題の解決を目指す国際目標であり，各国政府や企業，各種団体にはその実現に向けた取り組みが求められている。また，個別企業レベルでもSDGsに対応した事業展開や働き方が求められつつある。今後の企業経営の現場では，「社会的課題の解決」と「利益」を両立させる新たな「ビジネスモデル」を考えることが求められ，労働者は「社会的課題の解決」と「仕事」を両立させる新たな「働き方」を模索する必要があるだろう。

そのような中で注目されているのが先述の「ソーシャルビジネス」である。収益事業によって社会の問題を解決し，より良い社会を実現する。そのようなソーシャルビジネスの中に「新たな働き方」を考えるヒントが隠されているのではないだろうか。そのような視点から，以下では，「子ども達の教育環境の改善」を通して途上国の貧困問題の解決を目指す「ソーシャルビジネス」を実践する大学生の事例を紹介し，「利益」と「社会貢献」を両立させる「新たな働き方」について考えていくことにする。

3　ネパール大地震と「Smile for Nepal」の活動

現代社会が生み出した多様な社会的課題をビジネスの手法で解決する「ソーシャルビジネス」。筑紫女学園大学現代社会学部の藤原ゼミナールでは「理論と実践を通じて学ぶ」というスタイルで，このソーシャルビジネスを実践的に学んでいる。ゼミの学生達は，文献研究（知識の習得）→実践活動（現実への適応［現実の理解］）→文献研究（知識の深化）→実践活動（現実への適応［より深い現実の理解］）→文献研究……，というサイクルを回しながらソーシャルビジネスの「仕組み」を自ら考え，実践を通じて改善点を見出し，必要に応じて修正しながらビジネスを継続的に実践している。ここでは，学生達が議論を通じて創り上げた「ソーシャルビジネスモデル」とその実践活動（ネパールの子ども達の教育支援と女性達の自立支援を目的としたソーシャルビジネス［活動名：Smile for Nepal］）を紹介することにする。

3.1　ネパール大地震と筑女ネパールプロジェクト（2015年～2017年）

2015年４月25日，ネパールをマグニチュード7.8（アメリカ地質調査所）の巨大な地震が襲った。8,460人もの死者（ネパール内務省，2015年５月15日付）が出るとともに，ネパール全土で多数の学校の校舎が倒壊。全国で３万2,000もの教室が使えなくなり（ユニセフ，2015年５月31日付），100万人近い子ども達が学ぶ場所を失ってしまった。

同年６月，筑紫女学園大学では「ネパール大地震復興教育支援プロジェクト」を起ち上げ，８月の現地調査を皮切りに，継続的な調査活動および支援活動を実施している。プロジェクトでは被災地を中心に多数の学校を訪問し，延べ6,000人以上の子ども達に文房具を届けている（2020年２月現在）。2017年２月には震源地のゴルカ郡にある学校で，倒壊した校舎の再建も行った。

プロジェクトは発足以来，企業や各種団体，市民の方々，大学教職員からの寄付金を元に活動を継続していた。しかし，時間の経過や日本国内で多発する自然災害の影響もあり，ネパール支援を目的とした寄付金は思うように集まらなくなってきた。そのような背景の中，現代社会学部の藤原ゼミナールが「ネパールの子ども達への教育支援」の継続を目指したソーシャルビジネスに取り組むことになったのである。以下，2017年４月から始まった学生達のソーシャルビジネスの実践について紹介する。

3.2　独自のソーシャルビジネスモデルづくり（2017年４月～）

2017年４月に活動を開始した藤原ゼミナール。学生達はまず，どのように「ビジネスの仕組み」を作り，どのように「ネパールの子ども達への教育支援」を実施するかについて議論を開始した。ソーシャルビジネスの仕組みを一から考えるべく，まずは基本的な知識の習得に励んだ。ゼミの授業ではソーシャルビジネス関連の文献を読みながら報告と議論を行い，その基本的な仕組みを理解していった。同時並行して，学生対象のビジネスプランコンテストの勉強会に参加し，他大学の学生達と一緒にビジネスモデルづくりを学んだ。文献を通じて得た知識や学外の勉強会で得たノウハウを元にしてゼミ内で議論を行い，３つのグループに分かれてビジネスモデルを出し合った。最終的に各グループから出たビジネスモデルを融合する形で独自のソーシャルビジネスモデルを創り上げた（**図表10-３**参照）。

学生達は自分達の活動名を「Smile for Nepal」と名づけた。Smile for Nepalでは，ネパール大地震で被害を受けた子ども達への教育支援だけでなく，社会的地位の低い現地の女性達の自立支援も行うことにした。その「仕組み」は，以下の通りである。

＜支援対象者と利用者＞

①支援対象者：ネパール大地震で被害を受けた子ども達（ネパール）
②支援対象者：自立を目指す女性達（ネパール）
③利用者　　　：環境問題に関心のある人々（日本）
④利用者　　　：途上国支援に関心のある人々（日本）

［図表10-3］Smile for Nepalのソーシャルビジネスモデル

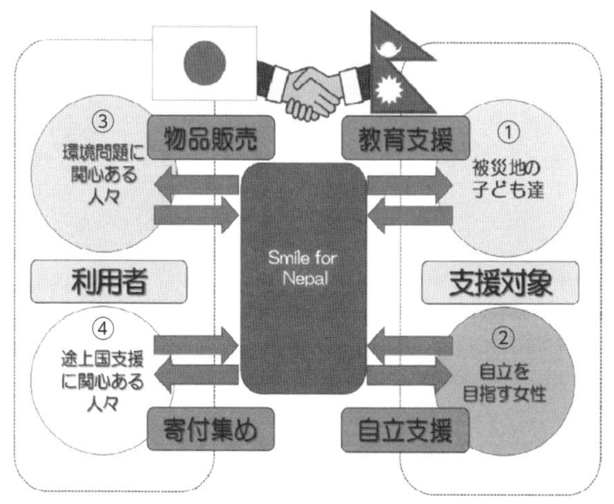

出所：筆者作成。

＜活動の流れ＞

（1）ネパールを訪問して現地の女性達（②）が手作りするネパールグッズ（エコバッグやアクセサリー，雑貨）を適正な価格で購入し，現金収入の道を開くことで自立を支援する。

（2）現地で購入したネパールグッズ（エコバッグ等）を日本国内で環境問題に関心のある人々（③）に販売して収益を上げる。

（3）途上国支援に関心のある人々（④）に向けて，被災地の様子や支援活動の内容を紹介し，クラウドファンディング等を活用して寄付を募る。

（4）ネパールグッズの販売で得た収益と集まった寄付金を元にして，被災地の子ども達（①）への教育支援（文房具プレゼントや倒壊した校舎の再建）を行う。

このような独自のビジネスモデルを構築した後も，文献を通じた学びを継続して理論的な知識を身に付け，また，ソーシャルビジネスの実践家やベンチャー企業経営者を招いた勉強会を開催し，ビジネスを展開していく際に必要な実務的な知識も身につけていった。

通常ゼミの様子（文献を用いた報告とTBL［Team Based Learning］形式の討論）。

学外の勉強会に参加し，ビジネスモデルづくりを学ぶ学生達。

ゼミの授業でグループに分かれてビジネスモデルのアイデア出し。

グループ毎にビジネスモデルを発表し，それらを融合させる形で独自のモデルづくり。

福岡市主催「ビジネスチャレンジ事業」にゼミナールで挑戦（プレゼン審査の様子）。

ベンチャー企業の経営者を招いた勉強会を開催しビジネスモデルづくりを学ぶ。

出所：本章に掲載する写真は全て筆者による撮影

3.3　ソーシャルビジネスの実践（2017年7月～）

学生達は自ら考えた「ビジネスモデル」を検証すべく，まずは大学内でテスト販売とニーズ調査を行った。「女子大生と教職員」という限られた調査対象であったが，アクセサリーや雑貨を直接手にして頂いて「ヒアリング調査」を行った。グッズを購入された方には「購入に至った理由」を聞き，購入に至らなかった方には「妥当だと思う価格」や「(陳列にない）欲しいグッズ」を聞いた。このような調査の結果を元に，学生が夏期休暇中にネパールを訪問して買い付けを行った。現地では女性のハンドメイドグッズの販売店や自作アクセサリーを路上販売している女性，女性の手作りエコバッグを販売している業者などを訪問し，商品毎に価格交渉しながら買い付けを行った。

夏期休暇終了後，学生達は学内外の各種イベントに参加し，自分達の活動の趣旨をアピールしながらネパールグッズの対面販売を行った。イベントで販売する際には継続してニーズ調査を行い，また，ショッピングセンター等に出向いてアクセサリーや雑貨の陳列方法，販売価格の調査も行った。対面での販売だけでは販売機会が限られるため，アルバイト先や知り合いのお店にお願いして委託販売にも取り組んだ。また，SNSを活用した広報活動やマスコミ各社向けにプレスリリースを行うなど，自分達の活動をより多くの方々に知ってもらうための取り組みも行った。(※これらの活動が評価され，福岡市主催「ビジネスチャレンジ事業」では優秀活動賞を受賞した。)

筑紫女学園大学のプレ学園祭でテスト販売とニーズ調査。(2017年7月)

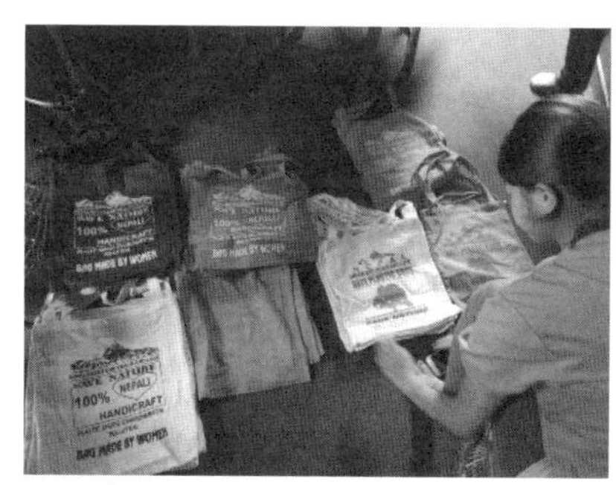

ニーズ調査を踏まえて現地を訪問し，商品の買い付けを行う学生。(2017年8月)

筑紫女学園110周年記念イベントでネパールグッズ販売。（2017年10月）

筑紫女学園大学学園祭でのネパールグッズ販売。（2017年10月）

フェアトレードバザーでのネパールグッズ販売では，知事が視察に来る。（2017年11月）

福岡市主催「ビジネスチャレンジ事業」で優秀活動賞受賞。（2018年２月）

3.4　ネパールの子ども達への教育支援活動（2018年２月）

ゼミ開始から10か月が経過した2018年２月，学生達はビジネスで得た利益や企業・団体・市民の方々から寄せられた寄付金を元に大量の文房具を準備し，全員でネパールを訪問した。ネパール大地震で大きな被害を受けたダーディン郡にある学校は，バスと徒歩で片道６時間（往復12時間）の道のりであった。学校に到着した学生達の目の前には，地震発生から約３年が経過しているにも関わらず依然として仮設校舎で勉強している子ども達の姿があった。丸太とブリキ板を組み合わせただけの質素な“校舎”。学年ごとに仕切られた狭い空間が子ども達の“教室”。その“教室”で多くの子ども達が所狭しと座っていた。標高も高く朝晩は冷え込む２月であったが，子ども達は地面に薄いゴザを敷いて勉強していた。中には裸足で学校に通っている子もいる。そのような境遇の中でも一生懸命に勉強している子ども達。学生達はそのような子ども達一人ひとりに文房具をプレゼントしていった。文房具を受け取る子ども達の目はキラキラと輝き，とても嬉しそうに受け取ってくれる。その姿を見た学生達は，自分達の活動が「子ども達の笑顔」につながっていることをリアルに実感するとともに，ソーシャルビジネスの意義や役割をより深く理解できるようになったようである。

ホテルからバスと徒歩で片道６時間をかけて学校に向かうゼミ生達。

震災から３年。まだ仮設校舎で勉強する子ども達（ダーディン郡の学校）。

仮設校舎で勉強する子ども達へ文房具のプレゼント。裸足の子どももいた。

震源地ゴルカ郡の学校を訪問。子ども達一人ひとりに文房具をプレゼント。

笑顔で文房具を受け取る子ども達。嬉しくて文房具を抱きしめる子どももいた。

ネパール大地震で倒壊した校舎の再建作業に取り組む学生達。

3.5 「教える」ことを通じて「学ぶ」（2018年4月〜）

筑紫女学園大学の現代社会学部では３年次と４年次のゼミを同時開講し，「４年生が３年生のロールモデルとなる」というスタイルでゼミが運営されている。2018年４月，新３年生が加入したことで藤原ゼミは約20人の規模となった。ゼミの授業は４年生が進行係となり，「先輩が後輩を指導する（＝知識と経験の伝授）」というスタイルで運営。文献研究では，１年間「理論と実践」を通じて学んできた４年生が「自分自身の経験」を踏まえて的確に議論をリード。後輩に「教える」ことを通じ，自らがより深く「学び」を得ているようであった。

授業外の時間に行うネパールグッズの実践販売についても「先輩が後輩を指導する」というスタイルで運営。４年生は自分達が現地で買い付けてきたネパールグッズの名称や特徴，原価や販売価格などを事前準備の際に後輩達に説明。実践販売の際には，自分達が経験を通して学んだ商品陳列の方法や接客方法などを後輩に指導。ここでも後輩に「教える」ことを通じて自らの経験（知識）をより深く理解しているようであった。

最初は右も左もわからない状態の３年生達も少しずつ知識と経験を積み重ね，次第に自分達で工夫しながら実践販売に取り組めるようになっていく。当初は先輩の「指示通り」にしか行動できなかった３年生達も，販売経験を重ねるごとに販売方法をアレンジし，最終的には自分達独自の陳列方法や販売スタイルを確立しながら活動を進めることができるようになっていった。

通常ゼミの様子。４年生が進行役を務め，テキストを元に報告と議論を行う。

イベント販売の準備の様子。商品知識や販売方法などを先輩が後輩に指導する。

対面販売当日の様子。商品陳列や接客方法などを先輩が後輩に指導する。

学内でのテスト販売とニーズ調査を実施。(2018年７月)

ニーズ調査を元に現地で買付けた商品を学園祭で販売。(2018年10月)

キャンパスフェスタでの実践販売では，環境大臣がエコバッグを購入。(2018年12月)

3.6　ネパールの子ども達への教育支援活動（2019年２月）

ゼミ１期生がネパールを訪問してから１年後の2019年２月，２期生全員がネパールを訪問した。前年同様，被災地であるダーディン郡の学校へは，バスと徒歩で片道６時間（往復12時間）かけて向かった。現地の子ども達は１年前に訪問した「１期生」のことを記憶しており，２期生達が到着すると大歓迎してくれた。学生達は日本から持参した文房具を子ども達に一人ひとりにプレゼント。子ども達が嬉しそうに文房具を受け取る姿，受け取った文房具を大切そうに抱きしめる姿を見て，「先輩達が話していたこと（＝自分達の活動の意義と役割）」をリアルに実感できたようである。

地震から約４年が経過し，ある程度の復興は進んでいたが，まだ仮設校舎で勉強している子ども達も多く，学生達は継続的な支援の必要性を実感したようである。１年間，先輩達の指導を受けながらソーシャルビジネスに取り組んできた学生達は，現地で「子ども達の笑顔」に触れたことで自分達の活動の意義や役割，そして先輩達の「想い」も理解できたようである。同時に，活動に対するやりがい，そして自分達が「後輩を指導する立場になる」ことへの意識も高まったようである。

前年同様，片道６時間をかけて被災地ダーディン郡の学校を訪問。

照れくさそうにしながらも，嬉しそうに文房具を受け取る子ども。

文房具を受け取る順番を楽しみに待つ子ども達。

子ども達１人ひとりに文房具のプレゼント。嬉しそうに受け取る子ども。

被災地ゴルカ郡の学校訪問。子ども達が笑顔で出迎えてくれる。

ユニセフから寄贈された質素な仮設校舎で子ども達は勉強していた。

3.7　ビジネススタイルの確立（2019年４月～）

先輩から後輩へ，そしてその後輩が先輩となり，次の後輩へ。このような「つながり」を通してソーシャルビジネスを継続する藤原ゼミの学生達。2019年度も先輩と後輩がそれぞれの役割を担いながら，文献で「理論」を学び，グッズ販売の「実践」に取り組んだ。2020年２月にはゼミ３期生全員がネパールを訪問し，子ども達への教育支援活動を実施。現地では４月以降の対面販売に向け，全員でネパールグッズの買い付けも行った。活動開始から３年が経過し，ゼミで取り組むソーシャルビジネスも一定のスタイルが確立しつつあった。

通常ゼミの様子。テキストを元にして先輩と後輩が役割分担して議論を深める。

イベントでは，先輩と後輩が協力しながらネパールグッズの販売に取り組む。

嬉しそうに文房具を受け取るのを待っている子ども。（ゴルカ郡の学校）

満面の笑みで嬉しそうに文房具を受け取る子ども。（ダーディン郡の学校）

受け取った文房具を大切な宝物のように抱きしめる子ども。（ダーディン郡の学校）

狭い店内で買い付けるグッズの品定めをする学生達。

3.8　コロナ禍でのSmile for Nepalの活動（2020年４月～）

一定の活動スタイルが確立しつつあった藤原ゼミ。しかし，2020年度に入り状況が一転した。新型コロナウイルスの感染拡大によって大きな方向転換を迫られることになったのである。例年のような対面販売は完全にストップ。大学の授業も全て「オンライン」となり，直接会って議論することすらできなくなった。授業は全てWebツール（Zoom）を使って実施。慣れないオンライン授業に苦戦しながら「今後の活動」について議論することになった。

売上げがなければビジネスの収支は「赤字」。利益が出なければネパールの子ども達への教育支援に充てる資金も確保できない。「どのようにしてネパールグッズを販売すればいいのか？」。オンラインでの議論が始まった。議論にはゼミの学生だけでなく大学職員の方にも参加して頂いた。議論を重ねた結果，「Webを活用した通信販売」を本格的に導入することになった。以前から「通信販売」で販路を拡大する構想はあったが，本格的なビジネス展開は未経験であった。学生達は新たに「通販グループ」を組織して取り組みを始めることになった。また，SNSを通じて活動のアピールを行う「広報グループ」を再編成し，通信販売と広報活動を連動させて売上げにつなげる仕組みの構築が始まった。学外のオンライン勉強会に参加してWeb広報の仕組みを学び，ゼミの授業で共有するメンバーや，各種通販サイトを調査し，その仕組みをゼミで共有するメンバーなど，新たなソーシャルビジネモデルの構築に向けた活動が始まった。

Webツール（Zoom）を使ったオンラインでのゼミ授業。（2020年４月）

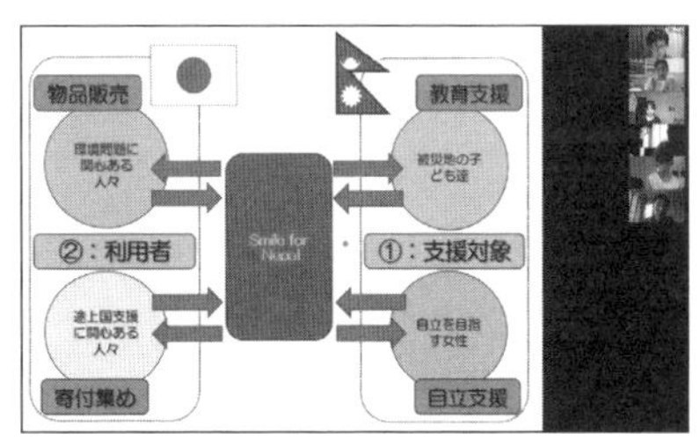

オンラインのゼミで，これまでの活動のスタイルを再検討。（2020年５月）

学外の勉強会で学んできたWeb広報の仕組みをゼミで共有する学生。(2020年６月)

SNSを通じた広報展開について議論するゼミ生達。(2020年６月)

2020年４月以降，学生達はオンラインでのやりとりを継続していたが，コロナウィルスの感染拡大が少し落ち着いた６月中旬，一部科目で対面授業が可能となった。ゼミナールも一定の条件の下で対面授業が認められ，学生達はソーシャルディスタンスを維持しながら「通信販売」や「広報活動」に関する議論を対面で行えるようになった。学生達はWebで“映える”撮影方法を工夫しながら通信販売用の写真撮影を行うなど，具体的な通信販売の準備を開始。８月には新たに通販サイトを開設し，SNS（Twitter，Instagram，Facebook）の投稿とも連動させながら本格的な通信販売を開始した。

10月にはさらに感染状況が改善したこともあり，制限付きながら大学内での対面販売の許可が出た。学生達は，感染防止対策を慎重に議論し，いろいろな対応を検討しながら実施準備を進めた。そして10月末，４年生と３年生が協力し，新たなスタイルでの対面販売に取り組んだ。

オンライン授業と対面授業を通じ，学生達は「子ども達の笑顔のために」というミッションを共有しながら活動を続けてきた。今後は「Withコロナのソーシャルビジネス」の確立を目指した議論と実践が継続されていくことになる。

コロナ禍での対面授業。「密」を避け，大きな教室で議論する様子。（2020年６月）

通信販売で出品するグッズ（エコバッグ）の撮影をするゼミ生達。（2020年７月）

2020年８月に開始した通信販売。写真の撮り方や商品説明などを工夫して掲載。

マスク着用，商品間隔を開けた陳列など，「Withコロナ」の対面販売。（2020年10月）

4　おわりに—社会貢献を仕事にする

藤原ゼミでは，ソーシャルビジネスを「社会的課題を解決するためのツール」と位置づけ，「利益追求」と「社会的課題の解決（＝ミッション追求）」のバランスを取りながら組織をマネジメントすることの大切さを学んでいる。学生達は「理論」と「実践」を通じて学びを進めていくのであるが，そのモチベーションはネパールへの現地訪問を経験することで一気に高まる。現地での活動を通して学生達は，「自分達の日々の活動がネパールの子ども達の笑顔につながっている」ことを実感するからである。自分達の活動が途上国の子ども達のより良い未来につながること，そして子ども達の成長を通して途上国の発展に貢献できることを実体験として感じ取るのである。

帰国後の学生達は，自分達の活動が「子ども達の笑顔」につながっていること，また自分達のビジネスモデルが，「より良い社会づくり」に貢献していることを理解しながら活動に取り組むようになる。そのビジネスは「単なるお金儲け」ではなく，その先にある「子ども達の笑顔」や「より良い社会」につながっていることを明確に理解できるからである。自分達の「ビジネス」が，社会的課題の解決に役立っていることを実感し，自分達の活動（＝労働）が「社会貢献」と直結することを理解する。「理論」と「実践」を通して学生達は，自分自身の働く意味や意義，その社会的な役割について学んでいるのである。

現在，日本社会では政府が中心となって「働き方改革」が進められている。働く人々の労働効率・生産性を高め，企業の国際競争力を維持することで得られる「豊かさ」を求めて。労働者の生産性を高めれば企業の「利益」は増加するだろうし，日本経済の規模も拡大するだろう。しかし，その裏側では，多くの労働者が効率アップ，生産性向上に対するプレッシャーを受け，より厳しい労働環境にさらされることになるだろう。そのような働き方の「改革」は，先に見た「社会貢献意欲の高まり」とは逆行するものではないだろうか。

もう１つの「働き方改革」。それは，「働く意味」「働く目的」の再検討であり，「より良い社会づくり」に直結する働き方の探求である。社会的課題の解決を「ビジネス」によって実現するソーシャルビジネスがより広く社会に浸透すれば，そのような「働き方」への理解も深まるだろう。決して「一般企業でそのような『働き方』はできない」と考える必要はない。日々の仕事を通して「どのようにすれば社会の問題を解決できるか？」を考えれば良い。「社会的課題の解決」と「ビジネス」をつなげる方法（「仕組み」）を考え，仲間と協力して実践し，試行錯誤しながら改善を進めていく。そのような地道な取り組みこそが重要である。

自分自身の仕事が多くの人々を笑顔にできる。そう実感できる働き方。それは，多くの人々を幸せにすること以上に，自分自身を幸せにするものになるだろう。そのような「働き方」への改革こそが，今，求められているのではないだろうか。

注

1）　厚生労働省作成のパンフレット「働き方改革～一億総活躍社会の実現に向けて」2019年４月発行，より。

2）　内閣府「社会意識に関する世論調査」（2020年１月調査），2020年３月，参照。

3）　日本経団連：企業行動・SDGs委員会「社会貢献活動に関するアンケート調査結果」2020年９月15日，参照。

索　引

●欧文

●あ行

●か行

●さ行

●た行

●な行

●は行

●ま行

●や行

●ら行

●わ行

<執筆者紹介>

細川　孝（ほそかわ　たかし）　はじめに，序章，第6章，編集

奥付<編著者紹介>参照。

芳澤　輝泰（よしざわ　てるやす）　第1章，第2章

近畿大学経営学部准教授。

龍谷大学大学院経営学研究科博士後期課程単位取得満期退学，博士（経営学）。

専攻：企業論，企業統治，企業倫理。

主著：「企業不正の発生メカニズムと不正防止策の効果―事例調査をふまえて―」篠原三郎，重本直利，中村共一編『社会共生学研究―いかに資本主義をマネジメント（制御）していくか―』晃洋書房，2018年。

「現代の企業統治と倫理・社会的責任」井上秀次郎，安達房子編『企業と社会が見える経営学概論』大月書店，2019年。

西村　剛（にしむら　つよし）　第3章，第8章

尾道市立大学経済情報学部教授。

立命館大学大学院経営学研究科博士課程後期課程修了，博士（経営学）。

専攻：経営学史，企業倫理学，経営組織論。

主著：『経営組織論序説』晃洋書房，2003年。

『企業倫理を歩む道』晃洋書房，2010年（共編著）。

林　尚毅（はやし　なおき）　第4章，第7章

龍谷大学経営学部教授。

愛知大学大学院経営学研究科博士後期課程修了，博士（経営学）。

専攻：国際経営論

主著：「タックスヘイブンと変貌する世界の大企業体制」夏目啓二編『21世紀ICT企業の経営戦略―変貌する世界の大企業体制―』文眞堂，2017年。

「現代の多国籍企業と各国経済―株価重視の経営と社会―」篠原三郎，重本直利，中村共一編『社会共生学研究―いかに資本主義をマネジメント（制御）していくか―』晃洋書房，2018年。

藤原　隆信（ふじわら・たかのぶ）　第5章，第10章

筑紫女学園大学現代社会学部教授。

立命館大学大学院経営学研究科博士後期課程単位取得退学，修士（経営学）。

専攻：経営学，経営管理，ソーシャルビジネス。

主著：『NPOと社会的企業の経営学』ミネルヴァ書房，2009年（共編著）。

『共生地域社会と公共経営』晃洋書房，2010年（共編著）。

齋藤　敦（さいとう　あつし）　はじめに，第9章，編集

奥付＜編著者紹介＞参照。

<編著者紹介>

細川　孝（ほそかわ　たかし）

龍谷大学経営学部教授。

立命館大学大学院経営学研究科博士前期課程修了，修士（経営学）。

主著：『転換期の株式会社—拡大する影響力と改革課題』ミネルヴァ書房，2009年（共編著）。

　『「無償教育の漸進的導入」と大学界改革』晃洋書房，2014年（編著）。

齋藤　敦（さいとう　あつし）

徳島文理大学総合政策学部教授。

同志社大学大学院商学研究科博士後期課程満期退学，博士（商学）。

主著：『独英情報通信産業比較にみる政治と経済』晃洋書房，2008年。

現代の企業と社会

働く前に知っておきたいこと

2021年6月1日　第1版第1刷発行

編著者　細　川　　孝
　　　　齋　藤　　敦
発行者　山　本　　継
発行所　㈱中央経済社
発売元　㈱中央経済グループパブリッシング

〒101-0051　東京都千代田区神田神保町1-31-2
電話　03（3293）3371（編集代表）
　　　03（3293）3381（営業代表）
https://www.chuokeizai.co.jp
印刷／三英印刷㈱
製本／㈲井上製本所

＊頁の「欠落」や「順序違い」などがありましたらお取り替えいたしますので発売元までご送付ください。（送料小社負担）

ISBN978-4-502-39311-2　C3034